AF411157

L'ÉCOLE

DES

PÈRES.

Par N. E. RETIF DE LA BRETONE.

Tome Troisième.

Forme ton Fils comme ta Femme
voudrait qu'on t'eût formé :
Élève ta Fille comme tu voudrais
qu'on eût élevé ta Femme.

EN FRANCE,

& à PARIS, chés la veuve DUCHÊNE,
HUMBLOT, LE-JAI & DORÉZ, rue
St-Jacques; DELALAIN, rue & à côté
de la Comédie-française ; ESPRIT,
au Palais-Royal ; MÉRIGOT, jeune,
quai des Augustins, libraires.

M. DCC. LXXVI.

L'ÉCOLE
DES
PÈRES.

LA VIRILITÉ.

DIMANCHE, *sixième semaine.*

VOUS êtes un homme, mon Ami ; crais pouvoir dire, sans vous flater, que vous l'êtes plûs que les Vieillards de la Capitale, dont la tête n'eſt souvent remplie que des frivolités de l'enfance. Les Hommes laborieus & & durs avec lesquels nous vivons, vous ont meûri ; je le vois par vos diſcours, & par votre conduite. Ne dégénérez pas dans la suite, comme il n'arrive que trop souvent : car je vous avouerai qu'il n'eſt pas rare de voir dans le monde les mêmes Hommes, raſſis, laborieus, raisonnables à dix-huit, à vingt, & même à trente ans,

Tome III.   * A

devenir à quarante futiles , égoïftes, pareffeus. Ils ont commencé trop tôt , & fans avoir pofé de folides fondemens , l'édifice de leur exiftance morale; il f'écroûle avant d'être achevé. Ne les imitons pas , mon ami , fi nous voulons être heureus. J'en dis autant à Desirée qui m'écoute : J'aimerais mieux vous voir encore enfans quelques années , que raisonnables par routine, comme tous ces Sages hâtifs , que l'on crairait élevés dans les ferres, & qui fe rident aulieu-de meûrir.

Mais (& je le répète avec complaisance) vous me paraiffez enfin, mes chers Enfans , dans les difpofitions où je vous desirais pour vous faire un Récit , dont tous les Héros vous feront un jour connus (*) : J'efpère que les vertus & les fautes vous inftruiront également.

____

(*) C'eft fa propre Hiftoire que le Comte de S* va raconter , fous des noms fupofés , que pourtant je n'emploierai pas : mais le Lecteur doit avoir préfente la difcrétion du Narrateur, en lifant les différentes avantures qui vont fuivre : non-feulement il ne fe nomma pas en parlant à fes Élèves , ne designa pas fes Amis &c , mais les applications qui les regardent n'ont été mifes par le Comte, que lorfqu'il écrivit fon journal.

HISTOIRE DU MARQUIS DE T***,
OU
LES ÉCUEILS DE L'ÉDUCATION.

LES Parens du Marquis *de T**** poſſédaient toutes les qualités qui font le bon Citoyen, les dignes Époux, les Éducateurs éclairés, tendres, vigilans. Je vais en peu de mots vous donner un précis de leur Hiſtoire ; elle vous rendra préſent & ſenſible, ce qu'une peinture de leur caractère n'exprimerait que par un tableau froid & ſans vie.

Le Comte de T*** & le Chevalier ſon frère ſont d'une bonne maiſon ; c'eſt un avantage réel : pour qui ſait en profiter, la naiſ-ſance & les richeſſes donnent au-deſſus du reſte des hommes différens dégrés de pouvoir & d'exiſtance, dont on peut uſer pour ſon pro-pre bonheur & pour celui des autres. Le Comte avait douze ans plus que le Chevalier; il lui ſervit de tuteur & de père après la mort de leurs Parens. Le premier avait un eſprit ſolide, ou plutôt un génie capable des plus grandes choſes ; mais il était deſtitué des agrémens de la figure. Le ſecond était un vé-ritable Adonis ; & joignait à ce charme ex-térieur, le plus excellent caractère ; un fond d'aménité, de douceur ; un panchant à la déférence qui n'avait pas ſa ſource dans une lâche facilité. Le Comte eſſuya quelques dé-dains avant de trouver une Compagne digne de lui ; ce qui lui fit croire qu'il ne devait pas fonger au mariage. Il vient d'atteindre fa trente-fixième année; il f'était diftingué dans le fervice ; un gouvernement fut fa recompenfe. Le jour qu'il en prit poffeffion, toute la Nobleffe voifine, qu'il avait invitée, accourut pour célébrer la fête qu'il lui donnait. Le Comte de V**, gentilhomme refpectable, & de tout temps ami de la maison de T***, y parut avec la plus jeune de fes Filles; il en avait deux; l'aînée fe nommait *Louise*, la feconde *Henriette*: ces Jeunes-perfonnes avaient perdu leur Mère depuis plufieurs années; mais elles la rendaient préfente aux yeux du Comte par leurs grâces & par leurs vertus. Louise, l'aînée, accompliffait vingt-trois ans; elle gouvernait la maison, avec la même fageffe que la Comteffe fa Mère : Henriette, la plus jeune, en comptait bientôt feize ; elle avait pour Louise le même refpect que le Chevalier de T*** portait à fon Frère. Durant la fête, le nouveau Gouverneur remarqua la jeune Henriette, & fon cœur f'ouvrit à la paffion la plus vive : mais il fut fe rendre juftice ; une Fille fi jeune & fi belle ne lui parut pas faite pour lui : le Chevalier était d'un âge mieux proportionné, d'une figure plus capable de plaire ; il eut la générofité de lui deftiner celle qu'il aurait aimée pour lui-même, f'il eût pu fe flater de la rendre heureuse. Ainfi le Comte de T***, pour favoriser cette union, fe propofa de céder la plus grande partie de fa fortune, avec l'affurance de la totalité.

D'après ce deſſein, il rechercha la jeune Henriette, & toutes ſes attentions furent pour
elle. Le Comte de V** fut charmé de ces
marques de préférence; cependant il était
fâché de n'avoir pas amené Louise, dont
l'âge, le caractère, & la beauté plus régulière que celle d'Henriette, euſſent peut-être
mieux convenu. Dans cette penſée, il in-
térogea ſa Fille au ſujet du Gouverneur:
Henriette en dit tout le bien imaginable,
avec une naïveté charmante: M. de V** at-
tribua ſes diſpositions plutôt à la légèreté de
ſon âge, qu'un peu d'éclat ſéduit, qu'à ce
qu'on nomme un goût ſolide. Il n'inſiſta pas.
Mais lorſqu'ils furent de retour chés eux, la
Jeune-perſonne parlait tous les jours à Louise du Gouverneur; elle vantait ſon eſprit, ſa
politeſſe, ſon affabilité, ſans dire un mot
de ſa figure. Elle n'oublia pas le Chevalier
(que l'on commençait d'appeler le *Comte de
Beaumont*); elle en fit à ſa Sœur un portrait
ſéduisant, mais de-manière qu'on pouvait en
conclure qu'il n'avait pas la préférence.

Ce fut dans ces conjonctures, environ
quinze jours après les fêtes, que le Comte
de T*** fit parler à M. de V** par le Comte
d'E*** leur ami commun, qui proposa le
Comte de Beaumont pour Henriette, avec
les avantages dont j'ai parlé. La recherche
fut acceptée, & M. de V** trouva ce mariage mieux aſſorti. Sa réponſe fut, qu'il partait
pour la Capitale; qu'il eſpérait y voir MM.
de T***, & conclure durant l'hiver prochain.

Deux mois après, comme le Gouverneur se disposait à se rendre à Paris avec son Frère, il lui survint des affaires imprévues qui le retinrent; de-sorte que le Comte de Beaumont partit seul. Il arriva l'un de ces beaux jours d'hiver, dont toute une grande Ville profite avec empressement: comme il ne devait se rendre que le lendemain chés M. d'E***, qui s'était chargé de le présenter à l'hôtel de V**, il voulut jouir du spectacle brillant qu' offrent nos Boulevards. Tandis qu'il admire la foule ondulante où les rangs sont confondus, une Dame parfaitement belle fixa toute son attention; elle est accompagnée d'une autre, qui l'égale presqu'en beauté. Le Jeune-homme ne peut s'empêcher de suivre cette belle Inconnue à chaque tour qu'elle fait; & dans un moment où il s'est arrêté pour la laisser passer devant lui & la mieux considérer, il se permit un mot d'éloge sur quelques appas. Louise (car c'était elle avec madame d'E***) remarqua M. de Beaumont, il lui plut; dans le fond de son cœur elle souhaita qu'il fût d'une naissance convenable. Elle eut ensuite tout le temps de l'examiner; car il ne se retira que lorsqu'il l'eut vue remonter en carosse. Le soir même le jeune Comte écrivit à son Frère, *Qu'il le priait de l'excuser, mais qu'il se sentait une répugnance invincible pour le mariage projeté; qu'il était devenu amoureux tout en arrivant, de la plus charmante Personne qu'on pût voir; que s'étant informé d'elle par sa livrée & les*

armes de fa voiture, il avait appris que c'é-
*taient celles de la maison d'E*** ; ce qui lui*
avait paru d'un heureux augure, attendu
l'amitié qui les uniffait avec le Chef de cette
Maison &c. Le Gouverneur fut affligé de ce
contretemps, & ne comprit rien à l'inclination de fon Frère pour une Demoiselle d'une
maison où il n'y avait point de Fille. Cependant comme il connaiffait l'extrême fenfibilité du jeune Comte, il crut devoir diffimu-
ler avec lui ; d'autant que les affaires qui
l'avaient retenu, venant de fe terminer, il
pouvait partir fur-le-champ. En arrivant, il
trouva fon Cadet plus épris qu'il ne l'avait
imaginé. Le Gouverneur, dès le lendemain
rend une visite à fon Ami M. d'E*** ; il lui
parle de l'avanture du Chevalier, le dépeint
devant la Comteffe d'E***, qui eft une jeune
perfonne charmante, mariée depuis quelques
mois ; elle fe le rappelle, & l'on demeure
perfuadé qu'elle eft celle qu'adore le jeune
de T***. Cet éclairciffement desefpéra M. de
Beaumont, qui tout honteux de fon étourderie, n'ôsa réfifter à fon Frère, qui le con-
duifit chés le Comte de V**.

MM. de T*** furent reçus de M. de V**
comme f'ils euffent été fes enfans. Après les
avoir embraffés, le refpectable Vieillard fit
avertir fes deux Filles de fe rendre auprès de
lui. Henriette accourut la première ; cette
Jeune-perfonne laiffa paraître toute fa joie
de revoir le Gouverneur ; & la manière dont
elle f'exprima fut fi flateuse, que tout autre

homme, moins modeſte que le Comte de T***, aurait pu ne ſe pas croire indifférent. M. de V** voyant que Louise tardait à venir, en profita pour inſtruire Henriette des vues qu’on avait ſur elle. ——Eh! pourquoi me demander pour un autre, dit-elle vivement au Gouverneur? ——Parce que je ne me crois pas fait pour être aimé; & que mon Frère, madame, eſt plus digne de vous. ——Pas fait pour être aimé! je n’accorde pas cela, monſieur; & ſi mon Père le permet, je me flate de vous faire changer d’idée——. Ce diſcours étonna M. de V**, mais il ne lui déplut pas: il alait répondre, lorſque Louise entra. Le Comte de Beaumont fit un mouvement de ſurprise, & mademoiselle de V** ne marqua pas moins d’étonnement. Mais le Jeune-homme prévenu qu’il voyait madame d’E***, n’en devint que plus ſombre & plus embarraſſé. Sa confuſion frappa M. de V**, qui lui demanda s’il connaiſſait ſa Fille aînée? ——Il y a quelques jours, répondit Louise, que je vis Monſieur pour la première fois ſur le boulevard; il me fit même un compliment dont toute autre aurait pu ſe formaliser. ——Ah! je vois la cause de ſon embarras, dit M. de V** au Gouverneur. ——Madame, répondit le jeune de T***, je vous demande pardon; ſi j’avais ſu que votre main fût donnée, je ne me ſerais pas enivré du plaisir de vous regarder. ——La main de ma Fille donnée! à qui donc, ſ’il vous plaît, monſieur? ——On m’a dit que M. d’E***... ——J’étais, reprit Louise,

avec madame d'E***, & l'on se sera trompé-.
Ce peu de mots porta la joie dans l'âme du
Comte de Beaumont : M. de T*** découvrit
pour-lors à M. de V** la passion de son Frère, & montra la Lettre qu'il en avait reçue.
—Je vois, mes enfans, dit le Vieillard, que
nous alons faire un double mariage : mais il
faudrait un petit changement ; M. le Gouverneur convient mieux à Louise, le Comte de
Beaumont à mon Henriette.—Mais, répond
cette dernière, ma Sœur l'aime ; tous les jours
elle me parlait de l'aimable Inconnu—. Cette
petite indiscrétion, qui fit rougir Louise, répondait à tout. Je ne vous entretiendrai pas
des autres détails. M. de Beaumont & Louise
s'avouèrent leur mutuelle tendresse ; & cette
passion, née à la première vue, parut du
meilleur augure. Quant à la jeune Henriette,
elle déclara naïvement, que son cœur s'était
laissé prendre à l'air d'affabilité qu'avait M.
le Gouverneur, en fesant les honneurs de la
fête qu'il donnait à Dijon. Ces heureux mariages s'accomplirent un mois après. Le Marquis de T***, dont je vais raconter l'Histoire,
a reçu le jour du Gouverneur & d'Henriette.

Ce fut moins la jeunesse de madame de
T*** qui l'empêcha de nourrir son Fils, que
l'opposition constante de son Mari : mais on
prit d'ailleurs les précautions les plus sages ;
l'Enfant ne quitta pas la maison paternelle,
ni l'appartement de sa Mère. On suivit, pour
le former au bien, les moyens que nous a-
vons mis nous-mêmes en usage à l'égard de

Desirée & de son Frère. Il avait quatre ans, lorsque madame de Beaumont devint mère à son tour d'une Fille charmante comme elle. Le malheur accompagna cet évènement desiré; Louise mourut(*);Henriette la remplaça pour la jeune Orfeline, avec des sentimens aussi tendres que si elle l'avait portée dans son sein; peut-être même le furent-ils davantage, puisqu'elle voyait dans la jeune *Hélène*, plus qu'une fille destinée à passer un jour dans une famille étrangère; c'était la Compagne de son Fils qu'elle envisageait dans mademoiselle de Beaumont & sa Nièce tout-à-la-fois; l'exécution de ce projet d'alliance, formé dès le temps des mariages, venait d'être instamment recommandée par Louise mourante. Je vous dirai peu de chose des premières années des deux Enfans; ils les passèrent ensemble, dans une intimité délicieuse, qui fesait également leur bonheur & celui de leurs Parens.

Le Père d'Hélène, de concert avec son Frère, s'éloigna dès que les jeunes Élèves commencèrent à marquer de la connaissance : le but qu'on se proposait, était que M. de Beaumont servirait un jour d'Instituteur à son Neveu, dont il ne serait pas connu. Ce plan sage, qui sans-doute eût garantit le Marquis de tous les écarts où vous le verrez donner, n'aura pas lieu; l'homme estimable qui devait l'exécuter, perdit la vie durant la campagne de 1745, en combatant pour son pays.

____

(*) *Voyez* le Tome II, *page* 42.

Lorfque le Marquis eut neuf ans, on le fé-
para d'Hélène : M. de T***, par des raisons
dont il rendra compte, crut devoir éloigner
pour-lors fon Fils de la préfence d'une Mère
qui l'aimait trop, & qui fort jeune encore,
n'avait pas acquis la prudence qui la fit admirer depuis. Cette conduite, qui d'abord
mortifia la Comteffe, devint dans la fuite la
fource du plaifir le plus pur qu'une Mère
puiffe éprouver. Le Comte remit le jeune Élève
entre les mains d'un Homme capable de le fu-
pléer, mais qui ne devait jamais le remplacer entièrement. Sa feconde fonction fut d'en-
feigner les langues & les fciences. Il condui-
fit le Marquis à la Capitale, & prit un lo-
gement au Collége. M. de T*** donnait à
fon Fils tout le temps que fes devoirs lui per-
mettaient de paffer hors de fon Gouvernement. Quant à la jeune Comteffe, elle fe
confolait de l'abfence de l'un & de l'autre
avec la petite Hélène ; & comme elle avait
une entière confiance dans les vues de fon
Mari, elle prenait patience, bien fure qu'elle
ferait un-jour dédommagée d'une privation
fi douloureufe.

Le premier foin du Comte de T*** fut de
faire connaître à fon Fils les différentes claf-
fes des Citoyens, phyfiquement égaux, &
pourtant, fi diverfement placés dans le régime focial, que le feul genre humain offre
l'image de la gradation de tous les êtres ; de-
forte qu'il fe trouve autant de différence entre la Ducheffe mollement étendue fur une *pa-*

reſſeuse, & la femme d'un Manœuvre ou celle d'un Eſclave Nègre, qu'il en eſt entre l'Éléfant ou le Lion, & le plus faible, le plus vil des Inſectes. M. de T*** ſavait que l'Éducation du Gentilhomme, doit être l'opposé de celle du pauvre Habitant: à celui-ci la ſageſſe voudrait que l'on inculquât la ſoumiſſion, l'amour de l'ordre établi, le reſpect envers les conditions ſupérieures; qu'on le perſuadât bien que la dépendance de ſa part entretient une harmonie qui fera ſon bonheur, ſa ſureté, la tranquillité commune. Mais avec le Gentilhomme, ce ne ſont plus ces belles idées de ſpéculation qu'il faut établir; on doit le convaincre que tous les hommes ſont égaux; le Traité ſi bien penſé de l'*Inégalité des conditions* devrait être ſon premier Catéchiſme: cet Ouvrage, follement critiqué par une foule d'Écrivains, qui chacun avaient leur motif à part, eſt le Livre des Grands & des Rois; il ne peut qu'être utile à ceux qui commandent, à quelque degré qu'ils ſoient placés; quant à ceux qu' il pourrait éclairer ſur leurs droits, ils ne le liſent & ne pourront le lire jamais. Au Collége donc, le jeune Marquis ſe vit apparié avec tous les états; le Fils d'un Cordonnier était ſon Émule, & ſouvent le coryphée de la claſſe; on accoutumait le Jeune-homme à le conſidérer comme audeſſus de lui, puiſqu'il ne l'emportait pas en ſcience, en pénétration, en activité &c.

Tant que le tempérament n'eſt pas formé,

rien de plus facile que de conduire les Enfans : Il est un âge, depuis huit ou neuf ans, pour les précoces, jusqu'à quinze, où l'homme jouit de tout le sens-froid qu'il ne doit recouvrer qu'à cinquante ans ; il ne lui manque, lors du premier dévelopement de sa raison jusqu'à l'âge des passions, que l'expérience pour être sage ; il semble même que ce défaut soit compensé par la *prestesse* des sens ; rien n'échappe ; l'on saisit tout ; l'on n'oublie presque rien, & souvent la jeune Tête rit de l'embarras, du peu de vues & des distractions frappantes des prétendus Raisonnables qui la gouvernent. Mais ce qui la retient dans l'obéissance & la soumission, c'est l'inexpérience même dont j'ai parlé ; son effet est d'inspirer à la Jeunesse une heureuse défiance d'elle même, en-même-temps qu'elle la force de recourir aux lumières plus sûres de ses Guides. Il faut profiter de ce calme pour donner les principes de la morale ; c'est le seul temps où l'on puisse la faire aimer ; & si l'on voit tant d'éducations manquées, cela ne peut venir que de ce qu'on prétend faire goûter les devoirs, lorsqu'il est le plus doux de les violer : aussi l'on est écouté, disait le Gouverneur, comme le fut celui qui s'avisait d'aler prêcher le stoïcisme à des Matelots durant la tempête. On enseigna donc la pratique des vertus sociales au Marquis dès qu'il put entendre ; & l'on remit les sciences occupantes pour l'esprit, vides pour le cœur, aux temps orageux, c'est-à-dire pour la quinzième ou la seizième année.

Mais le Marquis, depuis qu'il a quitté la maison paternelle, n'eſt plus continuellement ſous les yeux d'un Père éclairé, qu'une Mère tendre ſuppléait, madame de T***, quoique trop indulgente, ne donnant que des exemples dignes d'être ſuivis ; aulieu que le Maître à gages n'a pas toujours la force de commander à ſes paſſions ; les préceptes qu'il débite ſont excellens, mais ſa pratique aurait dû les appuyer davantage. Ce n'eſt pas qu'il ait des vices bien marqués ; il n'eſt qu'inférieur au Comte & moins parfait que lui. Sa conduite fit apercevoir à ſon Élève de petites recherches fort empreſſées de ſes aiſes ; des impatiences pour des minucies ; de l'égoïſme ; de l'orgueil ; un amour-propre très-ſaillant; quelque dureté envers les Inférieurs; pour ceux qu'il croyait audeſſus de lui, une ſoupleſſe, qu'on aurait pu deſigner par un nom plus dur ; enfin mille autres choſes que les Enfans ſaiſiſſent à-merveilles, tandis que le Pédagogue, qui d'ailleurs eſt honnête-homme, ſe croit impénétrable ſous le manteau de ce qu'il nomme ſa diſcrétion & ſa prudence. Inſenſiblement le Marquis imita ce qu'il voyait faire, & négligea ce qu'on lui diſait ; parce que ces deux choſes ne s'accordaient plus auſſi parfaitement que ſous le gouvernement du Comte & de la Comteſſe. Le premier changement apparent dans ſon caractère, fut qu'il dédaigna ſon Émule ordinaire, & qu'il ſ'efforça de l'humilier en particulier, en lui feſant ſentir la différence que la

[15]

fortune & la naiſſance mettaient entr'eux : le
jeune Garſon ſ'en plaignit au Précepteur, qui
réprimanda ſon Élève ; mais celui-ci, qui
pouvait lui fermer la bouche, en lui citant
plusieurs traits qui chaque jour échapaient à
ſa vanité, diſſimula, & dès le lendemain il
engagea le fils du Cordonnier à lui manquer :
il fit en-ſorte d'entendre la réprimande ſans
être vu ; elle fut aſſaisonnée du plus inſultant
mépris : pour-lors paraît le jeune de T***,
qui retorque à ſon Maître ſes belles maximes
de la veille, & jouit de ſon embarras : toutes les raisons que ce dernier put alléguer ne
le juſtifièrent pas ; d'ailleurs le plus grand
mal était qu'il eût à ſe juſtifier. Le Marquis
ne voulut donc plus pour contendant qu'un
Condiſciple ſon égal : il choisit le Vicomte
de Th**, avec lequel il venait de ſe lier. Il
faut convenir qu'il ne pouvait tomber plus
heureusement ; perſonne n'était en état comme le Vicomte de le tenir en haleine ; perſonne n'était plus propre à lui donner des
exemples de modeſtie & de retenue : mais
le Marquis ne ſe piqua pas de concourir avec
lui pour les vertus morales : peut-être même
avait-il l'injuſtice de ſe croire ſupérieur dans
cette partie. Voila comme ſe paſſèrent les années de l'Enfance *raisonable*, comme je l'appelle, dont il était important de tirer avantage pour former les mœurs. Elle finit ordinairement à quatorze, à quinze, ou même à
la ſeizième année, pour les caractères tardifs
    Le Jeune-homme vient d'atteindre cet âge

Déja l'on entend le frémissement des passions: l'Instituteur, guidé par le Comte, gref-
fa l'amour de la gloire, sur le sentiment naturel qui semble alors ouvrir toutes les portes de l'âme au panchant d'un sexe pour
l'autre. D'un côté, l'étude des langues difficiles, le Grec, l'Allemand, l'Anglais &
même le Russe, occupa l'esprit, exerça la
mémoire; de l'autre, les Sciences utiles, la
Physique, les Expériences, la Géographie,
l'Histoire remplissent l'imagination. Le Vicomte continue d'être l'Émule du Marquis
dans cette nouvelle carrière: ils prirent l'un
pour l'autre des sentimens, qui peuvent faire
tenir pour un temps à l'amitié la place de
l'amour. Le genre-de-vie que je viens de décrire, fut suivi durant trois ou quatre ans.
A dix-huit, le Marquis fait tout ce qu'il convient à l'homme qui ne se destine pas à devenir maître à son tour. Quoiqu'il ait des
défauts, on a conservé ses mœurs en l'occupant, en le tenant éloigné des objets dangereux: mais le torrent n'est que suspendu; ce
qui veut dire, que son cœur tout neuf n'ayant
encore rien éprouvé, conserve toute son é-
nergie, & qu'il doit se livrer à ses passions
avec d'autant plus de force, que les choses
les plus simples pour d'autres, vont le remuer
& l'affecter prodigieusement. A la vérité, si
son Père pouvait le suivre dans la route nouvelle qui va s'ouvrir, peut-être le préserve-
rait-il des chutes les plus funestes: mais le
Comte de T***, qui vient de s'apercevoir
des

des petits défauts du Précepteur, crut devoir donner pour Gouverneur au Marquis, un homme que tout le monde estimait, un Gentilhomme qui avait rempli tous ses devoirs avec l'approbation générale.

Ce nouveau Mentor se nommait M. d'Arci: représentez vous un vieux Militaire, plein d'enjoûment, de franchise & de probité ; mais dont les idées sur les mœurs n'étaient pas saines : 1. Il établissait pour principe certain, Qu'il falait faire connaître le mal à la Jeunesse, & même l'y laisser donner, afin qu'elle en sentît le néant & l'abus dans l'âge de la maturité: 2. Il regardait comme indifférens les amusemens qu'elle se permet, de quelque genre qu'ils fussent, y compris l'amour: 3. Il croyait pouvoir dissimuler avec les Parens, sous prétexte que sa méthode étant la meilleure, il devenait inutile de s'attirer des contradictions. 4. Ce même Gouverneur était dans sa conduite le plus régulier de tous les hommes; ses exemples furent toujours excellens; mais l'Élève n'était guère à-portée d'en profiter, son Guide cachant avec soin sa vertu-pratique; de-plus, cette même régularité rendait encore l'Instituteur plus indulgent : un homme sans mœurs veut souvent que son Élève en ait de pures, dans la crainte que les échapées de celui-ci ne le démasquent lui-même. Il y a toute aparence que M. d'Arci n'avait jamais donné dans aucun écart dangereux par ses suites, & que c'était la cause de son imprudente sécurité;

C'eſt donc ſous ce Gouverneur facile que le Marquis entre dans le monde. Il commença par être Mouſquetaire. Le temps qu'il paſſa dans ce Corps honorable, qu'on peut regarder comme le Séminaire des Officiers, fut donné aux Exercices d'apparat, comme l'Équitation, la Danſe & les Armes ; aux Arts agréables, la Musique, le Deſſin ; à ceux qui ſont utiles ou néceſſaires pour un Gentilhomme, la Tactique & les Sciences qui lui ſervent de base, telles que la Topographie & les Mathématiques. Ces occupations venant dans le temps où les paſſions ont le plus de force, elles avaient la double utilité d'inſtruire, & de ſervir d'aliment à la fermentation où ſe trouvent alors le cœur & l'eſprit.

Mais l'Inſtituteur, qui pouvait retenir un Élève bien diſpoſé, ne croyant pas qu'il fût utile de le faire, permit au Marquis de voir tous ſes Confrères ſans diſtinction. L'effet de cette conduite confirma d'abord M. d'Arci dans l'idée que ſa méthode était ſûre; le Jeune-homme lui rendait compte de tout ce qu'il voyait, de manière à marquer l'horreur qu'il avait du deſordre. Là deſſus M. d'Arci lui répétait la belle maxime : *S'inſtruit heureusement, qui devient ſage aux dépens d'autrui ;* & pour qu'il mît à profit le mal dont il avait été témoin, il lui fesait ſuivre tous ſes effets dans les vicieux. Ils furent effrayans. Auſſi le Marquis ne devint pas un débauché : mais les dangereuses images qu'on lui préſentait chaque jour, retouchées par ſon ima-

gination, n'y laifsèrent plus qu'une eftampe vo-
luptueuse : aulieu d'une vile Proftituée , qui fe
donne fans pudeur ; dont les faveurs empoifo-
nées font plus deftructives que les périls de la
guerre , il fe peignit. . . . Mes Enfans , vous
connaiffez le véritable amour ; ce fut lui que le
Marquis fe repréfenta ; non pas tout-à-fait
comme vous le reffentez , mais d'une manière
moins pure, & parconféquent moins délicieuse.

Il exifte dans les Villes un dérèglement
que vous ignorez : l'on y voit fouvent le Riche acheter l'honneur du Pauvre , & la vertu
de la Fille de ce dernier. Le Marquis n'eut
que de la répugnance pour les Femmes per-
dues ; leur effronterie le révolta ; les dangers
auxquels la fanté du corps eft exposée autant
que les mœurs, avec ces malheureuses , le
firent friffonner ; mais il crut pouvoir écarter
toutes ces épines, & ne prendre que la rose
du plaisir, en fe donnant une Jeune-perfone
honnête, qui ne cefferait de l'être que pour lui.
[*Lacune confidérable qui n'a pu fe réparer.*]
Monfieur , je fais ce que je dois à mes
parens ; je ne puis ni ne veux difposer de moi
fans leur aveu ; ce Fils, dont vous imaginez la
naiffance , ne me porterait pas à contracter un
mariage qui leur déplairait autant qu'il ferait
nuisible à ma fortune : en épousant ma Maitreffe , j'agirais contre une autorité fainte, que
je m'ôterais le droit d'exercer un jour : les
Enfans doivent tout à leur Parens , parce que

l'Enfant est considéré moins comme redevable de l'existance, que de l'état & des biens : ne craignez donc rien de votre Élève. J'aurais à la vérité la tendresse d'un Père , mon cœur me le dit; mais si j'avais un fils naturel , je pourrais le rendre heureus d'une autre manière qu'en lui sacrifiant mon premier devoir. [*Autre lacune.*]

Durant cette intervale , le Marquis remplissait tous ses devoirs avec la plus grande exactitude. M. de T*** qui venait tout les ans passer deux mois auprès de lui , ne pouvait contenir sa joie. Cependant il attendait que l'âge eût meûri & comme assuré la vertu de son Fils , pour le remettre entre les bras d'une Mère qui soupirait tous les jours après cette réünion.

La Comtesse élevait Hélène : ce n'était point ici qu'on voyait des vertus factices ; la Nature & l'éducation (mais plûs la première que la seconde) fesaient un prodige de perfection & de mérite de de mademoiselle de T*** de Beaumont. Je ne vous ferai pas son portrait; vous voyez Desirée: c'était une Beauté peut-être plus régulière ; elle était modeste comme mon Épouse, & pensait comme elle; il ne fut jamais de ressemblance aussi parfaite. La Comtesse parlait souvent de de son Fils avec Hélène : tout ce qui frapait les regards de la Jeune-persone , était peint comme bien audessous du Marquis. On jugeait de ses qualités, de ses vertus même par le récit de M. de T***, & par les Lettres de l'Instituteur. Le dernier déguisait , sous le nom de bienfaits desintéressés, les dépenses que son Élève fesait pour la jeune Filagrame : il s'étendait sur ses progrès dans toutes les Sciences. On commençait alors à faire étudier au Marquis la Politique ; il lisait les Ouvrages des Négociateurs, & ceux des Publicistes, tels que *Grotius*, *Puffendorf* ; les Systèmes patriotiques de l'Abbé de *Saintpierre*, l'*Esprit-des-loix* &c : M. d'Arci lui fesait envisager ce dernier comme une suite des Livres qui traitent de l'homme-enfant, tels que celui de *Locke* ; de ceux où il est considéré dans un état absolu, sans égard à la société, comme dans *Hobbes* ; ou relativement à la seule animalité, comme dans *Telliamède* & les Naturalistes, où toutes les espèces d'animaux, l'homme compris, sont regardés comme un ensemble gradué par des nuances infinies. Il vit, dans *Machiavel*, le sanguinaire égoïsme des Rois, & ne prit son Livre *du Prince*, que comme un Avis au Genre-humain. Ces études ainsi combinées & liées entr'elles, préservèrent le Marquis du dégoût que la sécheresse de la Politique ne peut manquer de donner à la Jeunesse. L'Instituteur était lui-même ébloui des progrès de son Élève, & communiquait par ses Lettres son enthousiasme à madame de T***, qui le fesait passer à sa Nièce. La jeune Hélène, dans la haute opinion qu'elle avait de son Cousin, se trouvait assurée contre tous les prestiges du brillant & de la figure de ceux qui l'environnaient ; elle était bien fure qu'ils ne valaient pas le Marquis. Cette illusion, mes Enfans, était un avantage réel.

Cependant le Jeune-homme mène une vie partagée entre l'étude & l'amour. Les dix mois s'écoulent. La petite Filagrame fut alors recherchée par un Parti avantageux. Le Marquis, malgré fon attachement, n'hésita pas à porter fa Maitreſſe à former ce nœud. Le Gouverneur l'attendait à cette épreuve : il fut bien content de lui-même, quand il vit le triomphe d'un Jeune-homme fort amoureux, qui s'arrachait, comme un autre Titus, des bras de celle qu'il adorait. Ce ne fut pas fa paſſion feulement qu'eut à combatre le jeune de T*** ; la tendreſſe & les larmes de fon Amante rendirent la victoire plus difficile & plus glorieuse. Il eut le courage de prier M. d'Arci de le fortifier contre lui-même, & de l'engager à parler à la jeune Fille. Le Gouverneur ne la foumit pas fans peine à fes vues ; l'on fut obligé d'employer les moyens les plus rigoureux. Enfin elle eſt mariée, & le Marquis tient exactement fa parole de ne la plus voir.

Depuis ce moment, fon cœur flote dans une dangereuse incertitude. L'Inſtituteur, qui s'en aperçut, lui tint ce difcours : —D'où vient cette langueur, cette pusillanimité ? Vous avez connu les délices ; vous venez de fentir la privation ; quel fruit en devez-vous tirer ? De vous mettre audeſſus des premiers & de la feconde. Vous favez que ce qu'on éprouve pour la première fois, eſt tou-

jours profondément senti ; soyez sûr qu'une
seconde passion ne sera ni si douce , ni si pénible : je vous la conseille ; celle-ci vient d'ê-
tre trop heureuse ; elle va plutôt contre mes
vues qu'elle ne les favorise. Acoutumez-vous
à tout , afin de n'être seduit par rien , lorsque
vous serez maître de vous même. Quoi de plus
dangereus , quand on est dans les emplois
où votre naissance vous apelle , que d'offrir
aux charmes d'une jolie Intriguante un cœur
neuf , toujours facile à tromper—?

Le Marquis n'était que trop disposé à se
rendre à des sophismes aussi spécieus. Il pro-
mena ses regards sur tout ce qu'il connaissait;
rien ne le tenta : mais cette recherche même
l'occupait. Dans ce temps à-peu-près M. d'Arci , par l'ordre du Comte , le conduisit dans
différentes Maisons , amies de celle de T***.
Il engagea son Élève à renouer avec le jeune
Vicomte dont j'ai parlé , fils du Maréchal de
Th** ; il le présenta chés M. de M*** & chés
M. d'E***. Une Fille de cette dernière maison venait d'épouser le Comte de J** ; le
Marquis rendit une visite à ce Comte. M. de
J** paraissait environ quarante-cinq ans ; il
avait été de la plus belle figure , ce qui n'avait
pas manqué de lui procurer cé qu'on nomme
des bonnes-fortunes. Rien ne gâte davantage le caractère , & le caractère est la source
des mœurs : le Comte était avantageus , &
coquet suranné ; l'amour-propre , l'égoïsme
défaut trop ordinaire aux *Beaux* , avaient

taché un naturel d'ailleurs excellent ; M. de J** voulait toujours se donner un air conquérant , & craignait plûs que la mort le ridicule de paraître épris. Juiliette d'E*** sa nouvelle Épouse, n'avait pas dix-huit ans : elle était vive, enjouée, folâtre même ; sa beauté piquante ne la rendait point vaine ; on l'avait élevée de-manière à ne pas se prévaloir de cet avantage. Elle était pour son Époux, soumise, douce, complaisante, & sans l'aimer, elle l'eût rendu heureus, s'il avait su l'être. Le Marquis paraît dans ce nouveau ménage ; il voit Juliette : ce n'est pas un goût qui lui permette de délibérer ; ce qu'il ressentit pour cette jeune Dame, fut une passion dévorante, impétueuse, qui renverse, qui détruit tous les obstacles, qui foule aux piéds les Lois, les devoirs : un moment, un seul moment, il voulut considérer les suites de son panchant ; un nuage orageus de desirs, de confus mouvemens vint offusquer sa pensée, & chasser la réflexion. Il ne dit rien à son Gouverneur : mais celui-ci le devina.

[Autre lacune de toute cette avanture , que nous ne croyons pas devoir raporter. D'ailleurs on trouve si souvent dans nos Livres amusans de ces sortes d'Histoires, que nous ne pensons pas que celle-ci , toute véritable qu'elle soit , présente des détails absolument neufs & qui doivent en faire regretter la supression.

*Il faut seulement faire entendre au Lec-
teur , que la paſſion du Marquis pour
madame de J** eut des ſuites terribles ,
que le Comte de T*** répara.]*

Luce fut chargée de rendre le Billet. La
Jeune-fille était inſtruite; elle était honnête ,
ſage , & ſur-tout dévouée à ſa Maitreſſe ,
qu'elle aimait à l'adoration : elle ne put ſe
réſoudre à ſervir une intrigue criminelle , qui
perdait la Comteſſe : aulieu de porter le
Billet au Marquis , elle le remit à mademoiselle d'E***. Vous imaginez , mes Enfans ,
quel fut le chagrin de cette vertueuse Sœur ,
il était d'autant plus vif , qu'elle le renferma
tout-entier dans ſon âme. Cependant , pour
ne pas comettre Luce , elle rétablit le cachet ,
& renvoya la Lettre au Marquis. Mais auparavant , elle pria Luce de ſe prêter à la
feinte que ſa Sœur preſcrivait au jeune de
T*** , en l'aſſurant qu'elle la délivrerait bientôt de toute contrainte.

Le but d'Adelaïde était d'aſſurer la tranquillité de ſon Beaufrère d'une part , tandis
que de l'autre elle retirerait Juliette du pré-
cipice. Mais elle ne fut pas médiocrement
embaraſſée pour les moyens : elle voyait que
la paſſion de ſa Sœur était trop forte , pour
que la voix & les conſeils de l'amitié fuſſent
entendus ; c'était l'autorité qu'il falait faire
parler. Elle ne pouvait ſ'adreſſer à M. & Madame d'E*** ; leur extrême rigidité les eût
portés trop loin ; d'ailleurs ils euſſent eſſuyé

Tome III.

des reproches de la part de leur Fille, dont ils n'avaient pas confulté le cœur pour ce mariage. Elle penfa quelques momens à M. d'Arci; mais bientôt fe repréfentant combien fa morale était relâchée, elle fentit que cet honnête homme fuivant le monde n'avait pas des principes affés épurés, affés ftables même; elle répugnait en-outre à confier à la difcré-tion d'un Étranger l'honneur d'une Famille & de fa Sœur. Après bien des perplexités, elle fe détermina pour M. le Comte de T***; il arrivait dans quelques jours; Adélaïde connaiffait toute fa prudence, & fon refpect pour les mœurs; c'eft donc à lui qu'elle ré-folut de f'ouvrir. En-attendant, elle ne quitta plus Juliette, & lui fit indirectement des reproches fur fa conduite; mais accompa-gnés de preuves d'amitié fi touchantes, que la Coupable laiffa plus d'une fois échapper des larmes.

Un jour (c'était celui de l'arrivée du Comte de T***) Adelaïde furprit le Marquis aux genous de fa Sœur. Les deux Amans étaient defefpérés de la contrainte où ils étaient de-puis l'arrivée de M. de J**; ils voulurent éprou-ver jufqu'à quel point mademoiselle d'E*** tolérerait leur paffion; ils feignirent de ne pas fe troubler lorfqu'elle entra. —Demeure, dit Juliette à fon Amant; ma Sœur m'aime; elle fait que je ne faurais vivre fans t'adorer; elle excufera..... ma faibleffe, fi c'en eft une. —Bien-loin de l'excufer, répondit Adelaï-

de, j'en suis révoltée, & M. le Marquis sur-
tout mérite de ma part les plaintes les plus
amères... Non, monsieur, continua-t-elle,
ce n'est pas à ma Sœur que je les adresserai,
c'est à vous; à vous, monsieur, qui pouviez
choisir un autre objet à votre passion; à vous,
l'ami du Comte de J**, le fils d'un homme
cher à la Famille que vous cherchez à desho-
norer, à plonger dans la douleur; à vous,
l'ami du Comte de Th**, qui va devenir le
frère de Juliette, & que vous faites partici-
per à notre honte; c'est au Fils d'un Père
respectable que je m'adresse; d'un Père qui
vous estime, & qui sans-doute est loin d'i-
maginer dans quel travers une passion dérai-
sonnable vous fait donner. Représentez-vous
pour un moment, monsieur, l'amertume où
vous plongerez & ce Père vertueux, & votre
Mère, cette femme le modèle de son sexe,
que vous adorez, & qui vous chérit si tendrement, qui languit après le bonheur de
vous revoir; qui vous croit, sur le bon témoignage de M. d'Arci, le plus estimable des
Jeunes-gens. On pourrait ajouter, que mademoiselle de Beaumont surpasse tout ce que
vous pouvez trouver ici de séduisant; je l'ai
vue, il y a six mois; elle est la perfection même: ce n'est pas tout; il est une considération qui ne sera pas sans effet sur un homme
généreux comme vous; songez à la sensibilité
d'un vieux Gentilhomme ami de votre maison; le Comte d'E***, père de Juliette, mour-
rait de douleur s'il apprenait la conduite de

fa Fille: Et notre Mère... ô ma Sœur—!... Le Marquis intérompit Adelaïde, pour lui dire: —Eh! nous croyez-vous donc capables, madame... —Ne diffimulez pas avec moi, reprit Adelaïde; je fais tout: vous avez confommé le crime:.... Malheureux! tu feras père, & ton fils, ou ta fille, portera le nom d'un autre; recevra les careffes d'un autre; lui devra fa tendreffe & fon refpect; il fera pour fon Père un être étranger: jamais fa Mère, fa Mère infortunée, ne fentira fon cœur s'épanouir en le careffant; il fe ferrera, le remords le rétrécira, dans l'inftant même où la tendreffe maternelle f'efforcera de l'ouvrir!.... Je fais tous vos fecrets: O malheureuse Juliette, quand ton ivreffe fera diffipée, que de larmes ta faute va te coûter! Tu t'en félicites à-préfent; l'amour t'aveugle; tu ne fens pas qu'en violant les loix de la fociété, tu t'expofes à tous les inconvéniens que ces loix fages ont voulu prévenir: tu ês devenue fauffe; ta conduite, tes difcours font un menfonge continuel. Dis-moi, t'eftimestu beaucoup dans ta fituation actuelle, où la préfence de ton Mari eft un cruel reproche; où celle de tes Parens eft un fupplice; où mon amitié, mon tendre, mon fincère attachement te font à-charge; où tu n'as pour toute fatiffaction, que le plaifir inquiet, agitant, déchirant de voir le Marquis de T***, que tu nous préfères à tous; un homme qui te deshonores, que tu as avili; qui n'eft plus qu'un adultère dont tu ês la complice. Qu'êtes-vous tous-deux ? Des coupables que les loix des Peuples les plus sages condannent à la mort : par la loi de Moïse vous seriez lapidés ; & par celles de notre pays, la honte & la perte de la liberté seraient votre partage. Estimez-vous à présent, admirez-vous, formez de magnifiques projets de constance ; ajoutez-y le fort du fruit de votre crime, s'il était connu pour ce qu'il est : Et toi, ma Sœur, jouis de ton forfait ; savoure tout le mépris que ton Fils aura pour toi, s'il découvre un jour les deux sources de son existance. Renoncez dès aujourd'hui, dès ce moment, à votre indigne amour, ou tout-aumoins à vous voir ; ou je vous déclare, à vous, monsieur, que je mettrai votre Père dans votre confidence ; à vous, ma Sœur, que je dirai tout à notre Mère... Alez, monsieur, quittez-nous——. A ce discours, Juliette plus morte que vive, tombe aux genoux de sa Sœur. ——Tu veux me voir expirer, lui dit-elle ; tu vas être satisfaite. ——Je veux te voir te respecter toi-même, & ne pas exposer nos Parens, ton Mari aux malheurs... ——Eh ! guérit-on une plaie enflamée en l'irritant ! tu déchires mon cœur... ——Il le faut, ma chère Juliette, pour en arracher le trait empoisoné——. De son côté, le Marquis éprouve tout ce que le desespoir peut faire souffrir. Il demeurait immobile, accâblé de la honte, comme par un poids énorme ; mais soutenu de son impétueuse passion, il lute encore. ——Que faut-il donc faire, dit-il à la Sœur de son Amante ?

De tous côtés je ne vois qu’abîmes & préci-
pices ; la mort, la honte, l’infamie, le crime !
ô Dieu ! ——Il faut vous éviter, reprit Adelaïde : avant de vous engager dans une route affreuse, vous n’y voyiez que des plaisirs ; c’é-
taient de trompeuses chimères ; aujourd’hui la
réalité se fait rigoureusement sentir——.

Vous imaginez bien, mes chers Enfans,
qu’on ne triomphe pas tout-d’un-coup d’une
passion si puissante, lors même qu’on en voit
& qu’on en sent les inconvéniens : mais les
voir & les sentir, c’est toujours beaucoup ;
ces deux actes agissent comme la lime, & dé-
truisent ce que les machines les plus puissantes n’auraient pas entâmé. Cependant, comme le mal presse, qu’à tout-moment le Comte
de J** peut surprendre le fatal secret ; que le
Marquis continue de s’introduire chés Juliette, Adelaïde persista dans le dessein de
tout dire à M. de T***.

Cet homme respectable vient d’arriver : le
jour même il soupe chés le Comte d’E*** ; le
Marquis s’y trouve, avec le Comte de J**, sa
Femme, M. de M*** & son Frère aîné, madame de Th**, son Fils, & quelques autrés.
Durant le repas, M. de J** raillait le jeune
de T***, dont l’air craintif & consterné le
réjouissait beaucoup : mais personne, hors
Adelaïde & les Intéressés, n’entendait le sens
de ses discours, qui regardaient la prétendue
passion du Marquis pour Luce. Le Comte
l’avait surpris dans la journée avec la Jeune-
fille, qui s’était prétée à cette Comédie, mais

en montrant à son Amant supposé les sentimens que la Comtesse devrait avoir. A chaque expression peu mesurée de son Mari, Juliette pâlissait & rougissait tour-à-tour: le
jeune de T*** n'était guères plus à son aise;
il perdit enfin toute contenance, dans un
moment où le Comte de J** eut la malice
de faire dire à Luce que sa Maitresse la demandait. Cette Fille parut. M. de J** s'incli-
na vers l'oreille du Marquis, en lui répétant:
—Elle est ma-foi charmante—! Ces paroles affectées, la beauté de celle dont on les
disait ouvrirent les yeux de M. de T***; il
crut son Fils amoureux de la jeune Femme-
de-chambre, & que séduit par une si jolie figure, il avait commis quelqu'imprudence légère, dont son Ami croyait pouvoir plaisan-
ter. Au sortir de table, Adelaïde s'approcha
du Comte de T***, pour lui faire entendre
qu'elle desirait un mot d'entretien particulier.
Il la suivit à l'écart : elle lui remit alors un
Billet cacheté, en le lui recommandant comme d'une très-grande importance. Cet air de
mystère surprit le Comte, & lui fit craindre
les effets de la passion qu'il avait soupçonée
pour Luce. D'un autre côté, la jeune Comtesse de J**, que l'extrême contrainte où elle
s'était vue, jointe à son état, venaient de
fatiguer beaucoup, se trouva mal : Adelaïde
& Luce, en la secourant, paraissaient affectées trop profondément pour un accident
aussi léger ; leurs gestes, certains mots qui
marquaient leur intelligence, la manière af-

fectueuse & confiante dont m.^{lle} d'E*** parlait à la Femme-de-chambre, n'annonçaient
pas que Luce eût une intrigue deshonorante.
Cette observation, que fit M. le Comte de
T***, le jeta dans la plus grande incertitude;
il desirait d'être dans son appartement, pour
lire le papier qu'on venait de lui remettre. Il
est libre enfin; son Fils vient de le quitter,
l'œil sombre, le regard plus honteux que timide, en laissant échapper un soupir. Le
Comte brise le cachet, & lit ces mots:

*VOYEZ à vos genoux, monsieur, une fille
qui n'implore que votre probité, votre amour
de l'ordre & votre respect pour les droits sacrés
des Époux. Votre fils, M. le Marquis de T***,
les a violés ces droits respectables, qu'un jour
il reclamera lui-même : je me jète dans votre
sein, monsieur, je m'y cache, pour ne pas
mourir de honte, en vous avouant que Juliette, que ma sœur, manque à son devoir;
qu'elle aime votre fils, qu'elle en est aimée ;
qu'ils ne peuvent vivre l'un sans l'autre ; en-
un-mot, que la Comtesse de J** porte dans son
sein, non le fruit d'une union légitime, mais
celui d'un criminel panchant...C'est vous en dire
assés, monsieur... J'ajoute pourtant, que le
Comte de J** ayant surpris dans sa maison
celui qui le deshonore, les circonstances se
trouvèrent disposées de-manière, qu'il le crut
amoureux de Luce, femme-de-chambre de son
Épouse. Adieu, monsieur, cet horrible secret
n'est su que de vous, de moi, de Luce & des
deux Coupables.* ADELAIDE D'E***.

M.

M. de T*** connaiſſait trop bien Adelaïde, pour douter un moment du crime que ce Billet lui découvre ; ſa perplexité, ſa douleur, ſon étonnement ne peuvent ſ'exprimer : mais avant de rien dire à ſon Fils, il veut connaître toute ſa conduite antérieure. Il fait appeler M. d'Arci : cet homme peut taire ce qu'il ſait, lorſqu'on ne l'intéroge pas, mais il eſt incapable de mentir : il ne déguiſa rien, dès que M. de T*** l'exigea. —Eh! vous avez ſouffert, monſieur (répond le Comte, à l'avanture de la petite Filagrame) vous avez ſouffert cet égarement ! —Votre Fils, monſieur, en eſt quitte pour la vie. —Vous vous trompez, mon Ami ; l'avenir vous en convaincra : *l'expérience du vice ne corrige pas, elle habitue.* —Eh-bien, attendons l'expérience ; elle ſeule peut décider. —Une ſeconde inclination vient de ſuccéder ? —Je la tolérais, parce que la première fut trop heureuſe ; j'eſpérais que le dégoût accompagnerait celle-ci ; malheureuſement ce n'eſt qu'à la Femme-de-chambre qu'il en veut ; les chagrins euſſent été bien plus fréquens & plus ſûrs, s'il avait ôſé ſ'élever juſqu'à la Maitreſſe. —Des deux côtés je ne vois que la baſſeſſe, le crime & la honte qui doit le ſuivre : vos principes ſont faux, mon ancien Camarade ; ils ont égaré mon Fils. Vous, ſi vertueux, ſi régulier, dont les mœurs ſévères..... —Ma ſévérité n'eſt que pour moi ; je compâtis à l'humaine faibleſſe, & demeure convaincu, que ſi vous ne dérangez rien à mon plan, je ferai du Marquis un

parfait honnête-homme & un bon citoyen—.
Il lui vanta fa maxime, fur la différence &
la liberté d'éducation pour le Gentilhomme.
Le Comte lui répondit, qu'il n'eſtimait guères une probité qui ferait le fruit de la fatiété
du vice. D'ailleurs ce Père fage en favait trop
pour goûter les raiſons de l'Inſtituteur. Il le
pria férieuſement de le feconder à fa manière
à lui Comte de T***, & non fuivant un fyſtème dont la théorie peut faire la matière
d'une diſpute de *Café*, mais dont la pratique
ne doit être fuivie qu'avec des ménagemens
infinis, fur-tout quand il s'agit de l'éducation
d'un Gentilhomme, dont un nombre d'individus dépendront un jour. L'Inſtituteur le
promit. Enſuite M. de T*** prit fon Fils en
particulier. D'abord le Jeune-homme fut prêt
à nier fon inclination pour Juliette. —Ne me
mentez pas, lui dit vivement le Comte; c'en
eſt déja trop d'être ce que vous êtes, fans y joindre la fauſſeté: le plus grand mépris de l'autorité paternelle ferait de me mentir. Je fuis
fûr de ce que j'avance. —Eh-bien, monſieur,
dit le Marquis, j'avoue, non mon crime; en
ferait-ce un d'aimer l'image la plus parfaite
de la Divinité? mais j'avoue mon amour,
mes fentimens d'adoration pour Juliette
d'E***; ils feront éternels. ——Téméraire!
tu n'ôfes dire *la Comteſſe de J**!* tu rougirais
trop à ce nom! Tu aimes, tu adores, dis-
tu, madame de J**; tes fentimens feront é-
ternels; c'eſt-à-dire, que fi tu avais le pouvoir du cruel *Octave*, de l'infenſé *Caligula*,

du lâche *Néron*, tu enlèverais comme eux les épouses des bras de leurs maris ; comme eux, tu profanerais la sainte union des mariages au milieu de tes festins, & tu louerais ou critiquerais insolemment comme eux les beautés ou les défauts de leur corps !.... O Ciel ! pourquoi m'avez-vous rendu père !..... Tu vas l'être, malheureux ! mais pour en rougir le reste de ta vie : tu vas l'être, mais en méritant par cette qualité même la plus grande infortune que puisse éprouver un Père de famille : tu vas l'être ; & ce que l'honnête-homme regarde comme une faveur du Ciel, sera pour toi la marque de son courroux ; tu l'as profanée, cette qualité sainte, & ne mérite plus de la porter ; aulieu d'un tribut légitime, qu'en devenant père on paye à la société, tu lui fais le plus sanglant des outrages : aussi, pour te punir, il ne lui manque, ingrat, que de te connaître.... Cachez-vous, monsieur, envelopez-vous dans l'ombre du mystère, & dites-vous sans-cesse : Pour être au rang des Infames, il ne faudrait qu'un trait de lumière sur ma vie.... Voyons, monsieur, ce que vous prétendez faire : toute action honnête peut être publique ; voulez-vous que nous avouïons votre commerce ; que nous en fassions gloire ; que madame la Comtesse de de J** quitte son mari pour vivre avec vous ; que votre Mère & moi nous vous autorisions ? que nous donnions cet exemple à votre Cousine ? parlez ; il faut tenir cette conduite, ou renoncer à l'instant à votre passion——. Le

Marquis confondu n'avait rien à répondre ; il versa des larmes de desespoir, s'avoua coupable, embrassa les genoux de son Père ; puis semblable à ces malades que la fièvre rend courageux, il se crut assés fort pour surmonter son panchant ; il le promit : par l'ordre du Comte, il écrivit sur-le-champ à madame de J**, en ces termes.

JE vous ai manqué, madame ; je vous en demande pardon : croyez que la douleur que j'en ressens est si vive, qu'elle expierait mon forfait, si j'étais assés heureux pour vous remettre dans la route du devoir, dont ma funeste passion vient de vous éloigner. J'ai dit que je vous aimais ; & j'étais votre plus cruel ennemi : vous méritiez de trouver un cœur plus généreux que le mien, qui vous eût immolé ses plaisirs, & ne se fût servi de son ascendant, que pour vous rendre contente & digne de vous-même. Adieu, madame : je ne mérite plus de vous revoir ; je ne vous verrai plus. Le MARQUIS DE T***.

Ce Billet fut remis à Luce, par Adelaïde. Lorsque Juliette l'eut ouvert & commencé de le lire, elle s'évanouit : par malheur M. de J** ayant entendu quelque bruit dans l'appartement de sa Femme, que Luce secourait, il y entra, s'approcha d'elle, pour aider, & trouva dans son sein le Billet qu'elle venait de recevoir. Les lumières que cet Écrit lui donna le rendirent furieux ; il voulait poignarder la jeune Comtesse, qui n'était pas en état de l'entendre ; ensuite tournant toute sa

[53]

rage contre Luce, qu'il regardait comme la
confidente & la complice de fon Épouse, il
la chaffa honteufement. La Jeune-fille courut
annoncer cet incident à mademoiselle d'E***,
qui fe trouva dans le plus cruel embarras ; car
elle ne doutait pas que le Comte ne vînt chés
fes Parens, avec le fatal Billet ; & dans ce
cas, tout était perdu. Elle envoya Luce auprès de M. de T***, pour demander fes con-
feils. Le Comte ne vit rien de mieux à faire
que de fe rendre chés M. de J**. Il le trouva
dans l'appartement de Juliette, qui n'était
revenue de fon évanouiffement, que pour
tomber dans une forte de délire, caufé par
les reproches & les menaces de fon Mari.
Dans l'excès de fon emportement, elle l'ac-
câbla d'injures, & lui découvrit tout ce qu'il
ignorait, en le défiant de lui donner la mort.
M. de T*** parut comme De-J**, outré de
tout ce qu'il venait d'entendre, alait punir
une Infidelle. Le vertueux Comte fe jète à
fes genoux, qu'il embraffe : ——C'eft moi qui
fuis coupable, lui dit-il, puifque j'ai donné à
l'État un mauvais citoyen : mon cher Comte,
vois un Père au defefpoir, qui pleure la perte
de fon Fils unique, & qui voudrait, au prix
de fon fang, réparer fes torts envers ton É-
poufe, envers toi——. De-J** reftait immobile, tant l'arrivée, le difcours & l'action du
Comte venaient de le furprendre : Juliette
elle-même était interdite, & la honte avait
calmé fon agitation. M. de T*** continua :
——Mon ami, c'eft moins une infidélité qu'un

délire dans ta Compagne ; l'excès même de
la paffion doit te porter à quelqu'indulgence.
Dès que nous favons tout, le mal n'eft pas
irréparable ; la faute qu'on a faite, & qui
vient d'être dévoîlée, te répond de l'avenir.
—Que je fuis malheureux, f'écrie le Comte
de J**! —Oui, répond M. de T***, fi vous
avez quelque chose à vous reprocher ; non,
fi votre conduite.... Mais, mon cher Comte,
quand vous n'auriez pas furpris la Lettre que
j'ai fait écrire ce matin à mon Fils, le commerce n'en était pas moins ceffé, puifque je
le connaiffais. —Mon deshonneur eft donc
public! —Non, lisez. (M. de T*** lui donne
la Lettre d'Adelaïde.) —Ma Sœur! f'écrie
le Comte de J**;... ah! que ne l'ai-je choisie!
mais j'ai connu trop tard fon mérite. —Trois
perfonnes vous répondaient de la Comteffe ;
vous feriez encore tranquille, fans le malheur
qui vous a fait trouver le Billet. —Trois
perfonnes ? —M.lle d'E***, Luce & moi.
—Luce! une infâme, qui favorisait... —Vous
vous trompez ; cette Fille n'a rien fait que
pour vous ménager ; & c'eft par elle qu'Adelaïde a tout fu. —Eh! je viens de la chaf-
fer ! —Vous la reprendrez ; elle aime fa Maitreffe plus que fa vie ; c'eft par un effet de
fon attachement fincère qu'elle l'a trahie en
apparence——. A ces mots, Juliette fit un gefte
de fureur. M. de T*** alait lui parler, lorfqu'Adelaïde & Luce entrèrent enfemble : la
première ala fe jeter dans les bras de fon Beaufrère, en lui demandant la grâce de fa Sœur,

& le secret avec M. & madame d'E*** ; la seconde se mit aux genoux de sa Maitresse, &
lui dit tout ce qu'on peut imaginer de plus
soumis & de plus tendre. Ces deux scènes firent impression sur le Comte de J** ; les prières d'Adélaïde, les marques d'amitié dont
elle les accompagnait amolirent son cœur ;
les discours de Luce, le dévoûment qu'elle
témoignait à sa Maitresse, l'espèce d'emportement avec lequel elle lui jura de ne pas sur-
vivre à son malheur, si le Comte de J** ne
pardonnait pas, fixèrent son attention ; l'attachement qu'on marquait à sa Femme ouvrit ses yeux sur le mérite réel de la Comtesse : mais ce fut M. de T*** qui détermina
sa conduite. Ils passèrent dans une autre pièce,
& décidèrent du sort de l'Enfant. Le Père du
Marquis rédigea ce qu'ils avaient arrêté : *Soit
que la Comtesse mette au monde un fils ou une
fille, on fera passer l'enfant pour mort en
naissant : la Maison de T*** se chargera de
son sort, qu'elle rendra le plus heureux qu'il
sera possible : en-conséquence, elle obligera
son Héritier de supprimer tout son faste, &
d'épargner par an une somme assés considérable, pour faire une fortune honnête à la
jeune Créature.* Mais le Comte de J**, lorsqu'il fut remis de son premier trouble, ne
crut pas devoir abandonner tous ses droits sur
un Être innocent, qui devait naturellement
ressentir pour lui la tendresse filiale, & qui
pouvait mériter un jour son attachement : il
corrigea la disposition de la manière suivan-

te: *Le fils ou la fille sera batisé sous le nom de J**; mais si dans la suite il survient un héritier à cette Maison, la disposition de M. de T*** aura lieu, de-manière pourtant que j'entens contribuer à la fortune de l'enfant.*

Revenons à la Comtesse, que nous avons laissée avec sa Sœur & la jeune Luce.

Elle ne pouvait soutenir l'idée de renoncer pour toujours à voir le Marquis; elle voulait mourir, & par sa mort, ensevelir sa honte & son crime sous l'éternelle obscurité. La journée se passa dans la situation la plus douloureuse. Le lendemain, le Comte, qui durant la nuit avait fait de sérieuses réflexions sur sa conduite passée tant envers son Épouse, qu'avec celles de beaucoup d'autres Maris, convint devant M. de T*** qu'il méritait son sort: d'après cet aveu, bien rare sans-doute, il se rendit auprès de sa Femme, dans la vue de lui proposer une reconciliation. Mais la jeune Comtesse lui supposant une toute autre intention, retomba lorsqu'elle l'aperçut dans son égarement de la veille: malgré les instances & les caresses de sa Sœur, elle donna des marques de crainte, de frayeur, mêlées de colère, qui firent craindre une aliénation totale. Pour-lors M. de J** dit quelques mots en secret à Mlle d'E*** & au Comte de T***. Le résultat de leur conférence, fut que le dernier ala chercher son Fils. Avant son arrivée le Comte de J** s'était retiré.

L'entrevue de Juliette & du Marquis parut d'abord ne pas avoir l'effet qu'on en avait

efpéré : les deux jeunes Amans, reftés feuls,
f'attendrirent, verfèrent un torrent de larmes,
fe regardèrent en filence, & finirent par f'é-
crier, Qu'ils f'aimeraient toujours. C'était où
M. de T*** les attendait ; il rentra , pour leur
demander ce qu'ils avaient réfolu ? Comme
ils ne répondaient pas, le Comte ajouta :
—Vous vous rappelez, mon Fils, ce que je
vous dis hier : & vous, madame, connaiffez
l'extrême indulgence de votre Mari ; quelque
criminelle que vous foyiez, il pourra tout oublier... Je vous laiffe encore un moment; avi-
fez vous ; nous voulons que votre fort foit
règlé par vous-mêmes—. Il fe retira. M.lle
d'E*** vint à fon tour auprès d'eux. —Je
vois, lui dit Juliette, l'abîme qui f'eft ouvert
fous mes pas ; il m'épouvante. Faut-il donc
vivre malheureuse ! Hèlas ! oui ; un engagement involontaire m'en impose la loi ! Du-
moins fi j'étais libre de me jeter dans le cloître !
C'eft l'unique grâce que j'ôserais demander.
—Mon amie, ma fœur, répond Adelaïde,
Susette, Léonore & moi, nous efpérons de
ton amitié, que tu ne te porteras à aucune
démarche d'éclat, qui puiffe nous faire rougir, & chagriner nos Parens : ton Mari peut
tout pardonner ; nous devons cette difpofi-
tion inattendue à M. de T*** ; profite-s-en,
ma fœur. —Que tu connais peu l'amour !
on voit bien que la févère Adelaïde ne fut jamais fenfible—! M.lle d'E*** répondit par
un profond foupir : enfuite elle ajouta —Parceque j'ai fu cacher mes peines, tu me crois

infenfible! Écoute, ma fœur, un trait de ma
vie, capable de t'éclairer, & peut-être de relever ton courage. Cette confidence n'eft jamais fortie de ma bouche, & je ne te la fais
aujourd'hui que pour ton utilité.

*Hiftoire de M. de M*** & d'Adelaïde d'E***.*

« J'AI vingt-trois ans; il y en a fept que j'aime & que je croyais être aimée de M. de M***.
Son frère le Marquis, plus âgé de vingt ans
que fon cadet, prit en-même-temps pour moi
la paffion la plus vive : mais j'avais donné
mon cœur au Comte, que j'en croyais digne.

Ce fut chés mes Parens que je vis le Comte
de M***. Les vertus, la convenance, l'inclination, tout me parla pour lui. Cependant je
différai de me rendre; je voulus favoir auparavant, s'il ne fe trouverait pas des obftacles
à notre union; bien déterminée, dans ce cas,
à ne jamais laiffer paraître mon panchant. Le
Comte apparemment devina les motifs de ma
réserve, & pour me prouver combien j'avais
tort d'appréhender, il engagea le Marquis à
nous voir tous les jours. La liaison ne tarda
pas à devenir intime entre mon Père, le Marquis, le Maréchal de Th** & M. de T***.
Mon Amant n'oublia pas, en me parlant de
fa tendreffe, de me faire remarquer cette intimité; fur-tout il fixait mon attention fur
les éloges que fon Frère ne ceffait de me
donner. ——Vous voyez, madame, ajouta-t-
il, qu'il eft pour nous; vous connaiffez quel
eft fon crédit fur l'efprit de mes Parens; ma
Mère elle-même fe dirige en tout d'après les

sentimens de son Beaufils—. Je me laissai trop aisément éblouir par ces raisons; je permis au Comte de faire parler à nos Parens, sans être assurée de l'approbation que je desirais. Je ne m'arrêterai point à te peindre ses transports; les Amans se ressemblent tous par-là; tous ordinairement sont sincères dans ce moment d'enthousiasme, & tous l'oublient bientôt: aussi, lorsqu'on intérompt le cours d'une passion, ce n'est pas notre bonheur qu'on détruit, c'est une illusion qu'on rend plus courte.

Le lendemain de mon indiscrèt aveu, je m'aperçus que le Marquis de M*** cherchait à m'entretenir en particulier: comme je crus qu'il voulait me parler de son Frère, & s'assurer par lui-même de mes dispositions, je secondai son desir. Nous nous rencontrames le soir sur la terrasse, loin de tout le monde: —Je me félicite, madame, de pouvoir causer un moment seul-à-seule, me dit le Marquis; voudrez-vous m'entendre—? Je répondis en lui marquant beaucoup d'estime. —Ces sentimens-là me charment, reprit m. de M***: il faut aussi que je vous avoue, madame, que de toutes les Jeunes-personnes que j'ai connues, vous êtes la seule qui réunissiez éminemment ce que j'ai vainement cherché dans les femmes, depuis vingt-cinq ans: je vous trouve une raison, un pouvoir sur vous-même, des goûts tels qu'il faut les avoir pour rendre un Époux heureux: c'est d'après ces observations que je me suis décidé: j'ai quarante ans; ce n'est pas un âge où l'amour soit ridicule, c'eſt l'âge où il eſt conſtant ; j'ai ſentí qu'il ſ'emparait de mon cœur, & je ne l'ai pas combatu : vous en êtes l'objet, madame ; la violence de ma paſſion m'aurait deseſpéré, ſi toute autre que vous me l'avait inſpirée——. Je l'intérompis, fort ſurprise & dans un grand embarras, pour lui dire, Que ſes ſentimens étaient flateurs; que peut être je les aurais partagés, ſ'il ne les eût pas déclarés trop tard ; qu'un autre l'avait prévenu de bien peu de temps; mais enfin qu'il l'était, & que j'avais trop de ſincérité pour le lui cacher ; que cet Amant ſ'était flaté de l'avoir pour protecteur & pour appui.... ——Serait-ce mon Frère——! ſ'écrie M. de M***. Mon ſilence lui fit connaître qu'il ne ſ'était pas trompé.

Ce nouvel Amant était d'un caractère ardent ; ſes paſſions, toujours extrêmes, ne pouvaient être réprimées que par les plus pénibles efforts ; à quarante ans enfin il n'avait jamais aimé, ſi l'on entend par ce mot la vraie tendreſſe : mais il était vertueux ; une héroïque générosité tempérait cette âme de feu. ——Je vous entens, madame, répondit-il après un long ſilence : c'eſt un malheur pour moi de vous aim... (ſi je puis encore employer ce terme-là); mais ce n'en ſera jamais un pour vous——. Dès le même ſoir il inſtruiſit ſa Bellemère des ſentimens du jeune Comte à mon égard, & lui proposa de me faire demander à mes Parens. Madame de M*** ne me trouvait pas aſſés riche pour un Cadet. Le Marquis offre de ſe dépouiller en ſa fa-

veur. Ce noble desintéreſſement amène entr'
eux une explication plus détaillée : la Dame
ſurprise ne veut pas que l'Aîné ſ'immole à ſon
Frère : ——Il eſt des moyens pour vous rendre
heureux l'un & l'autre, lui dit elle : vous êtes
riche ; épousez m.^{lle} d'E*** : mon Fils eſt
jeune ; il attendra ; j'ai même en vue un Parti
conſidérable, dont je ſuis preſque ſure, & que
je ſerais très-flatée de voir entrer dans notre
famille : c'eſt une Jeune perſonne qui eſt encore en province, mais ſi belle, ſi bien élevée, dont les diſpositions promettent tant de
vertus, que votre Frère ne pourra la voir ſans
l'adorer——. Ce diſcours de madame de M***,
rendit l'eſpérance au Marquis. A la première
rencontre il m'en fit part. Je ne ſus trop que
lui repliquer, & ſans-doute il interpréta mon
ſilence en ſa faveur.

Il me quittait à-peine, que mon Amant parut. J'étais encore ſi troublée, quand celui-ci
m'aborda, que je l'écoutai longtemps ſans lui
répondre. Pour lui, jamais il n'avait été ſi per-
ſuaſif; ſon air, ſes expreſſions, ſon ſilence même
peignaient tour-à-tour la plus vive paſſion. Je
ne vous cacherai pas que je fus vivement émue.
Mon attendriſſement l'enhardit; il demandait
un aveu. ——Qu'exigez-vous, lui dis-je enfin ?
ſi j'en crois les apparences, nous ne ſommes
pas deſtinés l'un pour l'autre. ——Ma deſtinée,
madame, ne ſerait pas de vous adorer, de vous
conſacrer tous mes inſtans ! je ne dois donc
pas ſonger à vivre ; car il n'eſt pas de milieu
pour moi, votre main, ou mourir——. Tels

font les hommes, dans les premiers tranſports d'un amour qu'ils croient éternel, & tous, comme vous le voyez, tiennent le même langage. Je modérai le jeune Comte par ce que je pus imaginer de plus raiſonable & de plus tendre. Je lui conſeillai de découvrir ſes ſentimens à ſa Mère, & de tâcher de la déterminer pour nous. Il ſuivit cette idée ; mais il ne réuſſit pas. Madame de M*** lui dit, qu'elle avait une double raiſon de ſ'oppoſer à ſon panchant ; que cette oppoſition n'avait rien de deſobligeant pour moi, puiſqu'elle deſirait très-ardemment de me nommer ſa fille, en me voyant unie avec un homme qui me convenait davantage, aſſés généreux pour avoir voulu ſe dépouiller. Ces raiſons firent peu d'impreſſion ſur le Comte ; il ſ'emporta, jura qu'il arracherait la vie à quiconque ôſerait ſe déclarer ſon rival ; en un-mot il manqua de reſpect à ſa Mère. J'en fus informée dès le même jour, & malgré mon attachement, j'eus le courage de m'interdire ſa vue.

Cette réſerve dans ma conduite lui fit commettre mille extravagances, qui toutes marquaient la force & la vérité d'une paſſion que je reſſentais auſſi vivement que lui ; je pourrais dire qu'elle me feſait ſouffrir davantage, non-ſeulement par la contrainte qui m'était impoſée, mais encore par certains égards que j'étais forcée d'avoir pour le Marquis. Ceci vous paraît peu de-choſe ; mais vous penſerez autrement, lorſque je vous aurai découvert tout le reſte.

Le Marquis de M***, d'après les vues de
sa Bellemère, s'était livré à l'espérance: il redoubla ses assiduités auprès de nos Parens,
& les ayant pressentis, il eut tout lieu d'être
satisfait. Autorisé par eux, il me renouvela
des propositions de mariage que je ne pouvais accepter, mais que j'éludais avec des ménagemens infinis. Il me fit parler par sa Bellemère : cette Dame n'usa d'aucun détour :
elle exigea d'abord que je renonçasse à son
Fils; je ne crus pas qu'il fût en mon pouvoir
de lui refuser cette satisfaction : ensuite elle
me fit l'éloge du Marquis, me vanta ses
mœurs, ses richesses & son amour. Je lui répondit, Qu'elle devait être contente d'un
sacrifice pénible; qu'en exiger un second, c'é-
tait s'exposer au refus ; Que je préférerais
tout autre Mari, à l'homme dont l'alliance
m'obligerait à voir sans cesse le premier Maître de mon cœur; Que je savais fuir le péril,
mais non le braver. Ces réponses parurent
justes à madame de M*** ; elle me témoi-
gna beaucoup d'estime & d'amitié. —Ma
chère Fille, me disait-elle, j'aime le Marquis
comme s'il avait puisé la vie dans mon sein :
je ne vous cacherai pas que je lui fus destinée autrefois; mais quelques années que j'a-
vais plus que lui, firent hésiter mes Parens,
& les déterminèrent à m'offrir à son Père. Je
n'ai pas conservé dans mon cœur une criminelle passion; j'ai pris les sentimens qui me
convenaient : j'ai desiré le bonheur du Marquis; je ne vois personne au monde plus di-

gne de le faire que vous, & perſonne plus
capable que lui de vous rendre heureuſe ; ne
me refuſez plus, madame ; j'éloignerai le
Comte, qui n'a pas aſſés de fortune pour prétendre à votre main ; il reſtera plusieurs années en province ; il faudra moins de temps
au Marquis pour gagner votre cœur——. Ma
réponſe fut toujours celle d'une Fille qui peut
bien renoncer à l'Objet de ſon attachement,
mais à laquelle il eſt impoſſible d'en former
un autre. Le Marquis l'apprit ; il en fut au
deſeſpoir : je le vis ; cet honnête-homme avait
mon eſtime ; je ſuis ſenſible ; imaginez ce
que je dus ſouffrir.

Mais ce n'eſt pas tout : le jeune Comte eſt
inſtruit que l'objet de ſon voyage était de
le faire connaître des Parens de celle que ſa
Mère lui deſtine, & qu'il n'a jamais vue ; il
refuſe de partir, & tente différens moyens de
me voir, qui malgré moi lui réuſſiſſent : il
falut le recevoir durement ; il falut avertir ſa
Mère de ſes entreprises, & déchirer ce cœur,
le ſeul que je deſiraſſe. Mes procédés char-
maient le Marquis de-plus en-plus ; mais ſa
paſſion le conſumait ; ſa ſanté robuſte auparavant, éprouvait différentes atteintes, auxquelles on ne put apporter de remèdes, parcequ'on en ignorait la ſource. Enfin il garde
le lit. Ce fut à l'extrémité qu'il ſ'ouvrit à ſa
Bellemère, & qu'il la pria de m'inſtruire. Le
coup fut terrible pour moi ; je ne vis dans
ce moment que le malheur d'un homme eſtimable ; je ſouffris que madame de M*** fît

à

à nos Parens la demande de ma main pour le Marquis. Mais que de larmes cette condef-cendance me coûta !.... Dès que la nouvelle en fut parvenue au Comte, il devint furieux, & menaça de m'immoler, d'immoler son Frère à fa jalousie, & de f'en punir enfuite lui-même. On le fit garder à-vue, & l'on eut grand foin que rien de fa part ne parvînt juf-qu'à moi. J'alai, conduite par notre Mère, rendre une visite au Marquis, que fa faibleffe retenait dans fa chambre. Ma préfence parut lui rendre la vie. De mon côté, je lui mon-trai de la reconnaiffance pour fes fentimens, & lui promis mon eftime & mon refpect.

Jufqu'à ce moment, j'étais malheureuse; mais les facrifices que je fesais, l'agitation continuelle où l'on m'entretenait femblaient m'étourdir fur mes peines, & en alléger le poids. Un jour mon Amant trouva moyen de f'échapper, & de pénétrer jufqu'à fon Frère; il fe plaignit modérément, & d'une manière fi touchante, que fon Aîné, très-éloigné de foupçonner la conduite que l'on tenait à l'é-gard du jeune Comte, & le desefpoir de ce-lui-ci, retomba dans le caos d'où mes pro-meffes venaient de le tirer... Que vous dirai-je de plus ? Il mourut. Le Comte, frappé de ce malheur inattendu, f'en regarda comme l'auteur ; il fe fit en lui un fi grand boulever-fement d'idées, qu'il jura de me haïr. Il a te-nu le ferment. En un même jour, ta fœur in-fortunée, ma Juliette, perdit le cœur de fon Amant, la gloire & le mérite de conferver un homme vertueux, l'amitié de madame de M***; elle devint même un objet de tristesse pour nos Parens. Ce que la vertu lui suggérait, les plus grands sacrifices, tout cela tourna contr'elle. Et tu lui dis, qu'elle ne connaît pas le malheur & la privation! Ah Juliette! elle ne connaît pas le crime; mais le malheur, elle le connaît, elle l'éprouve; son poids accâblant est encore tout entier sur sa tête. Et comme si ce n'était pas assés de ses maux, le sort cruel y ajoute les tiens! Cette dernière épreuve n'est pas la moins rude; puisque je suis la cause de la précipitation avec laquelle on t'a mariée: mon avanture détermina nos Parens à cette conduite rigoureuse: tu sens, ma sœur, combien j'en suis peinée: auras-tu la cruauté de redoubler mes chagrins & mes regrets »?

La Comtesse de J**, surprise de ce trait, qu'elle avait ignoré, fut d'abord interdite: mais bientôt le sentiment de sa propre douleur fit, que tout en convenant que sa sœur était fort à plaindre, elle soutint qu'elle l'était bien davantage. ——Tu n'ês pas mariée à ce que tu hais, à ce que tu ne saurais estimer, lui disait-elle en pleurant; le Comte de M*** peut revenir, puilqu'il n'est pas encore engagé; mais moi.... ——Plût-au-ciel que je fusse à ta place! reprit M.lle d'E***! Tranquille, occupée de mon devoir, la satisfaction de le remplir me ferait gouter un genre de bonheur différent de celui de l'amour, mais bien plus solide: n'est il donc, ma sœur, qu'une manière d'être heureuse ?... Si tu confidérais ma position fous toutes les faces.... —Il eft vrai : haïe de ton Amant !... je ne pourrais le fupporter. —Ta réponfe me prouve que tu ramènes tout à ta fituation—. Le Marquis, rêveur, diftrait, n'avait encore rien dit ; il femblait qu'il ne prît aucune part à ce qui fe paffait. —Que devenir, f'écrie t-il enfin ? toutes les loix font contre nous—! Puis f'adreffant à M.lle d'E*** : —Votre zèle nous a perdu, madame : il a fait découvrir notre fecret ; on va nous féparer, & vous aurez caufé notre mort ! —Non, monfieur, répond Adelaïde ; & j'efpère tout pour ma Sœur d'une idée que le Ciel m'infpire : je vais la communiquer à M. de T***—. C'était d'envoyer Juliette à Dijon auprès de madame de T*** & de M.lle de Beaumont. Le Comte approuva cet expédient, le fit goûter à M. de J**, à Juliette elle-même : il ala plus loin ; fentant que les remontrances n'étaient pas de faifon durant la bourafque, il ne montra que de la douceur à fon Fils, lui fit quitter les Moufquetaires, & le mit chés M. d'E*** avec fon Gouverneur, auquel le Comte enjoignit de fuivre une autre route, & de l'informer de tout. Il était bien fûr que M. d'Arci tiendrait ce qu'il aurait promis ; il pria cependant en outre M. d'E*** de veiller fur ce chèr Fils durant fon abfence. Tranquillifé par ces précautions, il part, enmenant avec foi la jeune Comteffe de J**.

Les premiers momens de la féparation fu-

rent également cruels pour tous-deux : mais
Juliette se contraignait devant le respectable
Comte ; lorsqu'elle fut auprès de madame
de T*** & d'Hélène, on lui marqua tant de
tendresse, qu'on assoupit sa douleur. Il n'en
est pas de-même du Marquis : il reste livré à
ses regrets : son Instituteur ne lui dit pas un
mot de consolation : s'il lui parle, c'est avec
autant de liberté, de gaîté que de coutume.
Cette manière est très-adroite puisqu'insensiblement nous nous mettons à-l'unisson de
ceux qui nous approchent. Enfin le Marquis
trop plein de sa douleur, rompit le silence sur
cet article, & voulut s'ouvrir. —Quoi ! lui
dit-on, vous songez encore à cette frénésie ?
—Encore ! monsieur ? mais je le dois, au-
moins pour me rappeler mes torts. —A-la-
bonne-heure ; car vous avez fait-là, je vous
jure, l'action la plus basse, la plus indigne—.
Le Marquis, outré de la manière dont son
Gouverneur recevait cet épanchement, se retira. C'était ce que M. d'Arci demandait : il ne
voulait pas de ces entretiens-là. D'un autre
côté M. & madame d'E*** mettaient le Marquis de toutes leurs visites & de toutes leurs
promenades ; ils fesaient honneur de sa tristesse à la tendresse filiale ; Adelaïde & Susette
lui formaient une société charmante : cependant il ne changeait pas. Ce fut le moment
d'essayer d'un régime contraire.

Il y avait dans une des terres de M. de T***,
une Homme de-lettres qui s'y était retiré depuis trois ans pour respirer l'air natal, & réta-

blir fa fanté, qu'une douleur profonde avait altérée.(Il fe nommait *Dorliffe*,& vous le connaiffez).LeComte, au-fait de tout par M. d'Arci, pria l'honnête Dorliffe de fe rendre auprès de fon Fils, de gagner fa confiance & fur tout fon amitié, par leur conformité de fituation. M.d'Arci devait f'éloigner quelque temps,afin de laiffer leMarquis tout-entier à cette liaison; il fe rendit à Dijon auprès de M. deT***.

Dès que le bon Dorliffe parut, il fut goûté : fa douceur, fa bonhommie captivèrent un cœur abreuvé de trifteffe, & qui ne cherchait que de la compaffion. Mais le Confolateur foupirait toujours, & le Marquis fe vit obligé de faire pour fon Ami ce qu'il en attendait. On en vint aux confidences : l'hiftoire de M. Dorliffe eft honnête; celle du jeune de T***, criminelle, honteufe. —Que me dites-vous-là, f'écrie le premier! c'eft un tiffu d'horreurs! ah pleurez, gémiffez, monfieur; vous êtes auffi coupable que le Brigand qui pille &'qui viole; ou fi vous l'êtes moins envers la Nature, vous l'êtes plus envers le régime focial; puifque vous ôtez les mœurs avec pudicité——. Ce difcours, & mille autres pareils, firent rougir le Marquis; il en fentait la vérité. Le remords, le repentir prirent la place des regrets; & c'eft une grande différence dans les motifs de fa douleur. Il commença d'être reconnaiffant pour Adelaïde; & bientôt il eut de l'admiration pour cette charmante Fille. De ce fentiment à l'amour il n'ya qu'un pas. Le Marquis fut prêt à le faire.

Un jour ils se trouvèrent seuls : pour la première-fois, le jeune de T*** la remercia de ce qu'il nommait auparavant sa cruauté pour Juliette & pour lui. ——Vous pourriez achever votre ouvrage, madame, continua-t-il : je sais que je suis trop indigne de vous ; mais je sais aussi que vous êtes la vertu même & la bonté ; j'implore cette dernière, pour vous prier de me donner un guide adoré, dont les leçons soient des loix pour mon cœur ; vous seule, madame, pouvez y rétablir la paix ; daignez vous en charger, & travailler pour vous-même. ——Ce que vous me dites est très-flateur, répondit M.lle d'E***; j'en suis bien reconnaissante : mais, mon cher Marquis, tout en vous remerciant, tout en vous aimant comme un ami, je dois vous refuser comme amant : vous avez entendu le récit que j'ai fait à ma Sœur ; j'ai aimé, c'est dire que j'aime encore ; ce n'est pas que j'espère ; M. de M*** a cessé de prétendre à ma main ; s'il revient, elle est encore à lui ; c'est, & ce sera toujours le seul homme que je puisse envisager comme époux : je suis encore à pouvoir imaginer, comment de deux personnes qui se sont crues destinées à vivre ensemble, entre lesquelles durant un temps il y a eu ce qu'on peut nommer *communauté* de pensées, d'intérêts, de famille ; comment, dis-je, de ces deux personnes, il s'en trouve une qui peut contracter d'autres engagemens : je crois impossible qu'elle soit heureuse, tranquille, le reste de ses jours ; je peux me tromper, n'en ayant pas l'expérience, mais je l'imagine. Il est encore, monsieur, d'autres raisons, qui doivent nous interdire à jamais le titre d'amans & d'époux——.

Le jeune de T*** n'ôsa pas insister. Mais avant d'entrer dans la partie la plus importante de cette Histoire, je vais terminer ce qui regarde la Comtesse de J**.

Elle est à Dijon : le lendemain de son arrivée, le Comte lui dit que madame de T*** savait tout. Ce fut la dernière fois qu'il se permit de lui parler d'une avanture humiliante : la Mère du Marquis acheva l'ouvrage. Dès qu'elle se vit aimée de Juliette, elle entreprit de guérir son esprit avant de parler à son cœur. Voici la manière dont elle-même rend compte à son Fils de la marche qu'elle vient de suivre.

Vous m'aviez imposé, monsieur, un devoir bien pénible, sans-doute, celui de réparer dans un cœur, pur avant de vous connaître, le ravage que vous y aviez fait. La jeune Comtesse est enfin rentrée en elle-même ; elle a compris, par les seules lumières du sens-commun, ce que toutes vos études, vos vastes connaissances n'ont pu vous faire découvrir, Que les hommes en société ont des devoirs essenciels, inconnus peut-être à l'homme naturel, libre, sauvage. A cette occasion, je crois devoir vous observer, que dans les éducations les meilleures, par les personnes les plus éclairées, les plus pieuses, on se contente d'inspirer de l'horreur pour le crime où vous êtes tombés, en le représentant comme digne des châtimens éternels : cette raison est très-bonne & très-vraie ; mais elle est insuffisante ; parceque la passion commence par étoufer la foi, sur-tout dans notre siècle ; ainsi, la digue brisée, il ne reste plus rien qui puisse retenir. La jeune Comtesse est dans ce cas ; son Mari s'était hâté de la dégager des prétendus préjugés ; & votre passion acheva. Dès que je me suis apèrçue de cette disposition, j'ai cru devoir guérir son esprit, d'après les avis de votre Père. J'ai d'abord mis devant ses yeux tous les avantages de la société ; je n'ai pas oublié de lui faire observer, que ces avantages sont plus grands à-mesure que la condition est plus relevée : —Ainsi, lui disais-je, ils sont presque nuls pour l'homme-de peine, obligé de se procurer sa subsistance par un travail sans relâche : ils existent déja suffisament, à-l'égard du Paysan aisé, pour rendre son état préférable à l'indépendance absolue : le Bourgeois des villes est bien audessus de l'homme sauvage : enfin le Noble riche, qui jouit de l'abondance & des honneurs, doit tant aux Loix sociales, qu'il ne peut s'acquiter que par des services d'éclat, un dévoûment entier envers la patrie, &c. Vous êtes de cette dernière classe, ma chère Comtesse ; ainsi votre respect pour les Loix est une dette bien avérée. Voyons maintenant si ce que les Loix prescrivent est dur, pénible, déraisonable. La première & le fondement de toutes les autres, est la propriété. Par un accord unanime, les hommes en so-

ciété sont convenus de renoncer au Tout, auquel ils ont un droit égal, pour se restreindre
à une partie de ce Tout, qu'ils posséderont
exclusivement : cette loi est souverainement
juste ; elle est plus, elle est néçessaire ; sans
elle, la mise-en-valeur n'aurait eu lieu que
très-imparfaitement ; l'industrie, l'économie,
ce qu'on pourrait nommer la laborieuseté,
&c, n'eussent pas existé : or ces trois choses
font qu'un seul homme en vaut dix ; ce qui est
essenciel dans une société, où se trouvent des
Enfans, des Infirmes & des Vieillards. La
propriété a produit toutes les autres Constitutions sociales, justes comme elle. D'un côté, en partant du même principe, les hommes attachés à des travaux dont le fruit leur
appartenait exclusivement, ont considéré que
pour assurer l'exécution de leur Convention,
il falait être assés forts contre les non-associés;
ils ont invités ou forcés leurs Voisins à faire
corps avec eux : voila les premiers Traités &
les premières Conquêtes : Réunis en grand
nombre, il s'est élevé des contestations sur
différentes propriétés; la Nation les décidait ;
puis les assemblées devenant incomodes, on
chargea les Vieillards (moins à-cause de leur
expérience, que parce qu'ils ne pouvaient plus
travailler) de l'emploi de juger les différends.
Enfin la première Monarchie s'établit, &
voici comment sans doute : Chaque Membre
de l'État (supposons la France) se trouvait
propriétaire du vingt-quatre-millionième de
l'autorité souveraine; mais que faire de cette

portioncule, toujours en conflit avec celle des autres ? on s'accorda tous à remettre chacun son vingt-quatre-millionième à un seul, qui réunissant la masse de l'autorité, en fit usage pour le bien & l'avantage de la société; pour la venger, punir les aggresseurs, &c; pour juger les causes, ou commettre à cet effet des personnages auxquels il déléguerait une portion de l'autorité commune : voila l'institution des Rois & des Magistrats, fondée sur la propriété générale. A l'imitation des propriétés des champs, des meubles, les hommes ne tardèrent pas à concevoir celle des personnes; ils l'exercèrent d'abord sur les femmes, puis sur leurs enfans; parcequ'il leur parut doux d'avoir un petit empire, où ils fussent Souverains, comme l'étaient les Magistrats, ou le Chef unique (*); de se faire aimer & craindre de leurs enfans, d'en étre secourus dans leur vieillesse, de les charger de leurs funérailles &c. L'esprit de propriété fit donc les associations, les conquétes, les magistrats, les rois, les mariages, les familles. La Société a toute sa consistance : elle goûte si fort ses nouvelles loix, l'expérience en a tellement prouvé la bonté, qu'elle veut en assurer la durée; elle établit, non des recompenses matérielles, un État ne peut donner des prix à tous ses Membres; mais des distin-

____

(*) Il semblerait que le pouvoir paternel est une imitation du social. Je le pense, d'après ce qu'on trouve établi parmi certains Sauvages (comme les *Californiens*) chés qui l'autorité publique existe, & non l'autorité paternelle.

ctions d'une part, & de l'autre des peines ,
plus efficaces, & non dispendieuses. L'inégalité survint à la longue ; elle fut d'abord assés
légitime, puisqu'elle n'avait sa source que dans
le travail & l'activité plus ou moins grande :
mais ensuite elle devint, tyrannique, étant
l'effet des conquêtes, & du despotisme qu'elles font naître. Toute l'ancienne Noblesse des
Nations modernes, n'a dû son élévation qu'à
l'une ou l'autre de ces trois causes. Vous êtes
née, ma chère Comtesse, dans cette classe de
Citoyens fortunés, qui doivent tant aux loix
qui les maintiennent dans leur degré de splen-
deur, soit mérité, soit usurpé. Quelles pen-
sez-vous à-présent que soient vos obligations?
pouvez-vous violer ces loix? ne sont-elles pas
saintes & sacrées pour vous, plus que pour
une femme de toute autre condition ? L'homme riche, élevé, paye de sa personne à la guerre, il exerce les emplois onéreux, difficiles,
&c: mais la femme, quel autre moyen a-t-
elle de s'acquiter, que par les vertus paisi-
bles, l'exemple de mœurs pures, qui feront
toujours le fondement le plus assuré de la pro-
spérité d'une Société ?... Examinons à-présent ce qui résulterait de la violation des loix
dans le seul point que nous envisageons.
Nous nous arrogeons le droit de tromper nos
Époux ; ils ne peuvent plus s'en fier à notre
vertu, c'est-à-dire, à ce pouvoir que la saine
raison nous donne sur nous-mêmes ; ils veulent néanmoins être sûrs de leur paternité :
éh-bien, vous alez les voir, devenus tyrans,

nous condanner à la plus rigoureuse solitu-
de ; l'esclavage turc ou perfan va fuccéder à
l'honnête liberté dont nous jouiffons ; aulieu de cet agréable empire qu'exerce une vertueuse Mère-de-famille, nous alons devenir
les vils objets d'une paffion momentanée, que
l'on réduira dès l'âge mûr, aux occupations
les plus baffes : voila ce qui ne manquera pas
de résulter un jour du relâchement des mœurs.
Obfervez que chés toutes les Nations, les
Femmes ont d'abord été libres, qu'elles en ont
abusé, qu'elles ont fini par devenir efclaves.
Prenons un autre point-de-vue : Repréfen-
tez-vous le grand nombre des Femmes fe li-
vrant à leurs paffions ; les Maris le fouffrant ;
voyez ce désordre applaudi par l'imitation
publique : alors, comment penfez-vous que
fe conduiront les Enfans envers les auteurs
de leurs jours ? quel affreux débordement va
fe répandre ? quel oubli de tous les devoirs ?
Plus de refpect pour des pères incertains,
pour des mères fans frein : le lien des autres propriétés fe relâchera ; le bouleverfement
ne tardera pas à devenir général ; & l'on verrait ceux qui doivent le plus à l'affociation
publique, travailler en frénétiques à la dif-
fouère. A-présent, ma chère Comteffe, ren-
trez dans votre cœur ; fondez-en bien tous les
mouvemens, & fentez fi vous êtes auffi contente de vous-même qu'avant une funefte paffion ? Votre Mari, vos Parens, vos Amis,
voyez-vous tout cela maintenant avec la
même affurance ? n'éprouvez-vous pas une

certaine dépendance pénible——? La Comtesse, monsieur, en est convenue avec larmes ; elle cherche elle-même & trouve des raisons pour se condanner: imitez-la: je ne vous en dis pas davantage.... Bientôt elle sera mère ... ô mon fils ! que vous êtes coupable !

HENRIETTE DE V** DE T***.

Madame de T*** ne se contenta pas de ces leçons ; elle crut devoir citer des exemples. Elle était belle ; on l'avait aimée, l'on avait tout employé pour la séduire. Peut-être avait elle encouragé, sans le savoir, plus d'un Soupirant, qui ne manquaient pas d'interpréter à leur avantage son enjoûment naturel. Un jour elle prit la Comtesse & la jeune Hélène en particulier, pour leur confier un trait de sa vie, propre à les éclairer toutes-deux.

Commencement de l'Histoire du Comte de Saint-A.*

« JE fus mariée fort jeune ; & comme vous, madame (dit-elle à la Comtesse de J**) avec un homme bien plus âgé que moi. Dès que je tins maison, je me vis environnée d'une foule de Séducteurs, dont les louanges empoisonées tendaient à m'inspirer de la coquèterie. Je vous avouerai qu'il ne me fut pas difficile de me garantir de leurs piéges, trop grossiers pour n'être pas aperçus. Mais je fus attaquée par un Séducteur plus adroit, & d'autant plus capable de consommer ma perte, qu'il avait ma confiance, & qu'il ne travaillait pas pour lui-même. Mon Mari distinguait fort entre ses Connaissances le Marquis de *Saintamand*, vieillard sexagénaire, mais amusant, enjoué, dont la conversation épi-grammatique & fleurie était l'antidote de l'ennui. Cet homme aimable s'attachait à moi: ses discours honnêtes, affectueux, lorsque nous étions seuls, les avis sages dont il les entremêlait me le firent considérer comme un second père. Dans un de nos entretiens, il était question de ceux qui me fesaient la cour: M. de Saintamand s'éleva contre cet abus, autorisé parmi nous, chés les Anglais, & presque dans tout le Nord; il me fit une peinture effrayante de l'avilissement de certaines Femmes de la Capitale, qui vivaient plutôt en Prostituées, qu'en Femmes-de-condition: ensuite il ajouta ces paroles remarquables: *Ce n'est pas qu'il soit possible à la femme la plus honnête de se préserver toujours d'une tendre passion ; & puisqu'il faut tôt ou tard en passer par-là; que c'est une sorte de petite-vérole qu'il est très-dangereux d'attendre, l'avis que je donnerais à ma propre fille, à ma Bru même, serait de l'inoculer, avec tant & de si bonnes préparations, que le danger fût comme nul. Pour cet effet, une femme prudente se donnerait un confident sûr, respectable : il serait merveilleux que ce fût le Père du jeune Amoureux ; bien-entendu qu'il serait homme de la trempe convenable : alors un cœur amusé, rempli par cette espèce de Sigisbée, n'en sera que plus en sûreté contre les erreurs des sens.* Comme c'était en riant qu'il me tenait ce propos, je le pris pour un de ses paradoxes familiers, qu'il n'avançait &

ne foutenait, qu'afin d'animer nos entretiens: je me contentai de lui répondre, Que je ne voudrais pas de fon inoculation.

Quelques jours après , M. de Saintamand nous amena fon Fils. C'était un jeune-homme d'environ feize ans , modefte , timide , rougiffant d'un regard qu'on laiffait tomber fur lui , d'un mot qu'on lui adreffait: pour la figure , il était bien. —Madame, dit fon Père , en me le préfentant , voila votre Chevalier; je lui recommande de vivre fous vos loix, jufqu'à ce que vous difposiez de fon cœur pour une autre; il n'eft pas d'éducation comparable à celle que peut donner une Femme honnête & le modèle de fon fexe; j'efpère que vous n'en refuferez pas l'avantage au Fils de votre Ami le plus vrai , le plus dévoué—. Je ne vis pas le piége que le Marquis me tendait; je répondis, Que je recevrais le jeune Comte avec plaifir. Il faut dire auffi, que fon air enfantin; un vernis de naïveté bonne, qui déguisait un caractère fougueux, me firent le regarder comme fansconféquence.

Le Jeune-homme vint tous les jours , & quelquefois feul : les commencemens de notre connaiffance ne démentirent pas mes premières idées; nos entretiens ne roulaient que fur des matières relatives aux études du Comte; il m'en importunait en véritable écolier, qui ne fait briller que par-là. Mais infenfiblement je me familiarife avec lui; je le traite en enfant; il me parle avec un refpect, qui

tient de l'adoration ; notre liaison & ma sécurité parviennent au comble durant la première année. Insensiblement le Comte se
forme, prend une consistance, '& devient
homme: son Père m'en fit compliment, &
mit tout en usage pour chatouiller ma vanité.
—Que j'ai de grâces à vous rendre, madame, disait-il d'un air pénétré ! vous m'avez
accordé le bienfait le plus grand pour un
Père, celui de rendre son Fils un homme
honnête, vertueux, aimable tout-à-la-fois :
le Comte ne me doit que la vie ; il vous devra ses mœurs : que ne puis-je vous montrer
comme je sens une faveur si rare—! Je repli-
quai honnêtement, bonnement; & mon amitié pour le Jeune-homme, ma considération
pour le Vieillard vont encore s'augmenter:
mon erreur à leur sujet ne doit pas sitôt finir.

M. de Saintamand, ami de mon Mari,
qu'il affectait de rendre le confident de tous
ses desseins pour son Fils, des progrès du
Comte dans les connaissances utiles & dans
les vertus sociales, avait eu l'adresse d'obtenir de M de T*** la permission de me faire un
présent en bijoux. J'avais accepté, présu-
mant qu'un témoignage d'amitié, si vous
voulez de reconnaissance, ne serait pas assés
considérable, pour mériter une grande déli-
bération : ce don fut longtemps à venir ; &
je n'y songeais plus, lorsqu'un soir on m'ap-
porta de la part du Marquis de Saintamand
une toilette complète, où tout était garni
de brillans : deux parures entières, l'une en
rubis

rubis du feu le plus vif, mêlés de diamans, l'autre en diamans seuls, étaient enfermées dans deux petits tiroirs d'or. A la vue d'un si riche cadeau, je demeurai confuse. Le Marquis qui survint presqu'aussitôt, s'aperçut de mon embarras ; mais loin d'en jouir, il n'oublia rien pour le faire cesser, & rabaissa tout ce qui m'étonnait, en cherchant à me faire entendre, qu'il y avait du faux mêlé, qui sans nuire à l'éclat, diminuait le prix. Je consentis donc, & je payai par de la sensibilité, ce que je croyais n'avoir d'autre source que l'estime & l'amitié la plus pure. Le jeune Comte fut le lendemain plus timide qu'à l'ordinaire ; & moi, je me montrai plus obligeante, plus enjouée. Nous alames nous promener dans le joli parc de *Montmusard* ; il me donnait la main ; nous choisimes les bosquets les plus solitaires, où nous nous assimes : le Comte s'offrit de me lire un ouvrage fort intéressant ; c'était *la Princesse de Clèves* ; je l'écoutais avec plaisir ; il le remarqua, s'intérompit, me prit la main, & se mit à disserter sur l'amour. Je lui répondais apparemment suivant ses idées ; ses yeux s'animèrent, il approcha sa bouche de ma main : je la retirai vivement, non que je fusse offensée, mais par une sorte d'instinct. Avec un-peu de défiance & d'usage, j'aurais connu que le Comte était amoureux ; mais outre que je ne concevais pas qu'on pût sérieusement aimer une femme mariée, la manière dont il m'avait été présenté me

rassurait ; son Père eût-il voulu nous exposer aux suites d'un panchant criminel ?

Depuis cette promenade , le Comte de
Saint-A* parut encore plus reservé. J'avais
une Femme-de-chambre fort âgée, que je
considérais , parce qu'elle fut à ma Mère ,
qui l'aimait beaucoup : il y avait auprès de
ma Nièce une jeune Fille, nommée *Brigitte*,
que ma Sœur m'avait fort recommandée
(c'est aujourd'hui madame Defforêts) ; je
n'avais rien négligé pour son éducation; elle
m'en a doublement payée, par ses rapides
progrès, & par une amitié pour moi qui n'a
point de bornes. Le Comte de Saint A* sut
gagner la première ; il est extrêmement riche, il prodiguait les présens ; moyen sûr de
subjuguer une vieille Fille , dont l'unique
défaut était d'être avare. Le but qu'il se proposait, en fesant entrer *Radegonde* dans ses
vues, était d'épier plus surement, ce qu'il
nommait l'heure du Berger. Pour la préparer,
il me lisait de temps - en - temps des fictions
amoureuses, & choisissait toujours celles où
il s'agissait d'époux trompés, ou de passions
insurmontables; parmi ces dernières, il n'oublia pas l'histoire du *Chevalier des Grieux &
de Manon Lescaut ;* je vous avoûrai bonnement que ces lectures m'intéressaient: je m'ac-
coutumais aussi, quoiqu'imperceptiblement,
à trouver moins extraordinaires les passions
pour une femme ou pour un homme enga-
gés. Ce n'est pas tout ; le jeune Comte avait
des Brochures plus licencieuses, qu'il n'ôsait

me lire; c'était celles-là qu'il fesait mettre
sur ma table-de-nuit par Radegonde. J'eus
la criminelle curiosité d'en parcourir quelques-unes, & je ne vous dissimulerai pas que
l'effet en fut très-dangereux. A-la-vérité, je
n'eus jamais le desir de réaliser pour mon
compte ce que j'avais lu ; mais je me surpris
à excuser ces égaremens dans les autres. Enfin, mon Mari l'aperçut quelquefois, que je
n'étais plus la même dans le particulier ; il
en ignora la cause, jusqu'à ce qu'il m'eût vue
lire un de ces Ouvrages? Il me demanda, si
je goûtais beaucoup de telles lectures ? Sur
ma réponse, qui marquait des scrupules, il
m'en fit connaître le poison ; & le Livre que
je tenais, fut le dernier en ce genre que j'ou-
vris. Mais tandis que je suis dans la sécurité,
des choses se passent, qu'il ne faut pas omettre.

Durant un des voyages que M. de T*** fesait tous les ans à Paris, pour voir notre Fils,
& pour ses affaires, le jeune Comte ne me
quittait pas. Toute la Ville, toute la Province me le donnait pour amant, sans que j'en en-
tendîsse rien. Le Marquis de Saintamand com-
batait ces bruits ; mais ses efforts ne servaient
qu'à les accréditer ; & son Fils, emporté par
une passion violente, contrainte, hasardait de
passer la nuit dans mon appartement, par
le secours de Radegonde. Pour vous faire
juger de la violence de sa passion, il suffira
de quelques traits. Deux jours après que le
Comte se fut introduit pour la première fois
la nuit à l'hôtel de T***, & jusque chés moi,

j'entrai par hasard dans la chambre de Brigitte ; je la trouvai pleurante. Je m'empreſſai d'en ſavoir la cause : elle avait pour lors environ ſeize ans ; je préſumai que peut-être c'était l'amour qui feſait couler ſes larmes : ce qui me confirma dans cette idée, c'eſt que j'eus beaucoup de peine à la faire parler, & que, prête à le faire, elle rougiſſait prodigieuſement, ſans pouvoir articuler un mot. Plus je la careſſais, plus je lui témoignais d'affection, & plus ſes ſanglots devenaient pénibles, profonds : enfin elle parla, dans la crainte, me dit-elle, de me fatiguer plus longtemps. —Ma chère Maitreſſe, vous ſavez que je vous adore ; me pardonnerez-vous de vous dire la vérité—? Je l'aſſurai que je l'aimais trop, pour ne pas tout excuser & tout couvrir, après un aveu ſincère. —Eh bien, madame, continua-t-elle, je me fie à votre bonté—. En-même-temps elle ſe met à mes genoux, & cache ſon viſage dans une de mes mains qu'elle baiſa pluſieurs fois. —Il faut parler, reprit-elle ; je ſerais coupable envers vous ſi je me taiſais encore. Mon adorable Maitreſſe, ſi j'éprouvais une paſſion criminelle, dont l'Objet ne pût me convenir, parcequ'il ſerait impoſſible qu'il m'épouſât ? —Et de quelle nature ſont les obſtacles ? —S'il était marié ? —J'attendrais, ma fille, de l'éducation que vous avez reçue, qu'elle vous garantirait d'un écueil contre lequel il eſt trop honteux d'échouer. —Ah ! qu'eſt-ce que l'éducation, après ce que je vois ! Si d'a-

bord mes principes m'avaient donné la force
de vaincre mon panchant? qu'une seule chose
m'eût perdue? —Quelle est elle? —L'exemple,
madame : une Personne dont je respecte les
lumières, & dont j'admirais les vertus, aime
un Jeune-homme, quoique mariée. —Mon
enfant, c'est un grand malheur pour celle
qui t'a donné cet exemple: mais tu m'aimes,
suis plutôt le mien : m'as-tu vue prêter l'o-
reille aux adulations des Séducteurs? —Ah!
madame, le Comte de Saint A*.... —Quoi!
c'est pour lui que tu ressens... —Supposez-
le, madame; la différence de nos conditions
nous éloigne autant qu'un mariage. —Tu
m'éclaires, mon enfant, sur la cause des
assiduités du jeune Comte, & de sa grande
timidité! sans-doute il hésitait à me par-
de toi. —Non, madame, il en aime une
autre, qui me surpasse infiniment, & qui est
son égale. —Il ne m'a jamais fait cette confidence. —O ma chère Maitresse! —Que
signifie cet excessif attendrissement ? —Madame, c'est vous qu'aime M. de Saint A* :
mon respect m'avait dit, avant vous, que sa
passion était ignorée : mais apprenez, mon
adorable Maitresse, que la calomnie attaque votre réputation ; on vous accuse d'a-
voir & de favoriser un Amant : oui, madame, voila le bruit qui court; & puisque votre bonté m'enhardit, je vous avoûrai que
mon panchant prétendu, qui serait une folie,
n'était qu'un moyen pour amener la conversation sur le jeune Comte : ce qui me fesait

répandre des pleurs, c’eſt, ma généreuse Bien-
faitrice, c’eſt que j’ai vu M. de Saint-A* ſe
gliſſer dans votre appartement ſur les dix
heures du ſoir, au ſu de madame Radegonde ; or je me ſuis convaincue qu’il n’en eſt
ſorti qu’à trois heures du matin. Depuis ce
moment, je ne puis retenir mes larmes ; je
me répète ſans-ceſſe, que ce cruel Comte
cherche à troubler le repos de votre vie, &
qu’il y réuſſira——. Je la laiſſai parler, ſans
avoir la force de l’intérompre, tant j’étais ſurpriſe ; & la révolution fut ſi grande, que je
me trouvai mal : Brigitte effrayée, appelait
Radegonde : je repris mes ſens avant que
cette dernière l’entendît, & je regagnai mon
appartement : là, je preſſai Brigitte d’achever de m’inſtruire.

——Madame, reprit cette eſtimable Fille,
je le voudrais ; mais je crains l’impreſſion
que mon diſcours vient de vous faire.
——C’eſt, lui dis-je, l’effet de la frayeur & de
l’indignation ; je n’ai point de part à ce rendez vous apparent, & je n’ai pas vu le Comte.
——Oh ! je le crois, ma divine Maîtreſſe !
que j’ai de plaiſir à l’entendre de votre bouche !... mais je vais finir. Hièr, tandis que
que vous n’y étiez pas, le Comte eſt venu ;
madame Radegonde l’a fait entrer ; j’étais
dans votre garderobe, & je les apercevais
par un coin de la porte vîtrée : il a vu vos
habits, que je venais de préparer ; il a tout
déplacé l’un après l’autre, en baiſant quelques pièces, avec des expreſſions que je ne ré-

péterai pas,& qui fesaient rire madame Radegonde; elle a montré jusqu'à votre chauffure :
—Voyez comme c'est mignon—! Le Comte
a foupiré : je l'entendais qui disait : —*Délicat Anacréon, ah que tu connaiffais bien
le cœur humain & l'amour , lorfque tu fou-
haitais d'être l'élégante chauffure de ta Belle !
j'avais ce fentiment d'adoration , avant de
favoir que tu l'euffes fi bien exprimé*—! Enfuite je crois qu'il f'eft mis à faire des vers ;
car il rêvait beaucoup avant d'écrire. Enfin
le Comte eft encore venu ce matin , pendant
que vous étiez chés M. de V**; j'ai cru devoir
le fuivre fans affectation ; je traverfe la pièce
qu'on lui vient d'ouvrir, & de votre cabinet,
je vois qu'il change vos boucles d'oreille,
celles de vos fouliers , vos braffelets , vos
nœuds ; madame Radegonde l'aidait ; auf-
fitôt qu'ils ont été partis , je fuis revenue, &
j'ai trouvé que tout était parfaitement fem-
blable , fi ce n'eft que l'éclat en était plus vif.
Voila ce que je fais , ma belle Maitreffe—.

J'embraffai Brigitte , en lui recommandant
de tout obferver, & de m'avertir fi le Comte
paraiffait. Puis ayant vérifié le dernier trait
de fon récit, j'alai fur-le-champ faire part
à mon Père de ce que je venais d'apprendre. M. de V** n'en parut pas furpris ; il me
dit , qu'il était impoffible qu'un Jeune-homme ne devînt pas amoureux , en vivant auffi
familièrement avec moi : —Je vois , ajouta-t-il, que vous êtes pafaitement innocente ,
mais votre réputation a fouffert; il faut ré-

parer le mal. J'ai connu le Marquis de Saint-amand dans sa jeunesse, c'était un Épicurien adroit, qui savait tirer parti de tout pour son instruction & pour ses plaisirs : sa fortune est très-considérable, & personne ne connut mieux l'art de dépenser *utilement* (suivant ses principes): il a séduit des femmes ; mais je puis dire qu'on n'a jamais agi comme lui ; tendre, obligeant, fidèle, parcequ'il savait que le premier des plaisirs est la vraie tendresse, & qu'il ne s'engageait qu'après l'être bien fondé, son art était de conduire au crime par les sentiers de l'honnêteté: sa morale *théorique* paraissait pure ; ses entretiens n'exprimaient que l'humanité, la bienfesance: sa manière d'attendrir était de pénétrer d'admiration pour ses vertus l'Objet qu'il voulait enflamer. Voici ce que je tiens de lui-même. *Que les Amans sont sots, de ne chercher à captiver une Femme que par les agrémens extérieurs, par la beauté de figure, les grâces, avantag s éphémères que le temps nous enlève! pourquoi, pourquoi ne pas attaquer un cœur, ne pas chercher à plaire par les qualités ? Quant à moi, lorsque j'entrai dans le monde, je jetai sur tous les amusemens un coup-d'œil rapide; je vis que le vin & la table abrutissaient; que le jeu abrutissait & ruinait ; que la débauche avec les Actrices, les Courtisanes, abrutissait, ruinait & tuait: l'amour, mais l'amour honnête, la tendresse, me parut la source la plus sure pour puiser l'à-peu-près du bonheur. Ce dernier genre de*

plaisir fixa toute mon attention : je m'infor-
mai des Beautés, des Galans paſſés & pré-
sens ; j'appris que les premiers étaient dans
l'abandonnement le plus triſte, & que les
ſeconds trouvaient à peine le plaisir des ſens,
dans des engagemens fondés ſur des agré-
mens qui ſ'éclipſaient toujours devant celui
de la nouveauté. Ne pourrait-on pas, me
dis-je à moi-même, ſe donner un mérite que
rien n'effaçât, qui fût de nature à ne pas
l'être, même par celui qui l'aurait dans un
plus haut degré ?.... Mais, oui! les vertus,
la bienfesance, la franchise, la complaisan-
ce.... eſſayons. J'eſſayai, j'attaquai la plus
belle, la plus méritante des femmes ; je ga-
gnai ſon eſtime, ſa confiance ; & ſon cœur
était à moi, qu'elle ne ſ'en doutait pas en-
core. Je fus heureux : les remords parurent ;
mais mon Amante ne pouvait ſ'empêcher de
jeter ſur les motifs de ſon attachement un re-
gard qui l'excusait. Je n'avais point de ri-
vaux à craindre ; une femme qui aime un bel
homme, peut en trouver un autre plus beau;
mais celle qui aime un homme dont elle ad-
mire les actions, dont elle adore le cœur,
trouvera toujours la vertu de ſon Amant la
plus parfaite, la plus pure. Lorſque la ſa-
tiété ſe fesait ſentir, c'était encore la vertu
qui me dégageait ; par nuances inſenſibles,
j'amenais les regrets, le repentir, les remords;
je me chargeais de tout le crime, je m'accu-
sais d'être un ſéducteur ; & je ceſſais d'être
conſtant en redoublant la conſidération que

la Quittée avait pour moi. Je jouiſſais alors d'une ſatiſfaction inconnuë aux Amans vulgaires ; c'eſt que je rendais ma Maitreſſe à la ſévérité de ſon devoir, & que je n'avais pas de ſucceſſeur. Vous imaginez bien qu'il me falait un grand ſecret dans mes avantures ; c'eſt en quoi j'ai toujours excellé ; jamais femme que j'ai aimée, ne ſ'eſt connuë de Rivale. Voilà, ma Fille, comme penſait & comme ſ'eſt conduit M. de Saintamand ; jugez à-préſent quels peuvent être les deſſeins d'un Fils dirigé par un tel Père. Il veut faire ſuivre à ce Fils qu'il aime, la route où il a trouvé des plaiſirs inconnus au reſte des hommes ; il veut vous faire ſervir à l'éducation de ſon Fils ; lui donner à vos dépens, une expérience, un uſage que des femmes galantes lui feraient payer trop chèr—.

Ce diſcours de M. de V** m'éclaira tout-d'un-coup. Je me félicitai de la confiance que je venais de lui marquer. ——Ma chère Enfant, ajouta ce bon Vieillard, la Fille ſans reſerve pour des Parens honnêtes eſt ſure de ne jamais ſ'égarer——.

Le ſoir, le jeune Comte vint avec ſon Père. Comme j'étais inſtruite, je les obſervai tous-deux, & je démêlai fort bien ce qu'ils avaient dans l'âme. Les louanges adroites que me donnait le Marquis, l'amitié qu'il me témoignait, ne m'en impoſèrent plus ; je ne vis dans tout cela qu'une inſidieuſe adulation. Cependant je me contraignis, & me propoſai de rompre ſans éclat.

Lorſque tout le monde ſe fut retiré, Brigitte
ſ'approcha de moi, me prit la main, & tout
en me parlant de choses indifférentes, elle
m'éloigne, pour me dire: —Le Comte n'eſt
pas ſorti, madame; il eſt près de vous—.
Je ne fus pas ſurprise, mais une terreur involontaire ſ'empara de mes ſens; je pâlis;
je tremblai. Brigitte me raſſurait, en me re-
préſentant que nous n'avions rien à craindre,
puiſque j'étais inſtruite. J'envoyai ſur le
champ avertir M. de V**, qui logeait dans
l'autre pavillon, afin de prendre ſes ordres.
Voici la marche qu'il preſcrivit. —Je vais
entrer dans votre appartement, & me mettre à lire: pour vous, alez auprès du Comte,
& laiſſez les portes ouvertes, de-manière qu'il
me voye, ſûr de n'être pas vu de moi. Té-
moignez-lui doucement votre ſurprise, votre indignation de ſon procédé, priez-le de
ſe retirer, & de me ſaluer en paſſant, à-
cause des Domeſtiques; ajoutez, lorſqu'il
vous quittera, qu'il vous eſt impoſſible de
le revoir, & que votre porte lui ſera fer-
mée—. Je ſuivis de point-en-point les Avis
de mon Père. Mais jugez de la confusion,
de la douleur du Comte, lorſqu'il ſe vit découvert! Il me fait en traits de flâme une
peinture de ſa paſſion ſi vraie, ſi touchante,
qu'il m'arracha des larmes. Je perſiſtai dans
la défenſe de me revoir jamais. Interdit,
égaré, le Comte parut enſeveli dans une rê-
verie profonde, dont il ne ſortit que pour
proférer ces mots terribles: —*Oui, je ſuis*

coupable; oui , je vous offense ; oui , si vous étiez ma femme , & que vous fissiez pour un autre ce que j'ai la bassesse de desirer , je poignarderais vous & votre Amant !.. Mais je ne saurais vivre sans vous posséder ; je ne le puis ,... je ne le pourrai jamais : la vie qui n'est qu'un affreux supplice , ne doit pas être prolongée... Adieu, madame——. Effrayée, je le retins. ——Eh ! quel est votre dessein , lui dis-je ? voulez-vous me condanner à des larmes éternelles ? que vous ai-je fait , monsieur , pour me punir si cruellement——! M. de Saint-A* s'attendrit : il me regarde , se lève, fait deux pas pour s'éloigner, & s'écrie, *De quel bonheur je suis privé!* mais ses forces l'abandonnent ; il se laisse tomber à mes piéds. Brigitte qui , par mes ordres , ne me perdait pas de vue , accourut pour m'aider à le secourir. Nous appelons mon Père ; le Comte reprend ses esprits ; mais la vue de M. de V** l'anéantit : au moment où nous le croyions plus tranquille , sa douleur concentrée , mêlée de honte , le portait au desespoir ; il se frappe au-dessous de la poitrine ; son sang bouillonne , & jaillit sur ma robe... Ce moment terrible me fit sentir combien un homme qui nous aime , nous intéresse malgré nous !..... Mon Père & Brigitte ne peuvent s'occuper de moi ; le Comte est transporté dans l'appartement de M. de V** ; les plus prompts secours arrivent. Heureusement la blessure , très-dangereuse , n'était pas mortelle. Cette assurance , que les Chirurgiens

donnèrent, remit un-peu M. de V** ; il fon-
ge à moi pour-lors ; il me trouve entre les
mains de Radegonde : —Monftre, lui dit-il,
ôses-tu l'approcher ! fuis ; crains que revenue
à elle-même, l'horreur de te voir fi près d'elle
ne lui donne la mort ! va, ne reparais jamais en notre préfence ; on t'enverra tout ce
qui t'appartient——. Après l'avoir chaflée,
mon Père me prit dans fes bras, & fe hâta
de m'apprendre l'état du Comte, qu'il me
peignit beaucoup moins douteux qu'il n'é-
tait. M. de Saintamand, que l'on venait d'a-
vertir, furvint au même inftant ; il nous pria
de le laiffer auprès de fon Fils, avec lequel
il demeura fort longtemps enfermé.

Pour terminer cette avanture, & montrer
combien la familiarité d'un homme qui nous
aime eft dangereufe, je vous avouerai que
je fouffris beaucoup : loin d'être irritée contre le jeune Comte, je fentais croître chaque
jour mon intérêt pour lui : l'on avait exigé
que je paffaffe tous les matins une heure dans
fa chambre ; & je trouvais que le temps y
coulait vîte : heureusement je ne cachais à
mon Père aucun de mes mouvemens fecrets.
Il arriva qu'un jour M. de Saintamand furprit une de ces confidences ; elle fit apparemment fur lui beaucoup d'impreffion ; car dès
que je fus feule, il fe découvrit, en me di-
fant : ——Je vous connais enfin, madame ;
je viens d'entendre votre converfation avec
un Père refpectable, dont les fentimens m'ont
fait rougir des miens : vous faurez un jour

l'effet que votre vertu produit aujourd'hui—
Je fus toute honteuse, mais sans être fâchée.
Le Vieillard sans doute fit part à son Fils de
mes dispositions; le jeune de Saint-A*depuis
ce moment, ala si bien, qu'il fut en état d'ê-
tre transporté six jours après.

Il est rétabli: le Marquis de Saintamand
prie M. de V** de lui permettre une dernière
visite. Il y consentit avec peine, en exigeant
qu'ils seraient présens tous deux. Le jeune
Comte paraît: en m'abordant, il me dit:
—J'ai vivement desiré, madame, le bonheur
de vous revoir: vous connaissez quels ont
été mes sentimens; ils sont encore aussi vifs
mais ils n'ont plus rien qui puisse vous of-
fenser: je sais que vous ne pouvez pas m'en
croire sur ma parole, si je vous assure, que
je ressens une satisfaction inexprimable de
vous avoir trouvée cruelle; que je suis glorieux de votre vertu: mais pour vous prouver
combien je suis sincère, je vais vous faire une
promesse, & vous demander une grâce; la promesse, c'est que je me priverai de votre présence; & pour grâce, je vous prie de prendre sur
moi les droits d'une Mère adorée, en choi-
sissant vous-même Celle que vous croirez
capable de fixer mon cœur. Je serai fidèle à
ma promesse; daignez être indulgente, & ne
pas refuser d'exercer un pouvoir, que l'aveu
de mon Père rend légitime——. M. de Saintamand appuya ce discours; M. de V** leva
mes scrupules, & j'acceptai.

Depuis ce moment, le jeune Comte a te-

nu fa parole. Il eſt maintenant en Angleterre. Je vous dirai, ma chère Comteſſe, mais
fous le ſecret, que j'ai ſongé pour M. de
Saint-A*, à quelqu'une de vos Sœurs : Adelaïde m'a refuſée; Léonore eſt prise; je ne
vois que Susette : je me propose d'en parler
à M. & madame d'E*** , lorſque nous ferons
toutes à Paris.

Vous voyez par là qu'il eſt toujours plus
avantageux (à ne conſidérer les choses qu'
humainement, & pour le contentement paſ-
ſager) de réſiſter aux hommes, que de leur
céder. Le jeune Comte vient d'écrire à ſon
Père, que ma conduite à ſon égard, avait
été décisive pour ſes mœurs; que la manière
dont il m'envisageait, ſon amitié reſpectueu-
se avaient tant de douceur aujourd'hui, qu'
elles ſurpaſſaient mille fois tous les plaisirs
que l'amour peut donner».

VOILA comme madame de T*** ſut employer tantôt le raisonnement, tantôt les
exemples. Elle entreprit enſuite de parler directement au cœur: elle intéreſſa celui de
Juliette pour ſes Parens, pour Adelaïde; elle
lui fit entendre qu'elle enlevait à la jeune
Hélène le cœur de l'Époux qu'on lui deſti-
nait : & comme ce que Juliette avait de plus
excellent, c'était le cœur ; qu'elle chériſſait
M.lle de Beaumont, qui l'avait prévenue &
qu'il était impoſſible de ne pas payer de retour, elle fut ſubjuguée; on rappela ſa raison:
le Comte de J** eut l'indulgence de ſe rendre
auprès d'elle après ſes couches: elle avait mis

au monde une Fille ; (c’eft ce qu’on avait fouhaité): l’Enfant était fi belle, que M. de J**, qui d’abord avait marqué de la répugnance à la voir, en parut charmé. Ce dernier trait de générofité lui concilia l’eftime de Juliette. Dès qu’elle fut rétablie, elle le prit en particulier avec la Comteffe de T***, fe mit à fes genoux, où elle voulut demeurer, & lui tint ce difcours: —Je fuis bien coupable envers vous, monfieur; mes remords & la raifon me le difent: prefcrivez-moi, je vous en conjure, la manière de mériter votre attachement; il n’eft rien que je ne veuille tenter pour cela; plus vous-vous rendrez difficile & rigoureux, moins j’aurai de peine à me reconcilier avec moi - même. —Vous êtes coupable; il eft vrai, répondit le Comte, mais vous ne l’êtes pas feule. —Hélas! monfieur, eft-il quelque comparaifon entre mes torts & ceux de mon Complice! —Ce n’eft pas ce que je veux dire, madame; le premier coupable, c’eft moi; le Marquis n’eft que le troifième. Levez-vous, madame: vous êtes convenue de vos torts à genoux; cette pofture ne vous fiéd plus, tandis que je vais avouer les miens. Juliette! (*prenant la main de fa Femme, pour l’obliger à fe relever*) je n’étais pas digne de vous, & le fort m’a rendu juftice. En-ffet, quelle a été ma conduite? après avoir donné ma première jeuneffe aux plaifirs bruyans, à la galanterie, je m’aperçois à quarante ans que l’on me quitte : mon amour-propre eft bleffé;

fé ; je me rabats fur le mariage, que j'avais dédaigné, mais dont la promeffe m'avait tant de fois fervi pour faire tomber dans mes filets des Filles innocentes & des Veuves crédules. A mon tour, je me vois refusé par les Filles de celles que j'ai trompées. Je fens alors que je fuis dans la faifon où il faut f'adreffer aux Parens : je vous vis ; votre beauté, votre jeuneffe (car le goût pour la première jeuneffe prend à l'âge que j'avais) votre vivacité me charmèrent. Je vous demandai, vous obtins, & vous apportai les débris de ma figure, de ma fortune & de ma fanté ; ces trois choses étaient à-peu-près dans le même état. Je me rends aujourd'hui trop bien juftice, pour croire qu'un homme éprouvé par de honteuses maladies, usé, chargé de trois fois votre âge, pût mettre dans le mariage une égalité capable de compenfer ce que vous valiez : mais quel que fût mon goût pour vous (car je vous adorais, madame), je crus qu'il était de mon honneur & de mon ancienne réputation d'affecter la liberté d'une indifférence parfaite. N'attribuez qu'à cette fauffe gloire tous mes procédés bisarres : vous étiez faite, & par l'efprit & par le cœur, pour me rendre heureux ; c'eft moi qui n'ai pas fu l'être ; votre éducation avait fait de vous un tréfor, dont tout autre eût profité. (f'adreffant à M.ᵐᵉ de T***:) Son innocence, madame, était fi grande, fi réelle, qu'elle ne f'aperçut pas durant plusieurs mois, que je manquais au premier devoir d'un Mari ; je me

<table>
<tr><td>Tome III.</td><td>G</td></tr>
</table>

trouvais alors dans une crise, qui ne se dé-
cida très-desavantageusement pour moi, que
la veille de notre union; je fus dans cette desagréable situation un temps plus long que je
ne comptais; & ce fut pour en déguiser la
durée, que je saisis avidement l'occasion de
mon voyage de Dauphiné... Voici donc, ma
chère femme, les résolutions que j'ai formées
durant votre absence; je vais les déposer dans
le sein de la Dame respectable qui m'écoute.
J'oublie le passé qui vous regarde: je me sou-
viendrai de mes torts pour les réparer; je
ne vous demande votre affection qu'autant
que je la mériterai. Faites maintenant vos
conditions. —Moi! monsieur? ah! votre
bonté me confond: si vous daignez me recevoir, je vous serai soumise, attachée——.
A ces mots, la Comtesse de T*** les fit embrasser, & retint ensuite Juliette contre son
cœur. —Madame, s'écrie M. de J**, c'est
à votre Époux que je dois les sentimens que
je viens de montrer: je ne vous répéterai pas
tout ce qu'il m'a dit, d'après la connaissance qu'il avait de ma conduite passée; mais
il m'a touché, pénétré, changé. Qu'un
homme vertueux est un précieux ami! sans
M. de T***, j'étais perdu, desespéré; je de-
meurais dans un desordre d'idées, qui sans
doute aurait empoisoné le reste de nos jours;
aulieu que j'envisage maintenant une persp-
ective plus riante que jamais——. Tels furent les sentimen· où M. & madame de T***
furent remettre deux Époux desunis. Un an

après leur reconciliation, la jeune Comtesse eut un Fils, qui acheva de la rendre chère à son Mari, & de les attacher l'un à l'autre. Mais revenons au Marquis de T***.

Il tenait encore à son idée de se fixer à la vertueuse Adelaïde, lorsqu'il fut obligé de rendre une visite au nouveau Marquis de M*** (il portait ce titre depuis la mort de son Aîné), qui venait de perdre son Père. M. de M*** retint le Marquis, pour l'entretenir de ses sentimens. —Tu demeures chés M. d'E***, lui dit-il; tu vois tous les jours une Personne pour qui l'on me croit indifférent, mais que j'adore; la belle Adelaïde n'a point d'égale, mon cœur connaît trop le sien, pour que jamais il puisse s'en détacher—. Le jeune de T··· parut se troubler à cette confidence. —Sa haîne (si elle me haît), continua le premier, ajoute à mon malheur; & sa tendresse devrait l'adoucir!.... Mais, tu ne me répons rien! —La surprise en est cause, dit le Marquis; je voulais gagner un cœur où tu règnes, je te l'avoue; que tu mérites mieux que moi, mais auquel je ne pensais pas que tu prétendîsses encore : je vais annoncer tes dispositions à M.lle d'E***—. Je vous taîrai le combat de générosité des deux Amis; le panchant connu d'Adelaïde fit céder M. de M***. Le Marquis courut trouver mademoiselle d'E***, lui rendit naïvement tout ce qui venait de se passer, ramena son Amant, gagna la Mère de ce dernier, en lui dévoîlant toute la noblesse des sentimens d'Adelaïde.

J'ajouterai, que cet ouvrage ne s'étant pas fait en un jour, Mlle d'E*** ne donnait aucune espérance à son Amant, tant que Mme de M*** lui fut contraire. —L'aveu, la tendresse de votre Mère, lui disait-elle, me font aussi nécessaires que votre amour—. Enfin M. de M*** l'épousa : la Comtesse, lorsqu'elle vit de près une Bru si méritante, la chérit, & ne pouvait plus vivre sans elle. .

Le jeune de T*** seul est encore malheureux : il songe à Susette : mais, outre sa jeunesse, elle est si légère, son étourderie, son insouciance lui permettent si peu d'écouter ce qu'on lui dit, qu'il n'est guère possible que les impressions que fait sa beauté prennent quelque consistance ; sur-tout dans un cœur douloureusement affecté, qui cherche à se remplir.

Un jour M. Dorlisse s'absenta du matin au soir : à son retour, le Marquis s'informa de ce qui l'avait retenu. —Des Personnes de Province, qui me sont recommandées, répondit ce dernier, qu'il a falu recevoir, & placer. Ce sont des Femmes très-respectables, & qui méritent beaucoup—. On en resta-là. Mais le lendemain le bon Dorlisse & le Marquis sortirent ensemble : lorsqu'ils furent vis-à-vis la maison d'Eugénie, le premier dit : —Voulez vous que j'aille m'informer de la santé de ces Dames, dont je vous parlais hier—? Ils entrèrent ensemble : le Marquis vit une Jeune personne d'environ quinze ans, taillée par les Grâces, & jolie

comme elles, qui rougit prodigieusement à
sa vue. L'émotion se communique au jeune
de T***; l'air, les traits de l'aimable Fille lui
retraçaient un ensemble, dont il cherchait
à reconnaître chaque partie. Il n'y put réussir;
mais il fut enchanté. M. Dorlisse demanda
la Mère. —Elle vient de sortir, dit Eugénie. L'on demeura quelque temps pour l'attendre : le Marquis l'employait à faire différentes questions à la belle Provinciale, qui
lui répondait avec l'ingénuité la plus touchante : il paraissait tout hors de lui : mais
enfin, la Dame ne revenant pas, ils fortirent. —Je ne sais où j'ai déja vu ces traits
seduisans, dit le Marquis? ils m'en ont rap-
pelés, que je vois comme dans un lointain
inmense. —Il faut convenir qu'il n'est rien
de si parfait : Rose Pombelin était faite ainsi;
on lui trouvait ce je-ne-sais-quoi divin, que
possède la jeune Étrangère, & qu'on ne saurait définir. —Ah-dieu!.... Je conçois à-présent combien vous avez perdu—.

Depuis cette visite, le Marquis a recou-
vré toute sa tranquillité : la vue de Juliette
ne serait plus dangereuse; il cessa de chercher
à captiver Susette, qui se montrait ennemie
décidée d'un tendre attachement; enfin, c'est
un autre homme. Cependant il n'ôsait presser M. Dorlisse de le conduire chés la Jeune-
personne; il se contentait d'épier & de saisir
les occasions. Jamais on ne trouvait la Mère : elle est toujours ou sortie, ou empêchée :
le jeune de T*** brûlait de la voir; il le té-

moignait , & parlait d'elle plus librement à son Guide , que de la jeune Beauté. Tout l'empreſſement qu'il marquait ne rendit pas les visites plus fréquentes , & la Dame plus facile à ſe montrer.

Vous vous rappelez que le Marquis a quitté la maison paternelle à l'âge de neuf ans ; il en a dix - neuf accomplis : en-conſéquence , la Dame étrangère pouvait n'en pas être remise , quoiqu'il l'eût vue dans l'enfance. Elle vint ſeule chés M. Dorliſſe : le jeune de T*** l'aperçut dans la chambre de ſon Ami , ſans être inſtruit que ce fût celle qu'il avait tant deſiré de connaître : cependant elle l'intéreſſa vivement ; il attendait avec impatience qu'ils ceſſaſſent de parler bas , pour ſe présenter & la ſaluer. De ſon côté , la Dame jeta pluſieurs fois les yeux ſur lui , & ceux du Marquis les ayant rencontrés , elle changea de place , afin qu'il ne pût la voir. Enfin M. Dorliſſe vint le chercher : la Dame était envelopée dans ſes coîfes , de-manière qu'on lui voyait à-peine le visage , qui parut au Jeune-homme d'une éclatante beauté. L'entretien qu'ils eurent enſemble fut très-court ; l'Inconnue reçut les complimens qu'il lui fit ſur le mérite de ſa Fille , avec beaucoup de reserve , & cependant acorda la permiſſion qu'il demandait , de leur faire quelques visites.

—Eſt-ce un enchantement , dit-il à M. Dorliſſe , lorſqu'elle fut ſortie ? Je ne ſais où j'en ſuis ! cette Dame... le ſon de ſa voix retentit encore au fond de mon cœur... il ſemble que ces regards si doux qu'elle a laissés tomber sur moi, m'ont embrâsé; mais d'un feu pur, & si doux, que je n'ai de ma vie rien éprouvé de pareil.... C'est bien la mère de la jeune Beauté; ce sont presque les mêmes traits.... Mon chèr monsieur Dorlisse, rendez-moi un service d'ami : c'est d'écrire à mon Père ce que sont les deux Dames, & tout ce que vous savez de mes dispositions; & s'il juge que la Demoiselle ne soit pas un parti qui me convienne, malgré ses vertus que vous exposerez dans tout leur jour, il faudra ne la plus voir..... Je sens mon cœur; il est pris; & c'est la Mère qui vient de m'en faire apercevoir; j'aurais autant de plaisir de me voir son fils, que d'être l'amant & l'époux de la Jeune-personne... Comment la nommez-vous? —Rose est le nom qu'elle porte. —Rose!... que ce nom fut bien appliqué!... La Maman? —On l'appèle mada-*Du-Souhait*. —Est-elle de-condition? —Je ne puis vous rien dire là-dessus; je ne les connais que depuis leur séjour ici. —Vous pourriez écrire à ceux qui vous les ont recomandées, avant de fonder M. de T***—? D'après ce plan, le Marquis fut une femaine entière sans aler chés Eugénie voir Mme & Mlle Du-Souhait; mais il ne put se contraindre plus longtemps; il accompagna M. Dorlisse. On leur dit que les deux Dames s'étaient renfermées, & qu'elles avaient prié qu'on ne les dérangeât pas. Figurez-vous quelle fut sa peine, & combien son imagina-

G 4

tion forgea de chimères! il les voyait irritées de fa négligence, ou-bien indifférentes pour lui; peut-être occupées d'un autre, auquel on deftinait la Jeune-perfone. Heureusement que le jour même arriva M. d'Arci, dont la préfence lui causa quelque diftraction. Il apportait des Lettres du Comte, de la Comteffe, & d'Hélène elle-même. M. de T*** parlait à fon Fils de le marier: —*Je m'occupe férieusement de cet important objet*, lui marquait-il; *vous alez bientôt avoir un Régiment; il faudra payer de votre perfonne, & fervir l'État en exposant votre vie; mon desir eft d'avoir un héritier de notre nom, qui foit notre foutien, en cas d'accident: Mais, mon cher Fils, je ne prétens pas faire feul ce choix important; je ne veux même que le droit de le confirmer: voyez parmi vos Connaiffances; je demande de la vertu, de la naiffance, une fortune à-peu-près affortie, un fond de douceur, enfin de la beauté; je refuserais mon aveu, fi quelqu'une de ces qualités, toutes effencielles pour le bonheur, manquaient à celle qui vous captivera——*. La Comteffe l'entretenait d'Hélène, dont elle fesait le portrait & l'éloge; elle n'oubliait pas de parler de fa façon de penfer pour fon Cousin, de l'eftime, de l'amitié qu'elle lui portait, & de la haute opinion qu'elle en avait conçue, &c. La Lettre de mademoiselle de Beaumont ne contenait que ces petites tendreffes permises entre Parens, furtout lorfqu'elles f'écrivent de loin; mais le

ſtyle qui les exprimait , était de la plus aimable naïveté. Malgré lui, le Marquis ſe
plaisait à lire ces Lettres,à ſ'occuper des vues
de ceux qui les avaient écrites ; ſon cœur était
flaté des ſentimens d'Hélène ; mille fois il
relut la Lettre de la Comteſſe ſa mère , &
toujours il reprenait celle d'Hélène en achevant de la lire.

—Permettez que je vous félicite , lui dit
M. d'Arci ; je crois que l'on vous deſtine mademoiselle de Beaumont ; c'eſt une angélique
créature ; la beauté, les talens, le mérite dans
tous les genres, en font une perfection. —Je
crois, mon ami , répond le Marquis , que le
ſort ſe plaît à me perſécuter: durant votre
abſence , on me donne pour ſociété M. Dorliſſe ; il eſt naturel que je l'accompagne chés
une Sœur qu'il chérit , & qu'il voit tous les
jours ; j'y vais , & j'y trouve un Objet tel que
vous peignez ma Cousine.... j'en ſuis épris ;
elle ſ'eſt emparée de mon âme , en dépit de
toutes mes résolutions. Cette Jeune-perſone
a ſa Mère ; mon ami , c'eſt la Divinité qui
ſervit de Guide à *Télémaque* ; je ne ſaurais
vous exprimer ce qu'elle m'inſpire , & ſi je ne
l'ai vue qu'une fois. —Ce que vous me dites-
là mérite la plus grande attention ; vos paſſions ſont trop violentes ; craignez de vous
y livrer : il faut ceſſer de voir cette madame
Du-Souhait & ſa dangereuse Fille: vous vous
devez aux vues de vos Parens ; vous l'avez
même promis , & ce libre engagement rendrait vos devoirs plus ſacrés , ſ'ils n'étaient

pas indifpenfables. ——Je vais tâcher de fuivre vos avis : croyez que je ne me ferai pas
de grâce... Si je ne réuffis pas, excusez moi;
je ne me rebuterai que par l'impoffible——.

Le Marquis tint parole, & pour faciliter
fa victoire fur lui même, il f'enfonça dans
l'étude des matières les plus abftraites ; il lut,
médita *Defcartes*, *Mallebranche*, *Newton*,
Leibnitz, approfondit leurs fyftèmes, & chercha les vérités phyfiques ou morales qui en
refultent. Mais l'amour l'accompagna dans
toutes fes excurfions ; foit qu'il f'élance vers
ces globes lumineux, qui, dans l'inmenfité
de l'efpace ne paraiffent qu'un point ; foit
qu'il defcende parmi les hommes pour étudier leur nature, & combiner les motifs de
leurs actions, leur degré de liberté, de mérite &c ; une pente fecrète le ramène à Rofe ;
il femble n'aimer à f'inftruire que pour être
en état de l'éclairer, & de lui faire voir le
vrai, dégagé des préjugés vulgaires. Un fentiment fingulier, qu'il éprouvait pour Rofe,
c'eft qu'il la trouva trop belle ; il lui foûhai-
terait une diminution d'attraits : cette idée
le poffédait fi fort, qu'il entretenait à tout-
moment l'Inftituteur des caufes de l'amour
& de fes effets; du pouvoir de la beauté, de fes
avantages ; mais tout ce qu'il difait n'était
qu'une manière généralifée de parler de Rofe,
dont il f'occupait davantage en voulant la
fuir : le jeune de T*** & fon Inftituteur eurent à cette occafion le même Entretien que
Roger & moi dans les premiers jours de nos

[107]

travaux ruſtiques (*) : je l'ai reſervé pour cet endroit, parcequ'il y prépare quelques évènemens. M. d'Arci répond au Marquis :

— Vous redoutez bien la beauté !... Mais vous avez raiſon ; elle faſcine les yeux de l'Amant, l'enchaîne, le captive ; & quelquefois dégage l'Époux, le rend dur, inſenſible. C'eſt elle, & les grâces, qui d'un panchant naturel, paiſible, font un goût factice, effréné. *Le Marq. de T****. Parlez-vous ſérieusement ? *L'Inſtituteur*. N'en doutez pas. Qu'eſt-ce que la beauté ? *T****. La régularité des formes ; c'eſt-à-dire, la convenance parfaite & le rapport agréable qu'ont entr'elles les parties d'un tout. *Inſt*. Cette définition eſt juſte, puiſqu'elle prouve l'excellence de la beauté en la définiſſant ; vous comprenez également la beauté générale, & la beauté particulière : l'une eſt celle qui ſe trouve dans tous les corps, dans les individus des eſpèces, lorſqu'ils n'ont aucun imperfection naturelle ou accidentelle : cet arbre eſt beau, parceque ſa tige a cru librement, qu'elle a ſa hauteur, ſa groſſeur & ſa droiteur naturelles ; que ſa tête eſt proportionnément garnie de branches, &c : tel homme eſt *eſpècément* beau (paſſez-moi ce terme) parceque toutes les parties de ſon corps ont la forme convenable : en le regardant, je dis, C'eſt un bel homme, une belle femme, conſidérés quant à la conformation ; & l'on ne ſe règle que ſur cette beauté d'eſpèce pour choiſir les

***

(*) *Voyez* le Tome I, *page* 425.

les Soldats & les Nourrices. L'autre genre de beauté, que je nomme *particulière*, eſt la fineſſe, la *mignoneſſe* des traits: lorſqu'elle eſt unie au premier genre, c'eſt la beauté par exellence ; c'eſt la *Vénus* des Anciens, que Praxitèles exprima d'après les trente plus belles femmes de la Grèce, en copiant de chacune ce qu'elle avait de mieux ; joignez à ce corps une belle âme, la *Pſyché* de la Mythologie, vous aurez la Femme dont le Sage fait un ſi bel éloge. La beauté d'eſpèce ou la grande beauté, eſt plus commune dans l'état de nature, & plus rare dans la ſociabilité ; c'eſt tout le contraire pour la beauté de mignoneſſe, elle eſt même arbitraire & change ſuivant les climats. La première ſuffit à l'homme naturel, il n'en recherche pas d'autre : la ſeconde eſt toute-puiſſante ſur l'homme ſocial ; & plus il eſt corrompu, plus elle lui devient néceſſaire pour exciter ce panchant d'un ſexe vers l'autre, qu'accompagne un ſentiment factice, abusif, desordonné, dont la base eſt une préférence aveugle: ce ſentiment eſt pour l'âme ce que ſont au corps les liqueurs ſpiritueuſes ; il donne des plaisirs hors de la nature, & cause des peines inconnues à l'être ſans joug qui peuplait la terre avant la ſociabilité. Lorſque je parlerai de laideur, je n'entendrai par ce mot que le manque de beauté conventionnelle. Obſervez que les hommes, plus attachés à leurs goûts factices qu'à la belle nature, nomment quelquefois *jolie*, une femme qui manque abſolument de

[109]

la beauté d'espèce ; l'on en voit ressentir des
passions fougueuses pour une Boiteuse , une
Bossue qui portent un gracieux minois ; or ,
comme la beauté de finesse des traits , de
fraîcheur du teint se détruit fort vîte , il n'est
pas étonnant que des hommes qui fondaient
uniquement sur elle leur attachement éphé-
mère , éprouvent bientôt un dégoût complet,
& se trouvent malheureux : C'est comme si le
matin un papillon , épris des perles brillantes
que l'Aurore a parsemées sur les fleurs , jurait
de s'attacher à celles-ci durant tout le jour ;
dès neuf heures , la rosée disparue laisserait à
l'étourdi le temps de se repentir.

L'homme en société , non content d'avoir
métaphysiqué la beauté , de l'avoir analysée,
détaillée , considérée dans le teint , la finesse
de la peau , la grandeur & la forme des yeux,
& des oreilles , la conformation du sein , le
dégagement de la taille , la coupe de la jam-
be , la petitesse & l'élégance du piéd , a trouvé de-plus le secret d'assaisonner tous ces attraits par la parure. L'habillement , qui d'un
côté , dérobait aux regards une partie de la
beauté d'espèce, a de l'autre merveilleusement
secondé la beauté de fantaisie : il donne même plus à celle - ci qu'il n'ôte à la première ;
mais c'est , je crois , au grand détriment des
mœurs : car la beauté de forme n'excite ni
l'amour de tendresse , ni l'appétit desordoné ;
sa vue semble dire seulement à l'homme :
Voila ta femelle , vigoureuse & bien confor-
mée ; si l'impulsion de la Nature te sollicite

à procréer ton semblable, joins-la, & te la soumets. Rien de plus: l'homme porté par un desir modéré, ne s'élance pas en furieux, comme quelques-uns l'ont avancé, faute d'avoir étudié d'après les êtres véritablement libres; il ne fait jamais violence: il attaque, & si la défense est opiniâtre, il se retire, pour courir après une autre femelle, jusqu'à ce qu'il en trouve une qui soit facile.

Les Philosophistes de nos jours s'imaginent que toutes leurs idées sont neuves; que les Anciens pensaient à-peine; & cela, faute de connaître ou d'examiner leurs usages: je n'y suis pas versé comme un Savant, mais le peu que j'en ai trouvé dans mes lectures, m'a frappé d'admiration, & m'a convaincu que l'habitude de penser solidement, les rendait aussi profonds, que l'on est aujourd'hui superficiel. Pourquoi, chés les Spartiates, les Filles étaient-elles nues ? Pour deux raisons; la première, afin que les Jeunes gens voyant tout, leur imagination ne prît pas l'essor ; car c'est elle seule qui fait le mal: la seconde, pour qu'ils n'épousassent que celles en qui tout leur convenait, & n'eussent ni dégoûts à essuyer, ni reproches à faire. La honte devait être nulle pour ces Jeunes-personnes, puisque rien en elles n'altérait la beauté des contours ; car ce qu'on nomme la Pudeur, est un sentiment factice, né de l'orgueil humilié, soit par un défaut corporel ou d'opinion, soit par l'effronterie insultante d'un Audacieux. Pourquoi les Femmes étaient-elles couvertes ?

[111]

C'eſt que les enfans & l'âge ayant déformé
leur corps, il eût été desagréable, les aurait fait rougir, aurait pu déplaire à leurs
Maris; la décence n'y entrait pour rien ; car
ce Peuple ſavait que les Filles doivent être
auſſi pudentes que les Femmes. Reprenons.

La beauté factice, la *provoquance*, que
donnent les atours, produit l'effet des épice-
ries dans les ragoûts; elle réveille la voracité:
une jolie Femme, ainſi préſentée à l'homme
ſocial, l'excite, & fait circuler dans ſon ſang
un véritable poison, qui ſ'exalte, échauffe
l'imagination, remue les organes, ſans intéreſſer l'âme le plus ſouvent. Les hommes ont
appelé cette frénéſie, l'*amour*; & ni vous ni
moi n'en ſommes exempts, parceque ſa cauſe
étant artificielle, il peut ataquer tous les âges.
Jugez de quelle vertu l'homme ſocial a beſoin ; à quel ſurcroît de combats & de travaux il ſ'eſt aſſujéti, pour être honnête! car la
parure aſſaiſonne la beauté , la gentilleſſe ;
elle fait plus, elle rend la laideur aimable ,
& lui donne ſouvent plus de piquant que
n'en a la beauté même.

Il eſt un autre genre d'attraits, ſans leſ-
quels la parure n'aurait qu'un effet borné ;
c'eſt plus que la fraîchenr, c'eſt une *molleſſe*
une *tendreté* de carnation, qui a pour cauſes
la nourriture ſucculente, la vie ſédentaire ,
l'éloignement de l'air trop vif, l'aiſance, &c;
c'eſt elle qui donne la *joliveté*, & rend une
femme appétiſſante, provoquante : ſon effet,
moins puiſſant que celui de la beauté , porte

néanmoins davantage à l’excès de la jouiffan-
ce. La préférence que l’homme donne prefque toujours à ces grâces accidentelles, vient
de ce que la beauté réelle bleffe imperceptiblement fon orgueil: aulieu que l’Amantd’u-
ne Laideron fe dit à lui-même, Elle fait que
je l’adore, mais pour elle-feule, & non pour
le plaifir que la beauté donnerait à mes yeux.
Et cette idée, qu’il n’a pas toujours bien di-
ftinctement, l’embrâse, flate fon orgueil &
fa fupériorité; car l’homme cède d’autant plus
de toutes-deux, que la Femme paraît le mériter moins. Une Belle, au-contraire, fans
parler de cette fuffisance, de cette exigeance
qui n’eft que trop ordinaire; fans faire men-
tion des qualités du cœur qui trop fouvent
lui font refusées; de celles de l’efprit qu’elle
néglige d’acquerir; une Belle ne laiffe rien à
faire à l’imagination, à la générosité; du premier coup-d’œil, elle foumet impérieuse-
ment; mais bientôt l’efclave fe révolte: aulieu que la Laideron conferve plus facilement
fes conquêtes qu’elle ne les fait. J’ai vu de ces
minois chifonés, auxquelles on donne le nom
de jolies Femmes, quoiqu’elles ne le foient
pas, changer tous les jours avec tant d’art
leur air, la tournure de leur efprit & leur humeur, que l’homme qu’elles avaient une fois
fubjugué, les trouvant toujours nouvelles,
n’était pas tenté par l’inconftance: malheureusement elles n’employaient guère ce moyen avec l’époux; mais il n’eût tenu qu’à elles
d’éterniser les violettes de l’hymenée comme

les

[113]

les roses de l'amour. Un autre avantage des
Laiderons fur les Belles & les vraiment Jolies, c'eft qu'elles inquiètent moins un Amant
honnête & fidèle : une Belle, trahie par fon
éclat, eft affaillie, adulée ; on l'enivre d'encens ; & le cœur paye les travers de l'efprit :
ajoutez qu'ordinairement l'on trouve dans les
Belles une mignardise affectée, & de ces mi-
nauderies fatigantes pour l'homme fenfé. Les
femmes moins avantagées de la figure, étant
plus unies, prêtent moins au ridicule, & au
dégoût qui le fuit; elles reservent tous les charmes de leur commerce pour le tête-à-tête.
*T*** Vous préférez la laideur? *Inft*. Mais la
laideur aimable. *T****. Je ne vous reffemble
pas, quoique vous m'accusiez de craindre la
beauté: je fais de jolies femmes que l'éducation
a garanties de tous les défauts que vous attribuez aux Belles; toutes ne minaudent pas; toutes n'ont pas cet air qui quête un compliment,
ou ne f'érigent pas en Souveraines qui font
grâce : il en eft qui font amies autant qu'a-
mantes, & qui ne confultent pas leur glaffe,
pour calculer combien vous leur devez d'adoration, & combien elles accorderont de retour : enfin il en eft peu dans qui l'on trouve
cette impudente & dédaigneuse infenfibilité,
qui confifte à fe donner comme un bijou délicat & précieux, qu'il faut prendre garde
d'endommager. Eh! quelles délices inexprima-
bles ne goûte-t-on pas en trouvant dans l'Objet de fa tendreffe la perfection de la belle
nature ? L'Amant, le Mari font bien moins
exposés à changer d'inclination, quand ils ne

Tome III.   H

rencontrent rien que leur Choix n'égale ou n'efface. *Inst.* Qui nie que la beauté n'ait de grands avantages? mais les inconvéniens les furpaffent : tout ce que fait une Laide, les Belles pourraient le faire fans-doute : mais leur beauté, le prix qu'elles y donnent, la tournure que cette beauté doit avoir fait prendre à leur efprit dès l'enfance, la futilité qu'elle leur infpira, l'égoïfme qu'elle a fomenté, en les occupant toujours d'elles-mêmes, en fe peignant à leurs yeux comme un fupplément aux qualités, aux talens, à la complaisance, que fais-je? à *l'aimance* (fi l'on peut employer ce terme inufité dans notre langue, & dont le *filoftorgie* des Grecs eft l'équivalant); voila ce qui donne réellement aux Belles une infériorité de mérite. *T***.* J'en conviens, dans cette manière de l'envisager: mais à votre tour, ne me difputez pas que la beauté donne à la première vue, un plaisir unique dans fon genre; elle eft pour les yeux, ce qu'eft aux oreilles une douce harmonie. Et fi je puis citer mon exemple, je vous affurerai que la beauté de... Rose, n'a guère contribué qu'à m'éprendre ; je crois qu'aujourd'hui la perte de fes attraits n'apporterait aucun changement à mon goût pour elle : je dirais, Qu'elle me refte, & je fuis fatiffait ; fon âme immortelle confervera toujours fa beauté; toujours elle fera Rose; elle aura toujours ce cœur où je règnerai, cette âme qui partagera tous les mouvemens de la mienne; Rose connaîtra ce que j'aimais en elle. *Inst.* Tels font les beaux projets des Amans, très-mal réalisés par les Époux : il

faudrait, pour en venir-là , foit avec la beauté , foit avec la laideur , que leur paffion fût
dirigée , épurée dès fes commencemens ; c'eſt
-à-dire, lorſque brûlante encore , elle tient
l'âme comme liquéfiée , & fufceptible de recevoir toutes les formes qu'une main habile
lui peut donner. Aimer ne fuffit pas , il faut
aimer raisonablement.

Il eſt certain que ce que nous nommons
paffion, eſt contraire aux vues de la Nature :
& ceci montre l'appropriation de la Religion Chretienne à l'humanité , puiſqu'elle
réprouve auſſi cette manière d'aimer une femme : plus je réfléchis fur cette Religion , plus
je découvre d'admirables rapports entre la
marche naturelle, & fes préceptes. Oui ,
mon cher Marquis, votre amour pour Rose,
ne ferait pas encore une vertu, cette Jeune-
perfonne fût-elle le parti que vos Parens vous
deftinent ; il faut fimplifier votre attachement, le rendre naturel, indépendant de la
beauté des traits, & ne lui donner pour bâ-
se, que l'amabilité qui vient des qualités, &
le charme inexprimable des vertus : pour-lors
je vous garantirai fa durée , & votre bonheur.
[Mes Enfans , *dit le Comte de S* en f'intérompant lui - même*, je vais appuyer l'idée
de M. d'Arci par un exemple : Ce que Georges , notre ami, reffentait pour Jeannette ,
eſt un amour de paffion ; ce qu'il éprouve
pour la Fille de Léonard eſt le fentiment naturel : la première l'eût enivré d'un plaisir
trop exquis pour être durable ; la feconde le

rendra feulement content, & ce fera pour
toute fa vie.] La nature (*disait donc* M.*d'Arci*)
réprouve fi fort l'amour de paffion, qu'elle ne
peut, malgré fa tendance continue au parfait, corriger le vice imprimé aux Enfans par
cette paffion. Écoutez ceci, monfieur; une longue expérience m'a convaincu que c'eft la
vérité : lorfque deux Époux, violemment
épris l'un de l'autre, fe livrent à leur paffion
avec cet emportement, cette exaltation qu'infpire une vive tendreffe, qu'ont fublimée
une longue attente & cette imaginative qui
va toujours au-delà du réel, il arrive de trois
choses l'une; ou l'effet eft nul; ou il eft faible & périt; ou l'âme d'un corps affés vigou-
reux pour fubfifter, retient quelque chose de
ce vif ébranlement, qui durant toute fa vie
outrera le jeu des organes, ou les hébétera.
J'ai vu, parmi les Enfans qui resultent d'un
embraffement trop amoureux, des imbécil-
les, d'autres très-méchans; mais le plus grand
nombre fe porte avec une forte de fureur aux
plaisirs de l'amour. Vous concevez, d'après
cette expérience, qu'il eft très-aisé de donner
la raison pourquoi, lorfqu'une Nation commence à f'efféminer, la molleffe va toujours
en croîffant jufqu'au période extrême; après lequel il y a toujours quelque révolution politique, qui, par le physic influe fur le moral, comme le moral avait influé fur le physic. Horace
pouvait donc dire, fans infpiration, des Enfans de fon temps, qu'ils vaudraient moins
que leurs Pères, & que les petits-neveux com-

mettraient les horreurs que vous lisez dans *Tacite*, *Suétone*, *Pétrone* & *Martial* : cette gradation était nécessaire, & l'effet naturel de la violation de la nature. Appliquez l'exemple aux autres Peuples qui s'amolissent : nous aurions encore dans ce siècle des *Caligulas*, des *Nérons*, des *Commodes*, des *Héliogabales*, si les lumières de la vraie Philosophie ne nous en préservaient pas. Cependant vous sentez que cette cause de corruption ne doit pas être générale ; combien de Parens n'éprouvent pas le délire dont je viens de parler ! Mais on voit les trois-quarts d'une Nation s'effréner, parce que l'exemple fait pour les uns, ce qu'une nature corrompue produit dans les autres : les Enfans voient avant que d'entendre ; rien de ce qu'ils ont vu ne se perd ; dût-il ne revenir que dans les songes, il reviendra quelque jour, & je connais plus d'un Jeune-homme dont les songes ont commencé l'égarement : que sera-ce des Enfans provenus d'un commerce criminel, & conçus dans les accès d'un délire, non d'amour, mais de débauche ! car les Enfans de Parens trop amoureux seront tendres, tempéramenteux, si vous voulez ; mais ceux-là, que seront-ils ? ce que nous voyons que font tant de miserables dans nos villes. Or le nombre des Enfans qui doivent la vie au dérèglement est bien plus grand qu'on ne pense ; ils ne sont pas tous dans les hôpitaux ; ils remplissent les familles ; ils sont les fruits du crime d'une Épouse infidelle, d'un Mari volage, qui devenus odieux l'un à l'autre, vont porter chés leurs Concitoyens le desordre & la corruption : il est très-difficile d'ailleurs à des femmes sans principes, comme le font presque toutes celles des conditions communes dans les villes, de se garantir des piéges adroits, du langage séducteur de cette foule de Célibataires qui les entourent, & que l'on commence à voir refluer jusque sur nos campagnes : ces êtres nuisibles composent la cour des femmes aisées, dont ils font des Catins, qui passent de l'un à l'autre en cherchant le plaisir, qu'elles ne trouvent jamais. Il est de ces femmes qui se font un sistème de débauche, prétendant suivre la nature brute & sauvage : comme si la femme Sauvage se donnait à leur manière, & que sous l'empire de la sociabilité, les mœurs libres d'Individus séparés, pûssent convenir à des Membres *partiels*, qui ne subsistent que par la liaison qu'ils ont avec d'autres : qu'elles remplissent donc aussi leurs estomacs débiles, de racines crues, de fruits aigres & demi-pourris, de viandes sans apprêts ou corrompues : car les priviléges d'un état doivent être l'accompagnement de ses mœurs ; c'est un monstre moral, que l'Être qui prétend joindre l'indépendance absolue de la brute nature, aux délices de la vie sociale ; ce n'est plus suivre l'instinct, c'est achever de l'anéantir. Aussi, depuis notre saint Légiflateur, jusqu'au Philosophe de la Volupté, Épicure, tout ce qu'il y a eu de fensé parmi les hommes, n'a qu'une voix pour nous dire : *Le Sage s'abstiendra de la femme qui lui est interdite par les loix.*

*T***.* Je conviens qu'il y a plus à perdre qu'à gagner, même pour le plaisir. *Inst.* Vous le savez ; & c'est aussi la raison que donne Épicure... *Les mœurs font un collier de perles fines ; défaites le nœud, tout s'échappe ;* l'égalité des conditions & des fortunes est ce nœud depuis longtems enlevé : la première simplicité perdue, l'homme qui dabord regardait toutes les femmes comme égales, réfléchit dans le loisir de l'aisance, sur les moyens de borner au seul plaisir la plus belle de ses facultés : ce fut alors qu'il s'occupa de l'examen & du choix de la figure ; la beauté qui consiste dans la finesse, la mignonesse des traits, commença d'être uniquement recherchée par les Puissans. Dès que ce goût fut étendu, l'on prit des précautions pour procurer aux femmes cette blancheur & cette mollesse factices, plus provocantes que la beauté, tout-à-fait inconnues dans les femmes Sauvages, & les Compagnes laborieuses de nos Paysans ; la corruption, une sorte d'intempérance suit toujours l'art ; on devint difficile, l'on aima trop, & l'on posséda pour jouir. Mais cet art dangereux des femmes ramena l'homme au point dont il était parti, en quittant la Nature ; par lui les Laides trouvèrent moyen de rentrer dans les droits de leur sexe, en perfectionnant le goût de la parure, l'adresse & la grâce de la *mise.* En-conséquence de cet assaisonnement, non-seulement la laideur ne

H 4

fut plus dédaignée, mais un néz retrouſſé, des traits irréguliers, piquans, vifs juſqu'à l'étourderie, furent préférés. L'homme naturel ne voulait qu'une femme qui cédât ; l'homme corrompu veut une femme qui provoque ; il lui paſſe des défauts, en proportion de ce qu'elle poſſède davantage cette qualité vicieuſe ; qui ramène à ſon-tour l'anéantiſſement de l'amour -de-tendreſſe, non pour nous rendre à la Nature, mais pour nous porter à la débauche, qui lui eſt diamétralement oppoſée : le deſir naturel naît du besoin ; c'eſt la faim de l'homme ſauvage, que tout aliment peut ſatiſſaire : le deſir factice, naît de la recherche du plaiſir ; c'eſt la voracité ſenſuelle du gourmand ; & tel eſt aujourd'hui le cas de la plupart des habitans de toutes nos grandes villes.

Ainſi l'homme, entièrement ſorti de la nature (expreſſion qui ne doit pas être priſe à la rigueur, puiſque, dans un ſens, il n'en peut ſortir pas plus dans le moral que dans le phyſic) l'homme a besoin, pour ſe conſerver, de luter perpétuellement contre les goûts factices : les Loix, telles que le Chriſtianiſme & le Lygurgiſme (dont on doit vous entretenir quelque jour, *dit le Comte de S* à ſes Enfans*) les Loix augmenteront ſa force réſiſtante ; car il faut bien ſe mettre dans l'eſprit, que ces Loix ſages ne combattent pas les goûts de la Nature, mais les goûts factices qui ont ſuccédés aux goûts naturels ; admirez comme elles tendent à nous retenir dans cette inſouciance ſi favorable à l'exiſtance, à la santé... Mais, pour reprendre notre fujet, l'homme fage, de-peur de tomber dans les inconvéniens qui réfultent des goûts factices, ne s'affociera pas un monftre de laideur, ou ne choifira pas, comme Socrate, une méchante femme pour exercer fa vertu ; mais il ne recherchera pas non-plus exclufivement la beauté ; il fe garantira de l'attachement violent ; il préférera la femme d'une fociété douce, & fi l'Épouse qui lui convient fe trouvait laide (fur-tout fi c'était par accident) il doit être perfuadé qu'il n'en fera que plus heureux. Concevez, monfieur, de quelle reconnaiffance vous pénétrerez une Compagne, qui fait qu'elle manque des avantages feuls capables de remuer l'homme égoïfte, voluptueux ou fuperficiel ! quelle haute idée vous lui donnerez de vous ; quelle confiance elle prendra dans la pureté, la folidité de votre affection ! Rendez-la contente, heureuse (ce qui devient plus facile qu'avec les Jolies) vous verrez fi le fourire ne l'embellira pas ; une femme heureuse, fatiffaite de fon fort, n'eft jamais laide. Je connais, monfieur, la trempe de votre efprit, en vous tenant un langage que nos Efféminés n'entendraient pas ; il faut, quand on penfe au mariage, s'attendre à tous les accidens de la figure ; & je vous crois en état de les fupporter. Celle qui vous eft deftinée peut perdre fa beauté : combien voit-on de femmes dont la taille fe déforme de bonne-heure, ou dont un mafque voîle & détruit les agrémens !

votre Compagne fera-t-elle exposée, fans qu'elle puiffe l'empêcher, à perdre le cœur de l'homme auquel elle f'eft donnée? c'eft pourtant ce qui doit arriver, lorfque la beauté feule eft le motif déterminant du choix : auffi les trois-quarts & demi des mariages font-ils malheureux. Outre le panchant, il faut encore le choix des Pères, & la prudence qui l'accompagne : parcequ'il eft impoffible que des Jeunegens dans l'ivreffe choififfent avec un difcernement qui demande toute l'expérience de la vieilleffe : le vœu du cœur, tant reclamé par nos Dramatiques & nos Romanciers, ferait bon dans l'état de nature, & fuffirait pour un de ces engagemens folubles , qui ne doivent durer qu'une groffeffe ou deux : mais dans un état forti de la nature , où l'engagement porte au-delà des forces d'un goût fimple & de l'attache naturelle , il faut qu'un Père expérimenté donne pour bâfe à cet engagement des avantages folides , qui durent auffi longtemps que la vie ; telles font la fortune , la naiffance , l'illuftration perfonnelle, &c. *T****. Je fens à-merveille , que ces convenances fociales font autant , & plus néceffaires , peut être , que l'inclination & la tendreffe. *Inft.* C'eft une vérité qui va fe prouver.

Le mariage , devenu néceffaire dans la fociabilité , outre les effets naturels ou physics , en a de politics & de moraux : les politics confiftent à former à chaque homme un petit empire , un empire familier , qui lui tienne lieu de fon indépendance naturelle , de la fouveraineté fur lui même qu'il cède à la Société; à le doubler, en l'affociant avec un Individu qui ait en tout les mêmes rapports & les mêmes intérêts; à lui donner le droit d'exercer exclusivement avec cette Compagne folennellement acordée, la faculté qui eft la fin de tout être, celle de fe reproduire; enfin le terme de ces effets politics eft d'affurer fa confervation, en lui procurant, par une union auffi parfaite que permanente, tous les fecours que fes travaux non-naturels rendent néceffaires: or, ces effets font les mêmes durant toute fa vie; mais la paffion n'eft pas un état dans lequel l'âme puiffe perfévérer; toute agitation diminuant toujours infenfiblement jufqu'au parfait repos: l'amour, qui n'eft qu'un ébranlement délicat des efprits dont la direction eft la plus facilement changée, n'eft donc pas ce qui convient le plus à la fociété durable du mariage. Les effets moraux de cette union, font de remettre l'homme, par l'*affuétude*, dans la température naturelle, dont il refulte des enfans plus fpirituels, plus fains, mieux conftitués, & d'un meilleur caractère.

De tout ce que nous venons de dire, recueillons trois vérités: 1. Que le trop de *provocance* eft contraire au but de la nature. 2. Que le goût exclufif de la beauté de mignoneffe, eft un effet accidentel de l'état de fociabilité; que la provocance qui vient de la parure eft un effet de la corruption, laquelle naît de l'abondance où nagent certains Individus: d'où l'on doit conclure, que la pauvreté des Particuliers , pourvu qu'elle foit générale , eft la confervatrice des mœurs. 3. Que pour remplir le but de la nature dans le mariage , le manque de beauté de mignoneffe devrait rendre une femme préférable. *T****. D'accord. Mais, pourrait-on vous dire , c'eft en raportant tout à l'homme ; car fi l'on confidère la femme , la thèse changera bien. *Inft.* Votre obfervation eft jufte : mais dans tout fyftème politique, c'eft à l'homme qu'il faut tout rapporter , & ne regarder les femmes que comme un acceffoire au bonheur général ; parce qu'en travaillant pour l'homme , les effets en rejailliffent néceffairement fur la femme——. L'Inftituteur & fon Élève agitèrent enfuite une autre matière , fort analogue à celle qu'ils venaient de traiter : *Quel eft l'affortiment d'âge le plus convenable pour l'union conjugale ?*

——J'opine pour l'égalité , dit le Marquis. *Inft.* Et les Jeunes-gens audeffous de votre âge , préféreraient que la Fille fût plus formée qu'eux ; ceux qui font plus avancés que vous , la voudront dans fon premier printemps. Ces différens goûts font naturels. Mais comme le mariage focial n'eft pas une fuite physique de notre exiftance, ce n'eft pas nonplus les convenances actuelles, quoique phyfiques , qui doivent en déterminer le temps, la durée & les mœurs. Le mariage étant factice , tout y doit être dirigé par des vues morales vers la fin la plus avantageuse. En quittant l'état de nature pour la fociabilité nous avons entièrement abandonné l'inftinct, trop fimple, quoique fûr, pour régir un Corps politique, & nous avons perfectionné la raifon, au-point de faire de l'homme focial un être tout-à-fait différent de l'homme naturel, pour les vues intérieures & les mobiles de conduite. Il faut donc fuivre uniformément cette feconde nature, effet de l'habitude & de la conftitution fociale, & prendre les moyens pour rendre les plus douces poffible des entrâves néceffaires: il femble même qu'en ceci la Nature foit defcendue à des vues particulières en faveur de l'homme; elle nous a faits fufceptibles de l'attachement, de la tendreffe, & nous les a rendus fi propres, que nous les avons pris pour un fentiment inné. Voici donc comme je déterminerais la proportion qui doit fe trouver entre les Époux. Établiffons d'abord les différences entre l'homme-de-campagne & l'home-de-ville. Rien de plus difficile que de concilier les inconvéniens & les avantages du mariage pour celui-ci: à-raison de fa nourriture fucculente, du repos & des chofes excitatives, il lui faudrait une Compagne de bonne-heure, à feize ou dix-fept ans pour l'ordinaire: mais d'un autre côté, pour que les mariages fûffent heureux, il faudrait qu'un homme de trente ans épousât une fille de quinze; ou mieux encore, donner à l'homme de trente-cinq ans une fille qui n'en aurait que vingt. Une foule de raifons démontrent la fageffe de cet ufage: Il ne faut pas lier indiffolublement les hommes avant qu'ils foient affés mûrs pour s'attacher conftament: le vrai moyen d'y réuffir, & de corriger l'inconvénient néceffaire de l'indiffo-lubilité, c'eft de leur donner une femme qui puiffe leur plaire tant que le tempérament & les desirs exifteront dans un certain degré de force. La femme, plus délicate, doit auffi paffer plus vîte, fa beauté fragile confiftant en mille détails fecrets, outre les choses dont nous parlions tout-à-l'heure ; ces appas, qui relèvent fi fort fon mérite physic, fe chan-gent en leurs contraires avec l'âge; aulieu que l'homme, moins attrayant d'abord, moins délicat, conferve la plus grande partie de fa beauté de forme jufque dans la vieilleffe : conféquemment, pour que l'homme & la femme foient affortis (dans les conditions aisées & pour les gens des villes) il faut con-fidérer non le moment présent, mais la plus grande fomme de la vie : une femme de tren-te-cinq ans, convient parfaitement avec un homme de cinquante ; une femme de ce der-nier âge, ordinairement n'a plus rien de fa beauté corporelle; pour que fon Mari lui refte attaché, il faut le fuposer vertueux, ou du-moins très habitudinaire : or dans un en-gagement durable, indiffoluble, il ne faut pas compter fur les choses rares, telles que la raison & la vertu ; mais il faut mettre tout au-pis, & s'arranger d'après cette vue. La plupart des hommes n'aiment dans leurs fem-mes que les attraits provoquans ; dès qu'elles les ont perdus, ils les regardent comme des êtres incomodes, dont la société leur eſt à-charge: & voila pourquoi tant de Vieillards cyniques, corrompus & corrupteurs. Une obſervation que j'ai faite ſouvent, c'eſt qu'un Vieillard qui épouse une jeune Beauté, devient modeſte & retenu: Je ne conſeillerai pas d'imiter les *Othomacos* (*); mais une chose de cette nature, dont tout le monde peut ſ'aſſurer, contribue à prouver mon opinion.

J'appuierais, ſ'il le falait, la néceſſité de l'avancement d'âge, dans le Mari, ſur beaucoup d'autres raisons; 1. les Filles ſont plutôt formées que les Garſons : 2. il eſt avantageux aux Enfans de naître d'un homme mûr; parcequ'ils en ſeront plus robuſtes; & parceque les Jeunesgens mettant beaucoup d'emportement dans leurs careſſes, les enfans qu'ils procréent ſont trop enclins à l'amour & aux autres plaiſirs; d'où vient qu'ils ne peuvent ſe contenir, dès que la puberté eſt arrivée, & qu'ils ſ'énervent avant d'être hommes faits: 3. il eſt en-outre favorable aux mœurs, que les Pères ne ſoient pas déchargés trop-tôt de la conduite de leurs Enfans; l'expérience prouve, que tant que nous en avons de jeunes, nous ſommes plus grâves, nous donnons plus d'at-

---

(*) Les *Othomacos*, Nation Sauvage des bords de l'Orénoque, ſont ſi convaincus qu'un certain inſtinct porte naturellement les Jeunes-gens vers les Femmes déja ſur le retour, qu'ils ont établi la règle de ne donner les plus jeunes filles, qu'aux hommes abſolument faits, & de marier les Jeunes-hommes aux Femmes expérimentées. La raison autant que la volupté ſont leurs motifs: ils diſent qu'il convient que chaque âge goûte les plaiſirs; que le Vieillard ſoit excité; & le Jeune-homme retenu.

tention à nos actions, à nos discours ; au lieu qu'un Père débarrassé de bonne-heure de sa famille, ressemble bientôt aux Célibataires, & devient un dameret suranné : 4. il semble qu'il en doit être de l'homme comme des végétaux ; il convient qu'il soit à la fin de sa carrière lorsque ses productions sont en état de le remplacer ; s'il est encore trop vert, il ressemble à ces plantes potagères qui, après avoir donné leur graine, demeurent assés vigoureuses pour luxurier, & fleurir en automne, tristes rejets que l'hiver va bientôt moissonner ! Des raisons d'un autre genre, & qu'on peut nommer *politiques*, ont rapport à la population : les mariages précoces dans les deux sexes y sont contraires : communément ils produisent des enfans en assés grand nombre, mais peu subsistent : si pourtant quelques Particuliers mariés jeunes en élèvent dix à douze, ce n'est pas un grand profit pour l'État ; la véritable source de la population, ce serait que les familles fussent peu nombreuses, mais dans une forte d'égalité ; trois ou quatre enfans ; & ceci n'était pas échappé au Peuple-Romain : par-là, tous les enfans s'établissent aisément, & font des Citoyens : mais j'ai vu des familles de quatorze enfans élevés, fondre, s'anéantir comme celle des *Valois* nos Souverains, & laisser à-peine un héritier de leur nom, même dans les campagnes ; & c'est encore pis dans les villes, à-cause du luxe. Il vaudrait donc beaucoup mieux marier les hommes tard, & que les loix fixassent

fent le temps du mariage, & même la proportion des âges (*) : on aurait moins d'enfans, mais ils vivraient, & ce ferait double
gain. *T****. Mais le grand inconvénient pour
les mœurs fubfifterait encore : les gens des
villes, plutôt formés que ceux des campagnes, plutôt inftruits ou corrompus, comme
on voudra dire, auraient aucontraire prefque
tous besoin d'être mariés dans la première
jeuneffe : comment ferez-vous ? La Religion
que nous profeffons, f'oppose à tout ce qu'u-
ne raison préfomptueufe ôferait hasarder pour
y remédier ? *Inft*. Elle-même y remédierait,
fi les hommes voulaient jouir des avantages
qu'elle préfente : mais comme ils n'en font
rien, il femble, que fi l'homme était un animal domeftique qui ne fût pas nous, dont on
voulût perfectionner l'efpèce, il faudrait qu'il
y eût deux mariages fucceffifs ; le premier,
des Jeunes-gens de feize à dix-fept ans, avec
des femmes de trente-cinq ans, qui parconféquent ne feraient pas trop provocantes ; un
fecond, où l'on réaliserait l'établiffement,
des Mâles de trente à trente cinq ans, avec
les Filles de quize à vingt... Mais ne fuivons
pas une hypothèse, qui préfente feulement l'i-

____

(*) Il ne faut pas douter que l'horrible usage de l'île
Formofe (de faire avorter toutes les Femmes avant 35
ans) f'il eft vrai, ne foit une coutume fage dégénérée :
ce qui le prouve, c'eft que les Jeunes-gens, comme autrefois à Sparte, ne peuvent y voir leurs femmes qu'à la
dérobée : la fuperftition en a tiré l'affreuse conféquence,
fans-doute autorisée par un excès de population, ce qui
l'aura fait tolérer par la Politique.

Tome III.   I

dée d'une possibilité morale proscrite par la loi.

Quant aux gens des campagnes, je pense que les mariages précoces leur sont inutiles, & que la proportion d'âge peut être beaucoup moins haute pour les hommes, & moins basse pour les femmes; je la réduirais à cinq, ou même à quatre années: l'âge du mariage serait vingt-huit ans pour les premiers, vingt-trois & vingt-quatre pour les secondes: ce retard est d'autant plus à propos, que les filles des Paysans leur sont absolument nécessaires pour les aider, & les indemniser par là des peines & des soins qu'ont exigé leur enfance; il faut en-outre, qu'elles aient acquis toutes les forces qu'elles peuvent recevoir de la Nature; car l'état de femme est bien plus pénible pour elles que pour la Mère-de-famille des conditions plus élevées; & d'ailleurs rien ne presse: dans les villes au-contraire, c'est une séduction continuelle; il faut des attentions, des soins infinis, sans quoi le Colifichet le plus vil peut faire tourner la tête à la Demoiselle la mieux élevée, qui a contr'elle ses propres attraits, sa parure, & sur tout une vie molle, qui la garantissant de toute agitation extérieure, rend la fermentation intérieure d'autant plus puissante. *T****. Je conçois tout cela: mais je n'y trouve rien qui me fortifie contre ma passion? *Inst.* Pourquoi la combatrais-je par des raisons? le panchant n'en écoute jamais. *T****. Du moins, elles font qu'on se condanne. *Inst.* Eh! soyez amoureux, monsieur, si ce sentiment vous porte à la vertu ? si vous savez goûter les charmes de la tendresse née de l'ordre social, sans abandonner la nature——?

Malgré l'espèce de conseil que semblait insinuer la fin de cet Entretien, le Marquis ne voyait plus absolument Mme Du Souhait & sa Fille, depuis que M. Dorlisse avait cédé la place à M. d'Arci. Les belles Inconnues, qui ne s'attendaient pas à tant de courage de sa part, en furent alarmées : la Mère eut recours au stratagème d'une rencontre imprévue : le Marquis devait aler à Versailles : on se trouva sur la route, avec M. Dorlisse. Dès que le Jeune-homme les aperçut, il mit pié à terre, & courut à elles : madame Du Souhait l'accueillit d'une manière obligeante ; Rose se plaignit de ce qu'il les avait négligées. Pénétré, charmé de ce qu'elles lui disaient, il s'oubliait avec elles ; M. d'Arci fut obligé de le faire souvenir que leur voyage était nécessaire (il s'agissait du Régiment dont le Marquis venait d'obtenir l'agrément). Comme ils alaient s'éloigner, M. Dorlisse dit au jeune de T*** : ——Nous partons demain, ces Dames & moi, pour la province : c'en est pour un an. Je me suis informé : la belle Rose est de condition ; mais vos Parens souhaitent que vous ne songiez qu'à votre Cousine——. Le Marquis retint son cheval, hésitant sur ce qu'il devait faire ; ses yeux se remplirent de larmes ; & regardant M. d'Arci : ——Je suis charmé de cette absence, lui dit-il, mais qu'elle va me coûter chèr——! En achevant ces mots, il salua les Dames, & partit comme l'éclair, sans attendre M. d'Arci.

Le lendemain madame Du-Souhait & sa Fille quittèrent la Capitale. Le Gouverneur du Marquis se chargea d'observer soigneusement sa conduite, & de rendre un compte exact de sa constance pour la jeune Rose. Juliette était revenue auprès de son Mari ; l'Instituteur fit en-sorte qu'il se rencontrât avec elle : le Jeune-homme se troubla, mais son émotion ne fut que de honte & de regret. Quand il fut libre, il s'attendrit, & disait à son Gouverneur : ——Connaissez-vous quelqu'un d'aussi malheureux que moi ! je suis sensible, & c'est pour mon supplice ! Quelle différence pourtant de ce que j'éprouve, avec ce que j'ai ressenti ! la belle Rose m'a fait connaître le sentiment le plus délicieux, le plus épuré : mais quel en sera l'effet ? Je conviens qu'au fond, les vues de mes Parens sont fondées sur la raison ; que je dois les suivre ; & j'avoue en même-temps que ce n'est pas un malheur d'avoir vu madame Du-Souhait & sa Fille, puisqu'auparavant j'étais malheureux & coupable, au-lieu qu'à-présent, je ne suis que malheureux. ——Un Homme à quî l'on destine M.lle de Beaumont peut-il se plaindre ! ——Oui, mon ami, lorsqu'il n'est pas à lui-même, & que ses passions tumultueuses l'emportent: ah ! si je n'étais pas entraîné par une force irresistible, vous me verriez voler audevant de mon devoir——.

Durant l'année de féparation annoncée
par M. Dorliffe, le Marquis f'ocupa férieusement, dans la vue de diftraire fa penfée,
trop arrêtée fur la belle Rose; il visita fa
Troupe, & d'après fon goût, autant que par
les avis de fon Gouverneur, il forma fes
Soldats, les éclaira fur leurs devoirs, & leur
fit comprendre, malgré leur groffièreté, que
la vraie dignité de leur état, confiftait uniquement dans la deftination à maintenir la
tranquillité de leurs Pères, de leurs Frères,
en affurant celle des Femmes & des Enfans
qu'ils devaient avoir un jour : il fut exact à
faire accorder les Congés, & ne permit qu'à
peu de fes Soldats, après avoir fcrupuleuse-
ment examiné leurs motifs, de vieillir dans le
fervice, ou même d'y demeurer paffé trente
ans. Il fut en-outre infpirer aux plus raisona-
bles d'entr'eux de l'éloignement pour la *farau-
derie* foldatefque, & leur fit reprendre le goût
des occupations utiles qu'ils avaient perdu.
Par ce moyen, le Régiment fut à l'abri de
la desertion, & chaque Soldat f'y plaisait.
Le jeune de T*** ne fe borna pas là; des
fuccès non-moins folides, plus flateurs &
plus brillans aux yeux des Hommes tentaient
fon cœur; il vint à-bout de perfuader la
jeune Nobleffe qui fervait fous lui, & de la
préferver des airs efféminés autant qu'imper-
tinens qui caractèrisent & deshonorent nos
Militaires. Mais tous ces foins, quoiqu'ils
l'attachaffent beaucoup, ne lui firent pas oublier Rose; il l'avait toujours préfente. Cependant, le Comte fon Père l'étant venu voir

[134]

fa Garnison, l'entretint de Mlle de Beaumont, comme de la Perſonne qui lui convenait le mieux. Le Jeune - homme ſoupira, mais il ſe tut. Il diſait à M. d'Arci, que ce n'était pas manque de confiance pour M. de T***; mais depeur de diminuer le plaiſir qu'il lui voyait prendre à préparer cette alliance. Le Marquis, au retour du Comte, l'accompagna juſqu'à Paris.

Lorſque le temps où madame Du-Souhait était attendue fut prêt d'arriver, on écrivit au Marquis, Que Mlle de Beaumont venait d'être attaquée de la petite-vérole : on ajoutait, que cette maladie pourrait enlever une partie de ſa beauté; mais qu'on ne croyait pas qu'il fût ſenſible à la perte d'un ſi fragile avantage. Un mois après la réception de cette Lettre, M. Dorliſſe parut. Le Marquis ne fut pas maître de modérer le tranſport que lui cauſa la préſence d'un Homme qui lui rapelait ſi vivement ce qu'il avait de plus chèr. L'honnête Dorliſſe reçut froidement les careſſes de ſon jeune Ami ; l'inquiétude perçait dans ſes regards. Il parla d'abord de M. & de madame, de T***, & ne dit qu'un mot très - envelopé de Mlle de Beaumont. —Quelles traces a laiſſé la maladie, intérompit le Jeune-homme ? —D'aſſés triſtes. —Ah-ciel !... ma Couſine a perdu ſes charmes !...Je le vois, elle ſe croirait mépriſée. . Je ſuis deſeſpéré de cet accident. . .ou plutôt, je ſens tout ce qu'il m'impoſe. —Vous me raviſſez, reprit le bon Dorliſſe. Mme Du-Souhait & ſa Fille ſont ici : Rose a ſubi la même

[135]

épreuve que votre Cousine ; elle eſt... aveugle. —Aveugle !... Ah ! mon Ami !.. Quoi !
ces yeux ſi beaux & ſi tendres... Roſe aveugle !... elle !... elle !... Mon Ami, monſieur
Dorliſſe, croyez-moi, daignez m'en croire,
elle me devient plus chère mille-fois par ſon
malheur.. oui, oui, mille-fois. Ne regardez
pas ce diſcours comme le tranſport inſenſé
d'un Jeune-homme : vous le verrez ; le temps,
le temps vous le perſuadera... Puis-je la voir ?
(ajoûta-t-il avec timidité.) —Dès aujour-
d'hui. —Courons-y, monſieur ; partons à
l'inſtant—.

Rien ne retarda cette entrevue. Le Marquis
trouva madame Du-Souhait dans la première pièce. Ému, troublé, le jeune de T***
ne la ſalua qu'en ſe précipitant dans ſes bras.
—Ah ! madame ! ah ! ma mère ! ſ'écria-t-
il, je fais notre malheur... Mais ce n'en ſera
pas un ; ſon image eſt là (montrant ſon cœur)
rien ne pourra l'en effacer—. La Mère de
Roſe ne put retenir ſes larmes : elle preſſa le
Marquis contre ſon ſein, en l'appelant ſon
chèr Fils. Enſuite le prenant par la main, elle
le conduiſit auprès de Roſe, dont les yeux
étaient couverts d'un bandeau de taffetas
vert. Le Jeune-homme la conſidérait avec
attendriſſement ; il fit remarquer à madame
Du-Souhait, que ſa Fille n'avait rien perdu
de ſes attraits ; il baiſa le voîle qui couvrait
la place des plus beaux yeux du monde, &
dit à Roſe mille choſes flateuſes, auxquelles
cette aimable Fille répondit par les tém oi-

I 4

gnages de la plus vive reconnaissance. —Je vous rens la justice de croire, dit M. Dor-lisse, que vous aimez encore, après un accident si funeste; mais... —Il assurerait ma constance, si l'obstacle que vous voulez me rappeler... —Je savais déja qu'un cœur bien amoureux est plus près du Roman qu'on ne pense... Mais ne craindriez-vous pas le ridicule? deux beaux yeux sont essenciels à la beauté; c'est en eux que se peint une âme sensible. —Oui; mais la beauté de Rose n'est plus ce qui me touche; je n'aime en elle qu'elle-même—. Madame Du-Souhait prit la main du jeune de T***, en lui disant : —Monsieur, il faut réserver l'exercice de cette générosité pour une épreuve plus méritoire : je sais les vues de vos Parens ; ils vous destinaient votre Cousine; une Fille qui leur est chère à tous les titres : il y a quelque temps qu'elle pouvait prétendre aux Partis les plus distingués du Royaume; aujourd'hui c'est de vous seule que dépend son sort : M. Dorlisse vous en a fait pressentir les raisons—.

Le reste de l'entretien fut plus égayé : M. d'Arci, qui survint, dit à son Élève, en plaisantant, Qu'une Femme aveugle serait un trésor pour un Mari jaloux; que les charmes qui restaient à mademoiselle Rose pouvaient encore inspirer une passion très-vive, avec cet avantage, qu'on serait sûr de régner sur un cœur constant, pour peu qu'on voulût le mériter. Ensuite, il l'étendit sur les inconvéniens de la vue pour les Amans, & sur-tout pour les Femmes &c : —Je

ne vois qu'un inconvénient, ajouta t-il; c'est
que l'amour du Mari s'endormirait trop-
vite——. Le Marquis plia les épaules, & s'approcha de M. Dorliffe, dont il voulait tirer
des éclairciffemens fur ce que venait de lui
dire madame Du-Souhait.

—Monfieur, lui dit le bon Dorliffe, vos
Parens viennent de paffer par la plus grande
douleur & les inquiétudes les plus déchiran-
tes : jugez de leur excès, puifqu'elles leur
ont fait abandonner un projet dans lequel
ils mettaient toute la douceur de leur vie ;
le projet de vous unir à votre Cousine.....
Mais il ne tiendrait peut-être qu'à vous de
faire ceffer la plus forte de leurs peines....
—Parlez, s'écrie le jeune de T***; parlez,
mon Ami, que faut-il faire ?... des Parens fi
chéris !... ma vie eft à eux; & ce qui eft plus
que la vie, mon bonheur. —Vous venez de
voir Rose ? —Éh-bien ? —Son état (je
crois déja vous l'avoir dit) fon état eft celui
de mademoiselle de Beaumont: Vos Parens
qui l'aiment comme leur fille, qui voient en
elle tout ce qu'ils ont perdu... un Frère,
une Sœur adorés ... n'ôsaient plus vous proposer... Cependant... Ah ! monfieur le Marquis ! fi vous faviez combien nous font précieux les reftes des Perfonnes qui furent d'autres nous-mêmes !... fi, pour un moment,
vous aviez ma façon de voir & mon cœur !
—Mon Ami, j'ai l'âme d'un Fils, qui fait
tout ce qu'il doit aux Auteurs de fes jours :
le fentiment qu'ils m'infpirent me tient lieu

de tout ce que vous éprouvez. Monfieur Dorliffe, écrivez-leur.... Enfin mon cœur eft débarraffé d'un poids énorme: en obéiffant, je ferai le confolateur de mes Parens, d'une Jeune perfonne abandonnée de toute la nature; je veux remplir, à fon égard les devoirs d'un Frère & d'un Époux.... Rose verra... Oui, c'eft de la joie que je reffens, & fa fource eft dans celle que je dois caufer à M. & madame de T***.... Avec quel attendriffement je reverrai ma Cousine——!

Après ce court entretien, M. Dorliffe ramena le Marquis auprès de madame Du-Souhait, à laquelle il en rendit compte. On voyait dans les yeux de cette Dame combien elle était émue. Pour faire diverfion, & l'empêcher de fe trahir, M. d'Arci prit la parole: ——Convenez, dit-il au Marquis, que les beaux fentimens que vous venez de montrer, ne font pas tout à fait de votre crû: Rose vous les vient d'infpirer, & l'accident de mademoiselle de Beaumont étant pareil, la tendreffe filiale, produite dans votre cœur par les bontés d'un Père & d'une Mère comme il n'en eft plus, f'en empare, & les applique à cette dernière; mais c'eft à Rose qu'on doit tout. ——Jamais vous ne m'avez tenu de difcours qui me fût auffi agréable, répondit le jeune de T***; vous y louez à mes dépens tout ce que j'adore. ——Vous n'y êtes pas, continua le Gouverneur; je prétens ma part au mérite, & la converfation fur la *beauté*, que nous eumes un jour, ne contribue pas peu à votre résignation. —J'en conviens encore, reprit le Marquis : mais laissez-moi le mérite d'aimer mes Parens, de les vénérer par inclination ; si je dois le partager, ce n'est qu'avec eux. —Si vous saviez, dit M. Dorlisse, ce que votre Mère fait pour votre bonheur ! Oh ! quel océan de tendresse, que l'âme d'une Mère !... Hélas ! mon Fils a perdu la sienne—! ... Madame Du-Souhait & Rose venaient de se retirer. La première avait dit tout bas à M. d'Arci : —Le voila tel que nous le souhaitions : tout est bién réparé—!

Il semble qu'il ne convenait plus que le Marquis vît Rose, ni madame Du Souhait elle-même : M. d'Arci le lui fit entendre. Le Jeune homme fortifié par les conseils & l'amitié du bon Dorlisse, auquel il donnait toute sa confiance, promit qu'il ne verrait plus Rose ; mais il ne put renoncer au plaisir qu'il trouvait avec la Mère, & son Ami ne le desapprouva pas : loin de-là, quelques semaines après la visite dont je viens de parler, il l'y mena comme sans dessein. La joie brillait sur le visage de madame Du-Souhait : —Vous venez à-propos, dit-elle au jeune de T*** : mon chèr Marquis, la plus heureuse nouvelle ! ma Fille ne perdra pas la vue !.... Il faut que je vous détaille, à-présent que le danger est passé, toutes nos alarmes, & ce qui les occasionnait. Il y a quelques mois que Rose se plaignait de pesanteurs, d'insomnies : le Médecin que nous

conſultames, après ſ'être exaȼtement informé , nous fit craindre une petite vérole dangereuse, à-cause de la quantité d'humeurs ;
il prépara la Malade comme pour l'Inoculation : au bout de huit jours , comme il venait de nous décider à donner artificiellement
la maladie redoutée , elle ſe déclara naturellement. Les ſymptômes furent terribles : jugez de mon inquiétude & de ma douleur !...
Cependant, à force de ſoins, ſur tout en
maintenant les forces par des alimens con-
venables, la criſe fut heureuse, la peau continuellement humeȼtée par une eau que le
Médecin préparait avec la graine d'un légu-
me très-connu, ne fut pas gâtée ; mais les
yeux avaient été fort endomagés; après la
maladie, ils reſtèrent ſi tendres, qu'ils ne
pouvaient ſuporter le jour : nous les crumes
perdus peut-être pour jamais : cependant le
Médecin nous aſſurait, qu'avec les précautions qu'il alait preſcrire, tout irait bien.
Il fit couvrir l'organe de la vue, & ne voulut pas que le moindre rayon de lumière le
pénétrât, juſqu'à ce qu'il fût aſſés fortifié :
il y a quinze jours qu'il permit d'ôter le bandeau la nuit, à-condition qu'on le remettrait
dès que le jour comencerait à ſe montrer.
Cette méthode a réuſſi; depuis hièr, Rose
ne met plus ſon bandeau; elle garde ſeulement la chambre, où l'on ne laiſſe entrer
qu'un demi-jour. Venez la voir, mon chèr
Marquis——.

Je n'entreprendrai pas ici de vous peindre tout ce qu'éprouvait le Jeune-homme durant ce difcours; encore moins ce qu'il reffentit en voyant Rose. Jamais Beauté ne fut plus piquante à la fois, & plus touchante. Madame Du-Souhait & Rose elle-même jouirent feules du plaisir de voir tant d'émotion & de trouble. Quant au Marquis, ce qu'il éprouva fut très-douloureux, quoiqu' il félicitât bien fincèrement la jeune Beauté. —Je ne veux plus, dit madame Du-Souhait, que vous foyiez fi longtemps fans nous voir; il faut vivre enfemble; vos Parens, j'en fuis fûre, approuveront cet arrangement. —Je ne fais quel pouvoir vous avez fur moi, répondit le Marquis; je ne le voudrais pas, fi tout autre que vous le propofait, & je ne faurais vous desobéir. —M. Dorliffe va nous quitter, reprit madame Du-Souhait; vous en faurez les raisons; comme il eft le lien qui nous unit, il faut bien en former un autre: nous alons nous mettre tous fous la conduite de M. d'Arci; Eugénie, cette eftimable fœur de votre Ami, fera notre commune Hôteffe; & fi M. de T*** vient bientôt, il augmentera notre fociété—.

Tout ce plan f'exécuta, quoiqu'il parût étrange: le Marquis vécut avec Rose, partageant fon temps entre les arts agréables qu'ils cultivaient enfemble, & les devoirs de fon état d'Officier. Quelques mois f'écoulèrent, & M. de T*** doit ariver le lendemain; fon Fils va partir avec M. d'Arci pour aler au-devant de lui: Rose f'entretient avec

fon Amant; elle le voit attendri : —Qu'a-
vez-vous, monfieur, lui dit cette charmante
Fille ? —Je réfléchis, répond le Marquis ,
fur le temps qui vient de fe paffer : quelle
rapidité !... mon Père arrive ; ce temps
heureux fans-doute eft fini pour moi !.....
Ma joie ferait trop vive, ajouta-t-il, fi le
bien dont je vais jouir, ne m'en enlevait pas
un autre ! —Notre intimité ferait-elle un
mal, reprit Rofe, pour qu'on nous l'inter-
dît ? je fuis fure du contraire—. C'était la
première fois que la Jeune-perfonne fe trouvait feule avec le Marquis; jamais ils ne f'é-
taient encore entretenus que devant madame Du Souhait, ou devant Eugénie. —Je
vous ai toujours déguifé la nature de mes
fentimens, dit le Jeune-homme; vous ignorez qu'on va me donner une Épouse, & que
je me dois à cette alliance; que je ferais un
monftre d ingratitude & de dureté fi je m'y
refufais; M. de T*** vient fûrement pour ac-
complir cette union ; & vous penfez qu'on
ne nous féparera pas ! votre erreur, mademoifelle, doit trop tôt ceffer, pour que ce
foit une indifcrétion de la finir dès-aujour-
d'hui : je vous perds, & nous ne nous rever-
rons jamais, ou dumoins... de longtemps.
—Mon chèr Marquis—!...Rofe f'arrêta:
mais l'éclair était parti ; fon Amant eft à fes
genoux.... Madame Du-Souhait paraît :
—Que faites-vous donc, mon Ami, dit-
elle au Jeune de T*** ? —Ah! madame! fi
je m'oublie, c'eft vous-même que je dois en

accuser... Cette vie était trop douce ... mais vous l'avez voulu ; ... & je n'ai pu résister.... Elle fait que je l'adore, & qu'il faut nous quitter ! —Enfant que vous êtes, répartit madame Du-Souhait, avez-vous déja perdu votre noble fermeté ; cette resignation si pieuse, si belle, qui n'eût pas manqué de faire un jour votre bonheur ? Alez, mon chèr Marquis ; M. d'Arci vous attend : mais pourtant, reprenez auparavant avec moi la force qui vous abandonnait—. Effectivement, après quelques minutes d'entretien avec la Mère, le Jeune-home parut avoir repris toute la résolution que la Fille venait de faire évanouir. Il partit avec son Gouverneur.

M. le Comte de T*** revit son Fils avec une satisfaction qu'on ne peut décrire, & lui en donna mille preuves touchantes : il goûta la proposition que lui fit M. d'Arci, de demeurer avec madame Du-Souhait & sa Fille durant son séjour dans la Capitale.

La conduite de M. de T*** envers son Fils, lorsqu'il fut à portée de connaître ses dispositions, surprit un peu ce dernier, qui vit avec ravissement, que le Comte avait pris tout-d'un-coup pour la Mère de sa jeune Amie les sentimens que cete Dame lui inspirait à lui même, & que Rose paraissait lui devenir plus chère à-mesure qu'il la connaissait mieux. Un-jour, le Marquis fesait devant les Dames, des questions sur une Mère chérie. Le Comte, étendit plus qu'à l'ordinaire ce qu'il avait coutume de répondre à son Fils sur ce beau sujet, & la sensibilité du Jeune-homme éclatait par ces élans délicieux d'une âme reconnaissante, qu'il est si doux de sentir, & plus doux d'exciter; madame Du-Souhait ne put commander au mouvement trop rapide qui lui fit tendre les bras au Marquis. Le Jeune de T***, qu'elle pressa contre son sein, lui répétait: Qu'elle était l'image de sa Mère. Il parla longtemps de cette Mère tendre, & rappela tout ce qu'elle fesait pour lui dans son enfance. —Vous ne dites rien de votre Cousine, intérompit la Dame ? —Je m'en informe souvent à mon Père, qui n'a pas encore cru devoir me parler clairement. —C'est, mon Ami, répondit le Comte, que je ne suis en état de vous satiffaire tout-à-fait que depuis mon séjour ici : Votre Cousine est plus belle que jamais ; le funeste accident qui nous a fait trembler pour M.lle de Beaumont, s'est dissipé le plus heureusement; elle jouit de la lumière ; ses yeux sont aussi beaux & plus tendres que je ne les ai jamais vus. Je vous répons d'avance, que vous ne pourrez la connaître sans l'aimer, & sans nous remercier du soin que nous avons pris, d'écarter tous les Prétendans qui vous pouvaient ravir une Épouse si parfaite. Ajoutez encore, mon Ami, l'espoir de votre Mère, qui se plaît depuis seize ans, à la former pour son Fils unique ; & de tout cela, faites-vous une idée de la félicité que nous attendons (& pour vous, & pour nous) de ce mariage si vivement desiré. —Mon-

ficur,

[145]

'fieur, répondit le Marquis, je fais combien
je vous fuis chèr, & que vous ne voulez que
mon bonheur; je fuis convaincu que ma
Mère aurait pour fon Fils toutes les com-
plaisances dont les fuites ne feraient pas dangereuses : Ainfi regardez ce que je vais dire
comme entièrement fubordonné à mes devoirs.... Mon Père... dans l'heureux état où
elle eft , M.lle de Beaumont trouvera mille
Partis qui valent mieux que fon Cousin : f'il
était poffible. .. Voyez, monfieur, celle à
quî mon cœur f'eft attaché malgré moi——.
Le Comte , M. d'Arci , madame Du-Souhait, & Rose elle-même fourirent. ——Il n'eft
plus poffible, mon Fils, répondit le Comte,
que M.lle de Beaumont ait un autre Mari
que vous, depuis que vous avez accepté ce
titre : mais je fais un moyen pour tout
concilier; madame Du-Souhait eft de moitié dans mon fecret, & cette belle Perfonne
ne l'ignore pas : voulez-vous vous en rapporter à nous-trois pour votre bonheur? A-
lons, parlez; nous choisiriez-vous pour en
être les arbitres? ——Monfieur, de quelle manière m'interdites vous la plainte la plus légère!... Je fuis à vous ; je ne puis ni ne veux
me fouftraire à votre autorité facrée; voila
toute ma réponfe. ——Pauvre Marquis ! dit
le Gouverneur, que je vous trouve à plaindre !... Tenez, je fuis auffi du fecret ; je vous
affure qu'en voyant madame la Comteffe de
T***, votre cœur en un inftant fera tel qu'on
le veut——.

On a trou-
vé, T. II,
p. 17, un
renvoi à
cette page
145, c'é-
tait la pa-
ge 3 qu'il
falait in-
diquer.

M. de T*** avait amené de la province un Jeune-home très-aimable, qu'il fe propofait de préfenter chés M. d'E*** : c'était le Comte de Saint-A*, fur lequel Mme de T*** avait des vues pour Susète d'E*** : Le jeune Comte, dès le jour de fon arrivée, & par la fuite, fe montra fort empreffé auprès de Rose, qui de fon côté parut le revoir comme une ancienne Connaiffance. Le Marquis fit attention à l'efpèce de liaison qu'il voyait entr'eux : prompt à f'alarmer, il crut y trouver l'explication du defintéreffement de madame Du-Souhait, & fe perfuada que Rose ne l'avait traité qu'avec égards, & non avec quelque retour de tendreffe, comme il fe l'était imaginé d'abord : ce Jeune-homme, fi raisonable en apparence; dont toutes les actions anonçaient la maturité, laiffa voir bientôt combien il faut peu compter fur une jeuneffe prétendue raffise : toute fa philosophie l'abandonna, dès qu'il fut jaloux ; & il le devint à la fureur, fans ôser le témoigner.

Nous avons lu, mes Enfans, dans les Ouvrages de nos Auteurs les plus accrédités, de fort bonnes choses fur le duel : mais fans une éducation pour nos jeunes Gentilshommes qui prenne le mal à fa racine, elles feront toujours à-peu-près inutiles. Auffi, pour Roger, l'on a laiffé la belle théorie, & l'on a fait aimer les vertus fociales. Comment élève-t-on notre jeune Nobleffe? qu'infpire-t-on à cette portion précieuse de la Nation? L'honneur, diront les Inftituteurs publics, le courage, la fermeté, l'intolérance des injures qui pourraient enhardir un téméraire. Je conçois qu'il est utile d'inspirer ces sentimens, & qu'ils sont naturels. Que deviendrait une Nation pusillanime, qui semblable aux Paraguaïens, aux Péruviens, présenterait docilement le col au joug du premier Ambitieux? Il est naturel de repousser l'injure; il est souvent nécessaire de montrer, au moindre mot, qu'on ne craindrait pas d'exposer sa vie pour en avoir raison; loin que ces sentimens soient déplacés, ils sont des vertus... Je vois que je vous surprens, mes Enfans, & sur-tout Roger? Je ne me dédirai pas de ce que j'avance, mais je l'appliquerai: Vous savez que les hommes forment des associations générales, qu'on nomme Peuples, Royaumes, &c; que ces Associations sont toujours alertes, afin de profiter des fautes & des dispositions de leurs Voisins: éh-bien, c'est de Nation à Nation, que j'approuverais que tous les Membres d'un Etat montrassent une noble fierté, qui ne fût ni fanfaronade, ni taquinerie; c'est lorsqu'on a les armes à la main en temps de guerre, que je voudrais, qu'en toute rencontre, l'on déployât son courage, & que l'on se fît une réputation comme celle de ces anciens & preux Chevaliers, dont les noms ne mourront jamais. Il serait avantageux de paraître à nos Voisins autant de lions courageux prêts à défendre nos Femmes, nos Enfans, nos possessions. Mais qu'au sein de

la paix, deux hommes de la même Nation
s'attaquent avec des armes meurtrières &
s'entredétruisent, c'est un crime contre la
nature & contre la société : la honte, l'infamie la plus complète doivent en être la
peine : il faudrait que tout Citoyen qui s'y
ferait abandonné, qui romprait ainsi la chaîne sociale, pour réparation fût condané aux
travaux publics, sans égards pour sa naiffance ; puisque dans un État bien règlé, le
mal doit être doublement puni sur le Grand
(malheureusement tout le contraire existe) ;
cependant je puis dire qu'une Monarchie où
cet usage ferait invariablement pratiqué,
n'aurait que de bons Chefs & des Peuples,
heureux : l'homme aisé doit plus à la Société, il la trouble & l'offense davantage,
parcequ'il a plus de rapports ; aulieu qu'un
Indigent ne forme qu'un point ; les Grands
févèrement punis, n'opprimeront pas, ne
tromperont pas le Prince avec autant d'impudence ; leur peine contentera les Peuples,
qui les haïffent toujours, & leur fera bénir
la justice du Souverain. Voila ce que les Inftituteurs publics devraient ajouter à leurs leçons, en parlant des Duels.

Roger n'a point l'idée de cette frénésie ; il
fait qu'une des loix fondamentales de la Société, c'est que les Particuliers n'ont point de
droit sur la vie les uns des autres ; ils l'ont
remis, ce droit, au Chef de la Nation, afin
de l'affurer (dans le cas d'injure intolérable
& capitale) & d'en ôter tout l'odieux : il est

vrai que l'homme focial ne f'eft pas dépouillé des petites *vindications* , fur lefquelles les
Loix n'ont pas ftatué ; mais f'il eft fage , il
n'en use pas ; ce ferait à ne jamais finir ; puifque f'il fe venge , l'on fe *revengera* ; la vie
ne ferait qu'un *afticot* perpétuel. Sans-doute
le Marquis n'ignorait pas ces maximes ; &
fa conduite n'en doit paraître que plus criminelle , plus déraisonable. Dès que ce Jeune-homme fe fut imaginé que le Comte de
Saint-A* était l'Amant de Rose , toute fa fermeté l'abandonna : ce Fils dévoué , tout-prêt
à facrifier fon panchant , tant qu'il ne voyait
perfonne à-portée de profiter du tréfor dont il
fe privait , ne put foutenir la penfée qu'il ferait indifférent , & qu'un autre jouirait d'un
bien qu'il mettait au-deffus de tout. Ce fentiment eft dans la nature : un Amant croit
toujours fa chaîne facile à brifer , tant qu'il
n'a rien à craindre ; mais que l'Objet aimé
change le premier , c'eft alors qu'il éprouve
la force de fes liens , & que le defefpoir brife
fon cœur. A-la-vérité le Marquis ne fe livra
pas à la paffion de la jalousie fans la combatre : mais qu'eft-ce qu'une goute-d'eau pour
éteindre un incendie ?

Tandis que la fermentation concentrée
dans fon cœur, était fur-le-point de tout embrâser, Mme Du-Souhait & Rose elle-même,
dont une joie pure abreuvait l'âme, travail-
laient pour le Comte de Saint-A* , fuivant
les vues de madame de T***. Je vous ai pré-
venus fur le caractère de la vive Susette ; fa

conduite y va répondre : Cette Demoiselle avait appris, on ne fait comment, quelque chose des malheurs que l'amour venait de causer à la Comteſſe de J** ſa ſœur : il ſerait difficile d'exprimer à quel point ils effrayèrent cette aimable Inſenſible ; elle outra la vertu de ſon ſexe, & devint pour les hommes non-ſeulement retenue & ſévère, mais ſauvage, inacceſſible. Ce caractère, aſſés commun chés les Anciens, eſt fort rare dans nos mœurs ; mais enfin il exiſte encore, & deſigne ordinairement une âme honnête. Avec une Jeune-perſonne qui penſait de la ſorte, il falait ſuivre une route particulière, qui ſe trouvait câdrer aux principes que le Marquis de Saintamand avait donnés à ſon Fils. En effet, rebuté d'abord ſeulement parcequ'il était un homme, inſenſiblement il fut ſouffert, parcequ'il ſe montra raiſonable & vertueux. L'eſtime excluſive qu'il ſut gagner, la confiance qui la ſuivit, diſposèrent le cœur à la tendreſſe : mais les deux Amans, lorſqu'ils étaient enſemble, paraiſſaient ne ſ'intéreſſer que faiblement l'un à l'autre ; déja le cœur de Suſete était pris ; elle aimait autant qu'on peut aimer, qu'elle ne ſ'en doutait pas, & que perſonne ne l'aurait imaginé, tant ſon extérieur annonçait peu la tendreſſe, & tant la manière du Comte de Saint-A* était adroitement couverte. Voila quelles étaient les diſpoſitions des Perſonnages dont je vous fais l'hiſtoire, lorſque le Marquis, tourmenté par ſa jalousie, ſ'abandona aux ſuites de cette cruelle paſſion.

Un-jour le Comte de Saint-A* était dans le jardin avec Rose & Susette, suivant sa méthode, il donnait toute son attention à la première, qui, de son côté, le traitait assés bien pour que la jeune d'E*** le remarquât avec quelque peine : on le devinait à son air moins enjoué. Elle s'écarta pour bouder à son aise. Le Marquis la joignit alors ; & la petite Personne ne put s'empêcher de lui montrer un peu d'humeur contre le Comte. Un feu prêt à s'embrâser ne demande qu'un soufle. Le Marquis, persuadé que Saint-A* cherchait à se faire aimer de Rose, éprouva des mouvemens indéfinissables, parce que la raison & ses principes les contredisaient : mais enfin l'effervescence fut si grande, qu'elle l'emporta ; son humeur contre son prétendu Rival, parut dans sa réponse : Susette, sans le vouloir, l'augmenta par quelques-uns de ces mots vagues, tels que le dépit en suggère, & dont elle était bien loin de sentir la force. S'étant ainsi mutuellement aigris, aulieu de joindre Rose & le Comte qui venaient à eux, ils rebroussèrent chemin & rentrèrent. Come Mlle Du-Souhait n'entretenait le jeune Comte qu'à-cause de Susette, elle le quitta sur-le-champ, & se rendit auprès de celle-ci, qui lui batit froid. Durant le petit éclaircissement que Rose fut amener, & qui fut très favorable à Saint-A*, le Marquis demeuré seul, déchiré par la cruelle passion qui venait de s'envenimer, écrivit un mot à celui qu'il croyait plus favorisé que lui, pour l'engager à se trouver enfemble, & feuls, dans un lieu qu'il designa. Le Billet écrit, envoyé même au Comte de Saint-A*, le Marquis n'ôsait encore f'en avouer à lui-même le fecret & coupable motif. Il f'étourdiffait là-deffus, & tâchait de ne pas fonger aux fuites de fa démarche; fon imagination ne lui préfentait que Rose aimée, enlevée à fa flâme: il ne faurait vivre avec cette idée. Cependant une fombre horreur le pénétrait malgré lui: dans un moment de réflexion involontaire, il f'écria: *Que diront-ils!* Ces mots furent entendus de M. d'Arci, qui l'obfervait, & qui remarquant une agitation extraordinaire, redoubla d'attention le refte de la journée.

Le lendemain, il vit fortir fon Élève, qui prit le chemin de Vincennes, lieu du rendez-vous. Il fe difpofait à le fuivre, lorfqu'il aperçut le Comte de Saint-A* qui joignait le Marquis, & qui l'abordait avec le gefte de l'amitié. Cette intimité, qu'il croyait réciproque, l'aurait tranquillifé; mais Rose avait vu le Billet, & quoiqu'il n'y eût rien qui pût le faire regarder comme un *appel*, la fingularité du rendez vous entre deux hommes qui pouvaient fe voir à tout-moment dans leurs chambres, lui donna des inquiétudes, qu'elle venait de communiquer à madame Du-Souhait. Il fut décidé, qu'elles fe rendraient avec Sufette à l'endroit marqué, par une route différente, & que M. de T*** avec l'Inftituteur, fuivraient les Jeunes-gens fans en être vus. Tandis que tout cela f'exécutait, voici comment le Marquis en agiſſait avec ſon prétendu Rival.

Il n'était pas encore décidé ſur ce qu'il voulait faire. Arrivés tous deux au bois de Vincennes, ſon embarras ne pouvait ſ'exprimer, tant il avait honte de mettre au-jour ſa penſée. —Qu'as-tu donc, lui dit Saint-A* ? Je vois de l'égarement dans tes yeux ? —Ne me devinez-vous pas, répondit le Marquis, vous qui causez le ſupplice que j'endure ?... Je ſais que je ſuis injuſte, ajouta-t il précipitamment, & que je ne ſaurais prétendre à la main de Mlle Du Souhait : mais, ſi je ne me trompe, vous êtes dans le même cas, & l'on dit que c'eſt à la poſſeſſion de Mlle d'E*** que vous aſpirez : D'où vient donc en rechercher une autre, & me donner le mortel déplaisir .... Il n'acheva pas. Le jeune Comte lui repartit en ſouriant : —Quoi ! tu ſerais jaloux de Rose ? —Ce mot ne ſuffit pas, monſieur. —C'eſt pis encore ! Quant à moi, j'aime à voir Rose règner ſur tous les cœurs, & chacun ſ'empreſſer à lui rendre ce qu'on doit à ſon ſexe, à ſon mérite... —Vous êtes ſûr d'être aimé, peut-être ? —Crois-tu (dit malignement Saint-A* ?) en-effet ! elle me marque de la confiance, & m'a découvert des choses dont on te fait myſtère... Mais, que t'importe ? c'eſt de mademoiselle de Beaumont que tu dois t'occuper,... & ...je te le conſeille. —Monſieur, dit le Marquis, je vous en dis autant pour celle qui vous regarde. —Tu as l'air tout fâché, ce matin ! ce n'eſt pas ainſi

que l'on prie. ——Je ne prie pas, monfieur;
j'exige. ——Le mot eft dur, & j'exigerais auffi
que tu changeaffes de ton. (Dans ce moment
Saint-A* découvrait à quelque diftance M.
de Tav** & l'Inftituteur.) ——Monfieur, répondit le Marquis, fi vous euffiez offert votre main à Rose, j'aurais pu refpecter fon
choix dans votre perfonne: mais apprenez
que vous lui manquez, en cherchant à lui...
faire partager vos fentimens. ——Et vous,
monfieur, qu'avez-vous prétendu, en lui dé-
clarant votre paffion? ne lui manquiez vous
pas auffi? ——J'aurais trop de choses à vous
répondre là-deffus: mais accordez à l'amitié
la grâce que je vous demande. ——Mon cher
Marquis, croi que je me rendrais fur-le-
champ, fi tu devais offrir ta main & ta foi à
M.lle Du-Souhait. ——En ce cas, monfieur, je
ne vous prie plus; mais vous m'alez réduire
à la néceffité de recourir à des moyens fâ-
cheux, dont je fens toute l'irrégularité, je
dirais même la baffeffe: fouvenez-vous, monfieur, qu'une paffion violente, infurmonta-
ble m'excuse peut-être en partie; aulieu que
vous.... Nous fommes feuls; notre affaire
n'aura de fuite que pour le Vaincu... Dé-
cidons à la manière des anciens Barbares,
puifque la raison n'a plus de pouvoir fur
nous. ——Moi, Marquis! me batre, avec
vous! Un homme que M. de T*** amène &
retient au fein de fa famille, f'exposerait à
tuer le Fils unique de fon Bienfaiteur, ou à
l'être de fa main! vous me faites horreur!

[155]

—Il le faut, monsieur, reprit le Marquis avec hauteur, ou renoncer à tout entretien particulier avec Rose. —Je ferais un lâche d'y consentir, repartit le jeune Comte ; les sentimens qu'elle m'inspire seront éternels. —C'en est trop : défendez vous. —Que veux-tu faire de cette arme étincelante ? la rougir dans le sang d'un Ami ? je ne te découvre pas mon sein ; je laisse cette vaine rodomontade : mais je te répons fermement, que je ne veux pas me batre contre toi : montre-moi des Assacins qui en veuillent à tes jours ; & fussent-ils cent contr'un, je vole à ta défense. Ce que tu viens de me proposer, & mon refus, me coûteront peut-être la vie dans la première action contre nos Ennemis, puisqu'il faudra que je porte la bravoure jusqu'à la témérité, afin d'effacer la tache dont je viens de me couvrir à tes yeux : mais souviens-toi pour lors que je t'aurai sacrifié ma vie, comme je t'immole en ce moment l'honneur de préjugé—.

Saint-A* finissait à-peine ce dernier mot, que M. d'Arci vint se jeter à son cou, en lui donnant toutes les marques de tendresse & d'estime que méritait son refus ; tandis que M. de T*** s'avançait vers son Fils. Le Marquis demeura comme pétrifié de leur apparution subite. Le Comte de T*** le laissa quelques instans abîmé dans la confusion : ensuite il lui présenta doucement, quoiqu'avec force & sous le point-de-vue le plus capable d'effrayer, les effets nécessaires de sa coupable imprudence, & finit par des reproches touchans fur fon ingratitude envers des Parens qui ne l'avaient que trop aimé. Le Marquis reconnut humblement fes torts, & demanda grâce à fon Père ; il priait fur tout que madame Du-Souhait & fa Fille ne fuffent pas inftruites. M. d'Arci répondit à cela, que le fecret avec ces Dames n'était guères poffible, puifqu'elles étaient de la promenade, & que peut-être elles avaient tout vu. Sur-le-champ il fut les prier de f'avancer. Elles fortirent d'un détour, où leur voiture f'était arrêtée. La préfence de Rose & de fa Mère aurait accâblé le Marquis d'un redoublement de honte, fi l'intérêt qu'elles ne purent f'empêcher de montrer pour lui, n'avait adouci la fituation cruelle où il était. Rose avait les yeux humides : fes regards attachés fur le jeune de T***, exprimaient un mêlange de crainte & de reconnaiffance. Madame Du-Souhait fut un-peu févère à-la-vérité, mais comme une Mère qui réprimande un Fils qui vient d'échapper à quelque grand péril ; on careffait le Coupable en le grondant. Après que le premier mouvement fut calmé (& vous fentez combien de motifs en devaient tempérer l'amertume !) le jeune Saint - A* eut fon tour ; les Dames lui donnèrent mille éloges ; elles exaltèrent fa magnanimité peu commune, & fi loin de la façon de penfer de nos jeunes Fanfarons. M. d'Arci prit enfuite la parole, & dit à fon Élève : —Monfieur, d'après les exemples que vous a donnés & les fentimens que f'eft efforcé de vous infpirer

le plus tendre, le plus fage des Pères, le rôle
du Comte de Saint-A* devait être le vôtre—.
Il n'en fut pas quitte pour cette leçon : l'Inftituteur cherchait & réuffiffait à couvrir fa
démarche de ridicule ; & ce ne fut qu'après
une parfaite resignation de fa part, une difposition bien affermie de céder Rose à un
Amant digne d'elle, & qui la devait épouser,
qu'on dit au Marquis, que fa Mère alait paraître avec Mlle de Beaumont, & que M. de
V** venait de fa province pour voir le mariage de fes Enfans.

L'on en eft donc à ce moment, (que tant
de foins ont préparé !) qui doit mettre fin à
l'épreuve du Marquis. Il desire lui-même,
fans connaître le bonheur dont il va jouir,
une union qui le retienne dans les chaînes
du devoir; car l'état de fon cœur était fi pénible, qu'il aurait mieux aimé, je crois,
perdre l'efpérance d'un bonheur trop doux,
mais prefqu'impoffible, que d'y demeurer
plus longtemps. Le jour de l'arrivée de M. de
V**, madame Du-Souhait fit dire au Jeune-
homme, qu'elle voulait l'entretenir en présence de fon Ayeul : le Marquis vole auprès
d'elle, & trouve cette Dame avec Rose,
affises à-côté du refpectable Vieillard, qui
leur tenait la main. —Mon Fils, dit la première, nous avons prolongé beaucoup trop
peut-être une erreur qui nous fait fouffrir
autant que vous ; ma Fille & moi nous voulons qu'elle ceffe enfin : voila, mon chèr de
T***, l'Epouse que vos Parens vous defti-

nent——. A ces mots, le Comte de T*** paraît : le Marquis se précipite dans ses bras,
en lui disant : ——O le meilleur des Pères!
quoi! vous cédez à votre Fils? vous lui sa-
crifiez vos vues, vos arrangemens? Ah! dois-
je à mon tour..... devons-nous, mademoiselle (dit il en prenant la main de Rose)
profiter de tant d'indulgence? ——Votre Mère,
votre Ayeul & moi nous l'exigeons, continua
M. de T***. ——J'obéis; mais... ma Cousine?
——Elle est heureuse, dit madame Du Souhait. ——Je n'ai plus de vœux à former, s'é-
cria le Marquis avec transport. ——Et c'est par
vous qu'elle est heureuse, mon cher Marquis,
poursuivit la Dame... Quoi! tu n'as pas reconnu ta Mère à sa tendresse pour toi! ..
Mon cher Fils——!... Ce mot fut un trait de
lumière : le Jeune-homme, pressé dans les
bras de sa Mère, éprouva... ce qu'il faudrait sentir soi-même, pour en prendre une
idée : il adorait la prétendue madame Du-
Souhait; elle est sa mère; il s'écrie; il répète, —Je suis trop heureux pour un mortel!
Cependant il ne songeait pas encore que Rose
pût être M.lle de Beaumont, son âme, qui venait de s'élancer toute entière vers une Mère
chérie, n'avait pas la faculté de réfléchir.
Mais bientôt l'amour reprit ses droits; les
yeux du Marquis se tournèrent vers Hélène,
qui lui tendit la main, en prononçant ce mot
si plein de douceur dans les circonstances:
Mon Cousin! Qu'eût pu dire cet Amant?
Il se tut; mais il se portait tantôt entre les

bras de M. de Tav**, tantôt dans ceux de fa Mère, tantôt aux genoux d'Hélène ; il réuniffait les mains des trois auteurs de fa félicité, pour les couvrir de baisers, les preffer contre fon cœur. ——Ah ! guidez-moi, conduisez-moi toujours, f'écria-t-il enfin, anges céleftes qui travailliez en filence à mon bonheur ! Que j'étais infenfé de croire que je pouvais le faire moi-même & fans vous ! Ma Mère, ma tendre, ma refpectable Mère, mon cœur veut vous rendre le même culte qu'à la Divinité ; mon Père & ma digne Mère, voila mes Dieux visibles. ... Et vous, adorable Compagne que je reçois de leur main, croyez que de cet inftant, où mon âme eft libre de f'unir à la vôtre, je ne vous regarderai plus que comme la partie la plus noble de moi-même. Hélène ! ô ma Cousine ! j'aurais dû vous reconnaître à la pureté du panchant que vous m'infpirez——!

Après cet éclairciffement, l'on résolut d'avancer le mariage du Marquis, & l'on ne prit qu'un mois pour les préparatifs. Le bonheur du Jeune-homme lui paraiffait à fon comble ; mais ce n'était encore qu'une ivreffe ; la vraie félicité devait fuivre fon union avec Hélène. Ce fut l'exemple de celle-ci qui détermina Susette à fouffrir les foins du Comte de Saint-A* : jufques-là Mlle d'E***, qui f'était formé de l'amour une idée fauffe, toute opposée à celle qu'en prennent ordinairement les Pareilles, écoutait avec quelque chagrin les éloges que l'on fesait de fon Amant ; & loin qu’ils la fubjuguaffent, ils n’euffent fervi qu’à l’aliéner davantage, fans la reconnaiffance qu’Hélène montrait pour lui, à l’occasion de l’affaire de Vincennes. Ce moyen fut efficace, & nous verrons bientôt que ces petites Cruelles ne font pas les Femmes les moins tendres, quand une-fois leur tour eft venu.

Le jour du mariage fut une fête, finon brillante, du-moins très-utile pour tous les Vaffaux de la Maison de T***. Il fut célébré dans la terre principale: (*celle de S**). Le Comte avait prié, fix mois auparavant, tous les Chefs-de-famille de fes terres qui devaient établir des Enfans, d’attendre au jour deftiné pour l’union de fon Fils & de fa Nièce; promettant de reconnaître cette complaisance, en fe chargeant de l’achat des habits, des frais de noces, & de monter convenablement les nouveaux ménages. En conféquence, il fe trouva cent Jeunes-hommes avec leurs Promises: toute cette Troupe fut habillée, les Garfons comme le Marquis, au galon près, & les Filles de blanc avec la jupe rose, comme Hélène; celle-ci n’avait de plus que les garnitures & quelques diamans. Ce fut entre cette double haie d’Amans heureux que le Marquis & mademoifelle de Beaumont alèrent à l’autel. Dès qu’ils furent unis, les Curés des différentes Paroiffes marièrent chacun les jeunes Couples de fa dépendance. Comment peindre la douce fatiffaction du Comte & de la Comteffe de T***, celle de M. de V**, & de tous leurs Amis, M. de M***,

M.

M. d'E***, M. de Th**, M. de Saint-A*, dont le mariage n'était remis qu'à quelques jours ; celle de toutes les Dames de la maison d'E*** ; l'enchantement du Marquis ; la beauté d'Hélène, que le bonheur rendait plus éblouissante, & qui paraissait comme la Reine des jeunes Fleurs qui l'environnaient !

En sortant de l'Église, ce fut un autre spectacle : cent Vieillards des deux sexes formaient deux files, entre lesquelles marchèrent tous les Nouveaux-époux : ces Bonnes-gens, invités par le Comte aux noces de son Fils & de sa Fille, les bénirent en passant, & reçurent chacun un présent honnête ; ensuite ils furent traités durant deux jours dans le château, où ils partagèrent les divertissemens de la Jeunesse qu'on venait d'unir, & y présidèrent. Quand tout fut terminé, les Anciens & les Anciennes reconduisirent chés eux les Jeunes-gens, avec la même décence qu'ils avaient fait observer en les amenant.

Hélène & le Marquis, sans en parler à M. & madame de T***, voulurent contribuer au bonheur de leurs jeunes Paranymphes ; ils résolurent de leur partager la première année de leur revenu, & de se priver par-la-suite, en leur faveur, de tout ce qui ne serait que de luxe. (*L'on verra par une Pièce qui terminera cet Ouvrage, combien ils ont étendu & perfectionné cette heureuse idée.*)

Huit jours après le mariage du Marquis & de mademoiselle de Beaumont, celui du du Comte de Saint-A* avec Susette d'E*** s'accomplit à-son-tour. Ces deux nouveaux ménages furent heureux par des moyens presqu'opposés : Hélène tendre, longtemps adorée sans espoir, quoiqu'elle payât de retour ; Hélène, dans laquelle le Marquis voyait une Nièce chérie de ses Parens, la Fille du Chevalier de T*** & de Louise de V**, ne risquait rien à ne pas contraindre sa tendresse ; si la jouissance avait pû rassasier son Époux, il aurait suffi de lui rappeler qu'elle était Rose Du-Souhait, pour ranimer toute la vivacité de son goût. (M. de Th** était dans le même cas avec son Aglaé). Mais le Comte de Saint-A*, qui ne trouve dans sa Compagne qu'une Fille dédaigneuse, est obligé, pour être heureux, de l'aimer à sa manière. Il est des Maris brutaux qui triomphent pour-lors, arrachent les faveurs, font couler des larmes, & brâvent par des railleries dures une pudeur enfantine ou capricieuse : ces Insensés tarissent le bonheur dans sa source : il n'en est peut-être pas de plus doux que celui que procurerait une Femme du caractère de Suserre, à l'Époux qui suivrait la conduite du Comte de Saint-A*. Ce Jeunehomme avait su profiter des lumières, des conseils & de l'expérience de son Père.

—Avec les Femmes comme la vôtre, disait M. de Saintamand à son Fils, il faut toute la dignité maritale, sans morgue, sans dureté ; loin de-là, beaucoup de complaisance indirecte doit la tempérer ; mais il la faut *indirecte* autant que prudente, & que jamais

elle ne foit en défaut ; ce qui eft très-facile:
Il naît alors dans le cœur de la Jeune-épouse
une forte de confiance pour le Mari ; fon
peu d'importunité produit une fécurité qui
devient une habitude : dès qu'elle en eft à ce
point, les foins fans affectation peuvent devenir plus marqués : éh ! quelle volupté d'en
rendre de pareils ! il n'eft pas d'homme délicat qui ne les mette au-deffus de tous les plaisirs.
Vous poffédez cette qualité, mon cher Fils,
& je vous félicite du caractère de votre Femme, autant que de fon mérite & de fa vertu.
Il faut du reffort au cœur humain ; dès que
ce reffort eft détendu, plus de bonheur : mais
il n'a pas la même cause dans tous les Individus : autre eft la manière d'aimer de M. de
M***, dont l'Épouse eft une Minerve par la
fageffe, une Junon pour la dignité, & Vénus
par les charmes ; le mérite de cette Femme-
là eft fi relevé, elle gagne tant à être toujours
vue, que cela fuffit pour fixer : autre eft la
façon d'aimer du Vicomte de Th** ; elle eft
plus factice, c'eft-à-dire le réfultat de l'art
qu'ont employé fa Mère & fon Inftituteur ;
mais elle eft folide, parce qu'il eft raisonable, & qu'il trouve réunis dans la plus méritante des Femmes, tout ce qu'il ait jamais
aimé, par inclination & par devoir : autre
enfin eft la façon dont le Marquis de T***
aime fa Compagne : cette dernière a mille
appuis auffi fermes les uns que les autres : le
Marquis voit dans Hélène, Rose, fa Cousine, la Fille chérie d'une Sœur que fa Mère

adoraït, d'un Frère que le Comte de T***
pleure tous les jours; il voit en elle l'amie,
l'élève, l'imitatrice de la Comteffe de T***,
qui f'eft plue à la former pour fon Fils unique; il trouve dans Hélène l'objet le plus
aimable, un objet auffi précieux pour fes Parens que lui-même, puifqu'elle eft leur fang
& leur Pupille: avec l'éducation qu'il a reçue, le cœur que la Nature lui a donné, jamais le Marquis ne peut ceffer d'être l'amant
& l'ami de fa Femme; jamais il ne laiffera
tomber fur une autre un regard que la paffion ait dirigé. Pour vous, mon Fils, à qui
tout cela manquait, vous avez pour vous le
caractère de votre Épouse; ce fond de pudeur, d'honnêteté, qui me la font adorer à
moi même, & me confirment dans la foi que
madame de T*** m'a donnée à la vertu des
Femmes. —Vous oubliez un appui de ma
conftance, monfieur, répondit le jeune de
Saint A*; vous favez par qui Mlle d'E*** m'a
été donnée? —Non, je ne l'oubliais pas;
mais je fuis fûr qu'il eft nul à-préfent; Sufette remplit ton cœur & fuffit à tout—.

M. de Saintamand difait vrai, mes chers
Enfans; les jeunes Époux étaient tous également heureux. Je ne retracerai pas les détails de leur conduite; ils f'aimaient & fe le
prouvaient par les moyens les plus ordinaires;
c'eft-à-dire, en fe paffant leurs défauts, en
fe traitant avec des égards affectueux, en in-
terprétant bien toute action qui pouvait avoir
un côté desagréable; en uniffant toute la li-

berté des époux & des amis, avec la politesse
que l'on a pour des étrangers qu'on estime
&c. Une autre source de bonheur qu'ils dé-
couvrirent, ce fut de faire celui de leurs
gens : à l'exemple de madame de T***, qui
venait de marier sa Brigitte à l'honnête Des-
forêts, homme d'affaires de sa maison, la
jeune Marquise de T***, Léonore & Susette
s'occupèrent de l'établissement de Filles qui
les servaient, continuèrent de les garder, &
dirigèrent elles - mêmes l'éducation des Enfans qu'eurent ces Jeunes femmes. C'est par-là
qu'elles se préparèrent à former les fruits de
leur propre mariage, lorsque la Nature leur
en aurait donné.

Je ne vous ai pas dit que le Héros de cette
Histoire ait voyagé chés l'Étranger; c'est pourtant ce qui sert le plus à former la Jeunesse, &
ce qui doit complèter une bonne éducation:
le Marquis n'eut pas cet avantage, durant le
cours de la sienne, parce que le Comte
son père n'aurait pu l'accompagner. Mais si
M. de T*** crut pouvoir différer de faire acquerir à son Fils la connaissance des Peuples
qui nous environnent, c'est qu'il espérait que
le Marquis voyagerait plus fructueusement
dans l'âge de la maturité; les Jeunes-gens
ne voient quasi que les Femmes & les futilités
d'un pays; l'homme leur échape. Le Comte
disait souvent à son Fils: ——N'acceptez aucun emploi public, ne vous chargez d'aucune négociation dans une Cour, sans avoir
vu cette Cour & la Nation, sans connaître

les Grands & même le Peuple : autrement, l'on fe conduit en aveugle——. Il lui marqua le temps & les circonftances pour voir l'Europe ; c'eft à trente ans au plutôt, & lorfque notre Pays jouit de la paix.

Il me refte encore à vous parler du Marquis comme Officier, & rempliffant envers la Patrie le devoir facré de la défendre.

Deux ans après fon mariage, la guerre fe déclara : le feul gage qu'il eût encore de la tendreffe d'Hélène, était une Fille aimable : cependant il ne voulut pas différer, malgré le desir de le retenir que laiffaient entrevoir fes Parens ; parce que le fervice de la Patrie eft de première obligation pour l'homme focial. Jufqu'à ce moment le Marquis f'était comporté comme le doit un Officier honnête-homme envers le Soldat en garnison. Il f'agit à-préfent de montrer le véritable homme-de-guerre, f'expofant aux dangers, payant de fa perfonne, fachant guider avec prudence, en leur infpirant fon héroïfme, des hommes groffiers, &, ce qui eft bien d'avantage, des Colifichets amollis par les délices. ——C'eft un principe certain (quoiqu'on feigne d'en douter) que l'homme fans mœurs fait le mauvais Officier, comme le lâche Soldat; & c'eft bien à-tort que l'on a dit de nos Français, *qu'ils étaient à Paris d'aimables Sybarites, & de courageux Spartiates devant l'ennemi* : ce langage corrupteur, cette baffe adulation née de l'imagination échauffée de quelque Poète, eft aujourd'hui regardée comme un

adage par tous nos Jeunes-gens ; elle flate leur
présomption naturelle , & les difpenfe agréa-
blement de toute application : mais une fa-
tale expérience a montré combien l'on doit
peu compter fur des Voluptueux énervés.
Toutes les vertus font néceffaires à l'Homme de-guerre; il doit être chafte comme Scipion , desintéreffé comme Fabius, humain ,
généreux , fidèle à fa parole , actif & prudent
tout-à-la-fois : la bravoure de l'Officier fub-
alterne & l'impétuosité du Soldat, font utiles
le plus fouvent , quoiqu'aveugles ; mais la
valeur de l'Officier général doit toujours être
éclairée ; des principes fûrs, une circonfpe-
ction jamais démentie, & fondée fur une parfaite connaiffance du local , doivent être la
base de fon art, & le motif de fes moindres
démarches——. C'eft dans ces termes que le
Comte de T*** parlait à fon Fils de l'art de
la guerre ; il lui cita les plus fameux exemples de l'Antiquité : ——Voyez, continua-t-il,
la différence que les mœurs ont mise entre
les Grands-hommes : Sparte vertueuse eft invincible ; Sparte corrompue tombe au pouvoir des Nabis & des Machanidas : Épaminondas, le plus parfait modèle des Généraux,
le grand Épaminondas ne l'emporte-t-il pas
fur Alexandre, fur Annibal, fur Pyrrhus, fur
César ? Cette différence , imprimée par la
vertu , donne à la victoire un vernis de grandeur qui rapproche le Héros de la Divinité ;
auffi pour fe faire adorer comme le fils &
l'imitateur du premier des Dieux , Alexandre

n'avait qu'à ne se pas démentir. Scipion, toujours égal à lui-même, est le seul guerrier que je croie digne de marcher à-côté d'Épaminondas; tous-deux vertueux, tous-deux invincibles, & ne donnant rien au hasard, ils ne firent jamais aucune de ces fautes qui perdirent ou mirent à-deux-doigts de leur perte les autres que j'ai nommés. Quel mépris, ou plutôt quelle horreur ne devez-vous donc pas avoir pour la conduite trop ordinaire à nos jeunes Militaires, qui regardent leur état comme l'excuse & le manteau de tous les dérèglemens? Un Jeune-homme se permet il l'impudence, la taquinerie; affiche-t-il le faux courage, qui fait provoquer au combat un Citoyen paisible, ou l'offrir à son Ami; séduit-il la Mère de famille; enlève-t-il à des Parens peu soigneux une Fille la douceur de leur vie & l'espoir de leur vieillesse; *C'est un Militaire*, dit on! & tout est toléré. Abus horrible! le Soldat & son Guide sont dans un état saint, mon Fils; un état dont les anciens Grecs & les premiers Romains éloignaient les Esclaves & les hommes deshonorés: le Militaire est un homme dévoué, consacré; c'est le Prêtre de la *Sureté*, si l'on peut user de cette figure: d'après cette idée, qu'il doit prendre de lui-même, il aura du courage, & non de la fureur; il cherchera plutôt à gagner les Vaincus par son humanité, qu'à satisfaire sur eux une vengeance toujours injuste, puisqu'en se défendant, ils ont fait ce qu'ils ont dû : jamais il ne permettra qu'une ville foit mise au pillage; parce que c'eft toujours (parmi nous) une cruauté inutile. Repréſentez-vous à préſent, à la tête de nos Armées, un Homme perdu de débauche ; dont les affaires font délâbrées; qui fruſtre de ſon ſalaire l'Artiſan qui l'a ſervi ; qui voit ſans pitié la miſère de ſes Vaſſaux ; qui les opprime , les punit cruellement pour une pièce de gibier &c (*); que fera ce monſtre? Il trahira ſon Prince peut-être ! Mais ſi la crainte l'en empêche , il ſ'entendra avec les Fourniſſeurs des vivres , & ſe fera payer leurs malverſations ; il rendra la Nation odieuſe par des exactions dont il retirera tout le fruit; il vendra l'honneur & la vie aux malheureux , ou leur arrachera l'un & l'autre pour ſatiſfaire deux paſſions infâmes, l'avarice ou la luxure : par cette affreuſe conduite , il mettra les Peuples contre lui; en mille occaſions , les Troupes déteſtées du Payſan feront la victime de coups-fourrés , que leur indigne Chef n'aura pu ou qu'il aura négligé de prévoir , &c, &c. A-préſent, jetez les yeux ſur un

(*) Les Partiſans de la tyrannie féodale diſent, que ſi la chaſſe était permiſe au Payſan, il négligerait ſes travaux pour ſ'y livrer; & cette raiſon a paru excellente à nos prétendus Philoſophes-économiſtes qui n'ont jamais quitté Paris : cependant, pour ſe convaincre de la fauſſeté de cette belle théorie , il ſuffirait de jeter un coup-d'œil ſur les endroits où la chaſſe eſt parfaitement libre, comme Auxerre , &c ; le Cultivateur & l'Artiſan y donnent à-peine quelques momens perdus. Malheureux égoïſme des Gens riches, tu dégrades l'humanité, tu fais naître la tyrannie publique & particulière!

[170]

Commandant tel que TURENNE, & quelques-autres que la France a produits; voyez-les, préservant les Peuples de la brutalité du Soldat; donnant des ordres dictés par l'humanité, pour secourir les Blessés des Ennemis comme ceux de leurs propres Troupes; excitant ainsi l'estime, la reconnaissance, gagnant & des provinces par les armes, & les cœurs par leurs vertus. Vous sentez les avantages d'une pareille conduite, & combien elle assure, elle facilite les conquêtes——(*).

Le Marquis & les Amis dont je viens de parler, règlèrent leur conduite à la guerre sur ces avis de M. de T*** ; mais comme ils n'étaient pas Officiers-généraux, ils ne les exécutèrent qu'en petit : je ne vous détaillerai donc pas ce qu'ils firent, toutes leurs démarches étant subordonnées ; ils montrèrent du courage, ils furent humains, réglés dans leurs mœurs ; ils pratiquèrent des vertus particulières, & les plus estimables sans-doute, puisqu'elles sont journalières, qu'elles n'ont d'autre source que la bonté du cœur, d'autre

____

(*) Durant le siége de Paris par Henri-IV, ce Prince rencontra deux hommes que les Loix de la guerre envoyaient au gibet, pour avoir porté du pain aux Assiégés ; ces Malheureux tombent à ses piéds : — Nous n'avions pas, lui disent-ils, d'autre moyen de gagner notre vie. —Je leur fais grâce, s'écria Henri les larmes aux yeux ; ils ont nourri des hommes—! Il leur donna tout l'argent qu'il avait sur lui, en leur disant: —Le Béarnois est pauvre ; s'il avait davantage, il vous le donnerait——. Tant de magnanimité, jointe à la valeur, devait triompher de tous les obstacles.

recompenſe que la paix de l'âme. Ce ne fut pourtant pas la ſeule que recueillirent ceux dont je vous entretiens ; ils avaient des Épouſes auſſi vertueuses que tendres & belles, qui devaient leur tenir compte de tout le bien qu'ils auraient fait : prix flateur, qui ſurpaſſe infiniment tous les autres !

Mes chers Enfans, voyez Hélène, la ſenſible Hélène, voler audevant du jeune Époux qu'elle adore. Il doit arriver dans la journée avec ſes amis : le cœur de la jeune Marquiſe palpite ; elle ne peut tenir en place ; elle embraſſe ſa Mère, elle careſſe M. de T*** ; elle les prie d'avancer le moment.... L'on ſe rend à ſes desirs ; on part : Adelaïde, Léonore & Suſette ſont de la partie. A deux lieues de la Capitale, on rencontre un Homme à cheval ; Hélène le reconnaît ; elle fait un cri, lui tend la main comme lui voulant parler, & ſe jète à-demi hors de la portière pour voir la chaise du Marquis ; elle ne découvre que plusieurs Cavaliers, dont un devance les autres : il a de l'air de ſon Époux ; il approche ; c'eſt lui-même. Hélène ne ſe connaît plus ; elle tombe ſur les genoux de ſa Mère : état délicieux ! où l'âme ne ſuffit pas à tout ce qu'on ſent ! Le Marquis ſ'élance comme un trait ; ſes lèvres brûlantes raniment ſa jeune Épouſe........ Mes Enfans, ce moment fut peut-être le plus voluptueux de leur vie, mais je ne dirai pas qu'il fut le plus heureux : leur carrière n'eſt pas finie, & tous les jours ils éprouvent que leur félicité peut croître encore.

[172]

Peu de temps après le retour du Marquis, son Épouse porta de nouvelles marques de fécondité. La naiſſance de ce nouveau Gage d'une heureuse union, ne laiſſa rien à deſirer à la Famille de T ***, puiſque ce fut un Fils. Le bon vieillard M. de V** emporta cette conſolation au tombeau, où il deſcendit avec la tranquillité que donne une bonne vie. Il diſait à ſon Petitfils, quelques inſtans avant de ſ'éteindre : *Mon ami, l'heureuse vieilleſſe & la mort paisible ſont le fruit naturel d'une jeuneſſe innocente, ou réparée.* On donna des larmes ſincères à ce Vieillard, encore aimable dans l'âge de la caducité. Cette perte fut comme l'avantcoureur d'un autre malheur, d'autant plus difficile à ſupporter, qu'il était inattendu ; madame de T *** & ſes Enfans ſe virent enlever le cher auteur de leur félicité dans la perſonne du Comte......... Mes Enfans, le temps n'a pas encore tari leurs larmes; leur douleur eſt auſſi vive que le premier jour.

Depuis ce moment, le Jeune de T ***, qui ſe voyait privé de ſon Guide, eſt devenu mille fois plus attentif ſur lui même. Après la mort de M. d'Arci, qui ſuivit celle du reſpectable Comte, il quitta la Capitale, pour fuir juſqu'aux occaſions, & ſe conſacrer tout entier à l'éducation de ſes Enfans. M. Dorliſſe y demeura chargé de ſes affaires, & fut ſon correſpondant : c'eſt lui qui l'inſtruit encore aujourd'hui de tout ce qui ſe paſſe d'important, & de ce que ne doit pas ignorer un homme du rang du Marquis : dans les hautes

conditions on doit être sensible aux nouvelles
publiques; on doit les connaître, afin de saisir l'instant d'offrir son bras au Chef de l'État,
& d'être toujours prêt d'immoler son repos à
la Patrie.

[Le commencement de cet Ouvrage, *Tome I, page 87,*
est la suite naturelle de l'Histoire qu'on vient de lire.

M E R C R E D I, &c.

[*Je supprime en cet endroit les détails ordi-*
naires du Journal; je vais me contenter de
donner le précis de ce qui se passa durant
*le séjour à S** : ensuite je reprendrai les*
Entretiens du Curé.

M. de S* rappelle toutes ses occupations, depuis l'arrivée de sa Femme & de sa Fille.
Madame de S* (Hélène) gouvernait l'intérieur de la maison; Desirée exécutait les
ordres de sa Mère; Jeannette & Claudiche
les aidaient. Les travaux du dehors regardaient Charles & Roger, que secondaient
Nicolas & l'un de ses Frères. Lorsqu'on emploie le temps avec ordre; que le vin, le
jeu, la nonchalance n'en consument pas,
le Cultivateur aisé doit en avoir de reste pour
les exercices d'agrément; tous les jours, à
deux heures, les travaux étaient finis, & l'on
donnait la soirée à la lecture, à la Musique,
à la Danse, & à la conversation sur des matières intéressantes. Durant ces amusemens,
où des Jeunes gens aimables & d'un sexe différent se trouvaient ensemble, le sage Instituteur comparait les avantages & les incon-
veniens de cette manière d'élever: il ne tar-

[174]

da pas à s'apercevoir, que les premiers sur-
paſſaient les derniers, & qu'il n'était pas
de moyen plus efficace pour former aux deux
ſexes un caractère liant, poli; pour diminuer même une certaine fougue de paſſion,
effet ordinaire & dangereux de l'éducation
ſolitaire. Ces raisons le déterminèrent à faire
venir auprès de lui le jeune Antonin de T***
avec la petite Aglaé, qui tous-deux avaient
acquis déja cette politeſſe aisée & ce vernis de
grandeur qui ne s'effacent plus.

A-la-vérité les obſervations de M. de S* ſe
fesaient ſur des ſujets bien préparés; auſſi
n'était-ce pas tout-à-fait par eux que Char-
les jugeait; c'était par Nicolas, dont le
cœur était abſolument neuf. Rien de plus
amusant & de plus philosophique, que de
ſuivre le dévelopement d'une jeune âme,
lorſqu'on eſt dans un endroit où ce dévelopement ne peut être précipité par les exemples. Charles ſuivait ſes Élèves pas-à-pas;
il comparait les impreſſions que les mêmes
objets fesaient ſur chacun d'eux; dans ces
occasions, Nicolas, comme le Comte ſe
l'était promis, lui ſervait de thermomètre.

En-effet, ce Jeune homme, qui ne ſe communiquait pas & ſe concentrait toujours en
lui-même, ſentait les impreſſions les plus
légères; le Comte pouvait profiter de la
fineſſe de ſon tact, avant que l'usage l'eût
émouſſé, pour connaître juſqu'à quel point
il devait étendre la liberté de ſes Enfans,
& leur laiſſer voir le tableau d'un amour

ruſtique. Une occasion favorable ne tarda pas à ſe préſenter ; ce furent les noces de George & de Perrette qui la fournirent.

Mais avant d'entrer dans ces détails, le Comte parle des moiſſons ; de ce qui ſe paſſe entre ceux qui les recoltent, & des ſuites dangereuſes de la familiarité avec certains habitans des petites villes, qui portent dans les campagnes les vices que leurs Bourgeois ont imité des plus grandes, & même de la Capitale. Il raconte l'hiſtoire de toute une famille, qu'un homme de cette trempe avait corrompue ; ce Miſerable trompa l'une des Filles de la maiſon, fit engager un de Frères, porta l'autre à ſe faire laquais, perſuada celle qu'il avait abuſée & ſa Sœur d'aler ſervir à la ville, où elles ſe perdirent, &c.

Les noces de George ſuivirent les vendanges.

Voici comme le Comte lui-même trace une eſquiſſe de ces deux circonſtances :

Les vendanges nous donnèrent un ſpectacle abſolument nouveau pour moi-même. Vous avez entendu parler de cette naïveté gauloiſe dont on retrouve des traces dans nos anciens Contes & nos Fabliaux ; elle exiſte encore toute-entière parmi certains habitans du Morvant : ces Genſ-là n'ont pas de vignes ; de-ſorte qu'ils accourent en foule dans les vignobles vers le temps des vendanges, autant pour se raffasier de raisin, que dans la vue du gain à faire : Garsons & Filles, tout vient ensemble, tout couche pêle-mêle dans les granges & les greniers-à-foin, sans que jamais l'on ait ouï dire qu'il se soit rien fait contre l'honnêteté. Mais s'ils sont reservés dans les actions, ce sont de vrais cyniques dans le discours; ils nomment tout, & ne taisent rien. Je m'en aperçus un-peu tard, parce que durant la journée l'on était isolé. Roger riait de leurs propos, & s'éloigna; Nicolas rougissait, les écouta longtemps, & fut jusqu'à s'apprivoiser assés pour causer avec quelqu'une des jeunes-Filles. Je l'appelai : mais je me gardai bien de lui dire ce que je pensais. Ce qu'il venait de voir, les choses qu'il avait entendues apportèrent quelque changement dans sa manière : l'aveugle panchant qui le déterminait auparavant, était plus éclairé; Roger lui-même s'était instruit sans le vouloir. Ç'aurait été, sans mon attention extrême, un vrai mal; mais un Guide soigneux peut toujours en prévenir les suites, d'après la connaissance qu'il s'est

procurée

procurée du caractère & des dispositions de ses Élèves. Roger est éperdû-
ment amoureux de Desirée ; mais son
éducation, les lectures qu'il a faites,
les préceptes qu'il a reçus de vive voix,
& les exemples qu'il a toujours eus, en
font un être très-différent de l'homme
naturel ; c'est l'homme amélioré, qui
sait diriger le panchant qui le porte
vers son Amante, & le restreindre à
elle-seule. Nicolas aime aussi ; Jeannette est l'objet de ses vœux ; mais ce
goût de préférence n'empêche pas qu'
il ne soit prêt à suivre l'impulsion de la
nature ; il est sensible aux grâces de
toutes les Belles ; toutes l'occupent,
l'attirent & l'enflâment, quoique sub-
ordonnément à Jeannette. Comment
devinai-je si juste ? Non - seulement
par les regards du jeune Sauvage, &
par ses mouvemens plus expressifs que
ceux des autres hommes, mais encore
par ses écrits. Tout homme qui ne
se communique pas, & qui par conséquent pense beaucoup, a besoin d'ex-
haler quelquefois au-dehors le feu qui
le consume : s'il est trop timide pour
s'ouvrir avec un Confident, il s'en-

Tome III.   L

rretiendra avec les choses inanimées ;
ou s'il sait écrire, il écrira. C'est le parti
que prit Nicolas, & j'avais l'art de me
procurer ces écrits (toujours en vers).
Connaissant ainsi les plus secrettes
pensées d'un Jeune - homme qui ne
savait pas se contraindre , j'en conje-
cturais ce que Roger devait sentir plus
obscurément.

Comme j'en étais là de mes observations, les noces de Georges se firent.
On avait pris le temps où les semailles
achevées laissaient un loisir honnête.
L'assemblée fut nombreuse : Parens,
Alliés, l'on n'oublia personne. Il s'y
trouva des Jeunes-gens de tous les
endroits circonvoisins. La joie, la parure, une sorte de bonne-chère, le
charme des instrumens , quoique
champêtres & grossiers exaltaient les
passions : ajoutez une sorte de familiarité , qu'inspirent des repas à la même
table ; & vous conviendrez que dans
ces circonstances l'on se trouve exposé
presqu'aux mêmes dangers que dans
les cercles des villes ; il n'y a de différence que le manque de corruption ,
& de-plus, pour les Filles & les Fem-

mes la sobriété du vin ; elles sont aussi réservées dans l'usage de cette boisson que les Romaines des premiers âges.

Cependant Nicolas, quoique tout effarouché d'abord, cédait à ia curiosité : il fesait part de ses découvertes à son Ami.

—Que je suis ébahi, lui disait-il le soir du premier jour ! je viens de voir ce que onc n'avais vu ; mais ce que mon cœur me baillait à deviner, par ses chevrotemens. Il m'est avis que je pourrais m'évertuer à faire ce que ont vu mes yeux & ouï mes oreilles?

—Mais, lui dit Roger qui était aufait, ces choses-là ne sont permises que dans une union légitime : les caresses que vous avez vues, & qui vous ont ému, sont le privilége du mariage.

—Je le sais : adonc je souhaite ce doulx lien, dont les effects sont par si suaves & plaisans : & ne serais aucunement fâché de faire de l'avant-goût d'iceulx quelque essai qui me les rendît plus palpables—. Roger sourit, & voyant approcher Claudiche & Jeannette, il dit à Nicolas : —Tiens, consultons Jeannette ou sa Cousine ?

[180]

—Gardez que vous ne faſſiez une chose ſi hardie, ſ'écria le Sauvage, depeur que paravanture n'en fuſſent bleſſées leurs chaſtes oreilles, & que je n'ôſaſſe plus ſoutenir leurs faces courroucées. —Je badinais, reprit Roger, car je ſais bien que tu vas t'enfuir. —Non ferai-je, ſi je puis—. En-effet il demeura comme un brave, & pour la première fois l'entretien ſe noua. Les jeunes Filles eurent ſoin de mettre le Sauvage à ſon aise, & Roger ſ'aperçut bientôt qu'elles l'apprivoiſeraient le plus aiſément du monde. Jeannette, qui cherchait à oublier ſon Cousin, n'aurait pas été fâchée de fixer ce Jeune-homme; elle l'encouragea, en demeurant dans les bornes de la retenue. Elle réuſſit. J'avais déja remarqué, que le goût vague pour un ſexe différent eſt la perte des mœurs; mais que ſi l'on donne à ce panchant naturel un objet fixe qui ſoit honnête, il en prévient la corruption ou les épure. Ce fut auſſi l'avantage que retira Nicolas de ſon inclination décidée pour Jeannette. Mais il n'eſt pas d'Amans auſſi téméraires que ceux qui donnèrent dans un excès de timidité; loin de penser jamais qu'ils s'émancipent trop, ils s'imaginent toujours n'en pas faire assés, sur-tout lorsqu'ils ont des passions violentes. Aussi Jeannette ne tarda-t-elle pas à se voir obligée de réprimer l'Amant qu'elle avait cru pouvoir enhardir. Pour-lors, la passion de Nicolas, sans changer d'objet, se généralisa : les hommes de ce caractère aimeraient leur Maîtresse dans toutes les femmes; aulieu qu'un Amant ordinaire, s'il est vertueux comme Roger, n'aime les femmes que dans sa Maîtresse. Le jeune Sauvage, excité par les leçons des Morvandaises, que la noce venait de réveiller, s'émancipait à la dérobée. Je l'aurais arrêté de bonne heure; mais je voulais pénétrer Roger, qui avait tout-à-la-fois l'exemple & soi-même à combattre. J'eus lieu d'être satisfait : cet aimable Garçon vint m'ouvrir son cœur ; il ne me déguisa pas un seul de ses mouvemens; & mes conseils lui rendirent toute sa tranquillité.

Après le tumulte des noces, ce fut Roger seul qui corrigea Nicolas, &

lui donna l'idée des bonnes-mœurs, qu'il ne connaissait que très-superficiellement, à-cause de l'isolement dans lequel il avait toujours vécu. J'observai néanmoins qu'on ne pouvait guères s'assurer d'un homme dont les sens étaient si facilement remués. En conséquence je proposai de le marier. Le Procureur & la Grand'Jeanne y donnèrent les mains, après quelques difficultés que je levai. Nicolas épousa donc Jeannette. Le mariage est un remède assuré, lorsqu'on demeure à la campagne, & que l'on est dans une condition commune ; les mœurs publiques, le manque d'occasions , font qu'un Mari & qu'une Femme sont tout entiers l'un à l'autre. Il n'en serait pas de-même à la ville ; ce séjour est pour tous les âges un écueil aussi dangereux que certain.

A l'occasion du mariage de son Ami, Roger me fit une prière bien séduisante : il avait mis Hélène dans ses intérêts, & madame de T*** elle-même le secondait. Cependant je résistai : votre jeunesse, ma Fille, ne fut pas mon seul motif : il faut que le cœur

& l'efprit de l'homme foient abfolument formés, avant de le rendre chef
d'une maifon; je me fuis aperçu que
le mariage, aumoins durant quelques
années, refraidiffait l'ardeur néceffaire pour faire des progrès rapides;
ce n'eft qu'au bout d'un temps, fouvent affés long, que cette ardeur renaît, excitée par la vue d'une famille
naiffante, qu'il faut foutenir, avancer:
aulieu que le Jeune-homme qui afpire à la main d'une Maitreffe chérie,
eft plein de feu, & qu'on n'a befoin
que de le bien diriger dans toutes les
fciences auxquelles on veut l'inicier.
Une condannable facilité ne devait
donc pas m'expofer à voir échouer les
juftes efpérances que me donnaient les
commencemens de Roger. Et comme il était auffi raifonnable que foumis, je ne lui déguifai pas ma penfée;
je l'exprimai feulement de-manière à
lui faire comprendre, que c'était la
plus forte preuve que je puffe lui donner de ma tendreffe.

Nous abandonnames la campagne,
vers la fin de novembre, après neuf mois
de féjour, pour nous rendre à la Ville,
fuivant mon plan. C'eft un autre or-

dre de choses qui va se présenter; je serrerai les détails les plûs qu'il sera possible, pour ne point trop grossir ce Journal, & je ne retracerai que les faits les plus importans. Mais avant que d'entrer dans cette nouvelle carrière, je vais rendre-compte de quelques entretiens intéressans que nous eumes avec notre Curé de S**, sur la sphère, sur les trois règnes *minéral*, *végétal*, & *animal*; la théorie du Pasteur sur ce dernier, m'a paru absolument neuve.

LUNDI.

Entretien sur la Sphère, & les trois Règnes.

AVANT que de vous parler des productions de notre Globe, il faut établir sa relation avec les autres êtres semblables à lui, ceux qui lui sont inférieurs, & ceux qui le surpassent en excellence. Comme je vous l'ai fait entendre, notre monde est composé d'un Soleil, de seize Planètes connues, & d'un nombre de Comètes que n'est pas déterminé, mais qui surpasse celui de cent. La Terre est la troisième Planète en ordre depuis le Soleil; les deux plus proches cet Astre-principe, sont Mercure, qui s'en trouve à 13 millions de lieues dans sa distance moyenne, & Vénus qui en est à 22 ou 23 millions. La Terre est à douze ou treize millions de lieues de Vénus, & à près de trente-cinq du Soleil dans son *aphélie*, c'estàdire le point

de

[185]

de fon orbite alongé où elle eft le plus éloignée du Soleil; dans fon *périhélie* elle f'en
rapproche à 34 millions ou 33 millions 5
cent-mille lieues. La Lune, fatellite de notre globe, autour duquel elle tourne à une
diftance de quatre-vingt-quatre mille lieues,
décrit la même ellipfe que la Terre, de l'orbite de laquelle jamais elle ne fort, ne fesant à
chaque révolution que changer de place avec
la Terre; dans fon plein, elle eft plus éloignée du Soleil, & plus proche dans fa nouveauté; la Terre, dans le premier cas, eft entre le Soleil & la Lune; dans le fecond, la
Lune paffe entre le Soleil & la Terre. Nous
conaiffons donc notre place dans notre monde; nous fommes la troisième de feize Planètes visibles; nous fommes une Planète principale, & par-conféquent nous jouiffons d'une
température plus convenable aux êtres vivans,
que les Planètes fécondaires ou Lunes, qui
n'éprouvant, à en juger par notre Satellite,
qu'une rotation fort lente fur leur axe,
(on croit que la Lune eft 27 jours un tièrs à
faire fur elle-même un tour entier (*), que la

(*) Si la Lune ne fait fa révolution fur fon axe qu'en
29 jours (y compris un jour deux tièrs pour ratraper le
lieu de la conjonction avec le Soleil) fon année fera
compofée de douze grands jours 11 heures, & d'autant
de nuits, chacun d'environ treize de nos jours avec leurs
nuits & feize heures, fous l'équateur de la Lune : or
l'on imagine aifément, que fi le Soleil dardait avec con-
tinuité fes rayons auffi longtemps fur notre globe, même où la fphère eft oblique de 49 degrés comme à Paris, quelle chaleur il y produirait ! Je penfe que la raifon pour laquelle nous ne voyons pas d'atmofphère à la

Terre achève en 24 heures) doivent éprouver une grande chaleur, fuivie d'un froid pro-
portionnel à la longueur de la nuit ; ce qui
doit faire paſſer les être qui les habitent, par
des extrêmes préjudiciables. Mais ſi nous ſa-
vons notre place & notre titre dans le do-
maine de notre Soleil (qui eſt le véritable
Maître de tout ce qui circule autour de lui,
& par lui, tout le mouvement de ce monde
étant imprimé par le Soleil (*), comme tout

Lune, c'eſt que la chaleur continue le raréfie prodigieuſement & ne permet pas aux nuages de ſ'y conden-
ſer : mais il eſt à préſumer que durant les longues
nuits il pleut, ou qu'il tombe une roſée très-abon-
dante. Et comme la riche Nature varie tout, même en
ſuivant l'uniformité, nous pouvons plus que conjecturer
que les Animaux de notre Satellite ſont conſtitués de
manière à dormir preſque toute leur nuit, & à ſe ſoutenir ſans trop de fatigue durant leur grand jour. [*D'habiles Aſtronomes prétendent que l'inégalité de chaleur eſt fort peu
ſenſible, attendu que l'orbite de la Planète & celui du Satellite
combinés formant une épicycloïde ou courbe rentrante, ces deux
globes ſont tour-à-tour à la même diſtance du Centre commun :
Auſſi le Curé n'appuie-t-il pas ſon opinion ſur la diſtance, mais
ſur la durée des jours.*

(*) Tout le mouvement de notre Syſtème eſt imprimé par notre Soleil ; c'eſt une vérité : mais cela ne veut
pas dire que la Terre reçoive du Soleil toute la détermi-
nation de ſon mouvement ; les autres Planètes influent
ſur elle plus ou moins : lorſqu'elle eſt dans ſon aphélie
ou ſon plus grand éloignement du Soleil, on peut éva-
luer ces forces des Planètes dans leur périgée, ou plus
grande approximation de la Terre, à un retard annuel
qui ſera d'une tierce pour MERCURE, de 5 ſecondes 20
tierces pour VÉNUS ; pour Mars de 5 tierces, pour JU-
PITER quaſi de 7 ſecondes ; & de 22 tierces environ pour
Saturne. Total des retards par an, 12 ſecond. 44 tierces.
Ces différentes attractions empêchent ainſi que la Terre

[187]

le mouvement de l'Univers est imprimé par le
Soleil des Soleils ou Dieu (*) si, dis-je, nous
connaissons notre place dans notre monde
particulier, nous ignorons notre véritable
rang dans l'Univers, & s'il peut y avoir des
mondes plus parfaits, dépendans de Soleils
plus excellens que celui qui nous fait vivre.
Nous ne pouvons guères le présumer : ce qui
est parmi nous, semble être *nécessaire*, & par-
conséquent le mieux possible : d'ailleurs, nous
trouvons réunies sur notre globe les deux ex-
trémités du chaud & du froid ; il y a parcon-
séquent un milieu où la température est parfaitement égale, où l'on ne sent que ce qu'il
faut de l'une & de l'autre.

Je me rappelle, à cette occasion, qu'en
montrant la Sphère à quelqu'un, il me parut

---

ne soit toujours à la même distance de son Centre, &
font qu'aulieu de décrire un cercle (comme l'exigerait la
force égale du Centre) elle forme une ellipse, dont la
partie la plus éloignée du Soleil se trouve dans la conjonction de la Terre avec la Planète qui l'attire davantage.

[*Cette cause, toute satiffesante qu'elle paraît, n'est pas assés clairement exprimée : Il est certain que s'il n'y avait qu'u-
ne Planète dans notre système, elle décrirait un cercle : c'est
la coordonnance de plusieurs Planetes qui leur fait décrire des
ellipses. Quant aux Comètes, c'est de-même une coordonnance
entr'elles qui regle la direction de leurs orbites : il est probable que
leur mouvement particulier eut pour première cause une force pro-
jectile du centre du Soleil bien supérieure à celle qui lança les Planètes. Peut-être sont-ce des Planètes déviées ; peut-être les Comètes
sont-elles de la nature des Soleils ? alors (seulement) il serait vrai
qu'elles pourraient parcourir l'Univers, comme le dit Lambert.*

(*) Cette idée ne va pas contre ce qu'enseigne la Religion ; les connaissances théologiques de la Divinité pou-
vant être le résultat des physiques, quelles que soient
ces dernières, que nos Livres sacrés ne détaillent pas.

éronné de ce que la moitié du globe était in-
habitable par le froid. Je ne manquais pas de
raisons pour juſtifier la Nature, ou la Sageſſe
par excellence : en voici deux que je donnai
ſur-le-champ : —Il ne faut pas croire que ce
ſoient ici de ſimples lacunes , un *deficit* , un
manque, & ſeulement une ſuite de la conformation de tout globe tournant autour du centre qui l'échauffe ; outre que ces deux extré-
mités froides peuvent être d'une abſolue néceſſité pour la conſervation de la Planète elle-
même , ce qui ſerait une conſidération bien
ſuffiſante ; outre que les contrées inhabitables
pour des hommes & pour quelques autres eſpèces d'animaux, loin d'être deſtituées de vie,
nourriſſent au-contraire deſſus & deſſous les
glaces, des oiseaux de différentes eſpèces , &
des poiſſons d'une grandeur énorme , dont un
ſeul abſorbe plûs de particules organiques ,
que des myriades d'animalcules des contrées
chaudes ; c'eſt que ſans les glaces réfrigéran-
tes des pôles, il n'y aurait preſque pas d'endroit entre les deux cercles polaires où la chaleur fût ſupportable : à Paris, où l'on a la
ſphère oblique de 49 degrés , il ferait une
chaleur qui tuerait les Animaux & grillerait
les Plantes : jugez des pays qui ont la ſphère
droite. Ce n'eſt pas tout : vous avez ouï parler des Comètes, de ces aſtres à chevelure ou
à queue, qui de temps à autre reparaiſſent
dans l'eſpace : quelle que ſoit la nature de ces
globes, quelques-uns traverſent l'orbite de la
Terre , & peuvent ſe trouver avec elle dans

le même point de cet orbite, ou n'en être qu'à treize mille, dix mille, mille lieues : dans la supposition de treize mille, un célèbre Astronome a calculé qu'une Comète de la grosseur de notre globe, pouvait occasionner un déluge qui le submergerait, à raison de l'attraction qu'elle exercerait sur les eaux de notre mèr, comparée à celle qu'y exerce la Lune ; & pourrait la brûler, au second point d'intersection, après que la Comète aurait passé par son périhélie, ou l'endroit de son orbite excentrique le plus proche du Soleil : or dans ce dernier cas, la Terre éprouverait une conflagration générale ; d'abord les eaux seraient toutes réduites en vapeurs, & mêlées nonseulement avec l'air, qui lui-même serait considérablement dilaté, mais encore avec les parties bitumineuses du globe, qui s'enflâmeraient : Dans cette universelle destruction, s'il restait aux Animaux & aux Plantes quelque moyen de salut, je pense qu'il ne pourrait être du qu'aux glaces des deux pôles, qui n'auraient pas l'aspect de la dangereuse Comète, puisqu'elle fait sa route dans l'écliptique (*) ? Ces glaces fondraient à-la-vérité ; mais elles pourraient, vu le temps extrêmement court de l'approximation de la Comète, conserver à une petite partie de l'atmosphère

---

(*) Non-seulement la Terre a cette ressource, mais la Nature en a ménagé d'autres encore, dans les hautes montagnes, qui plus élevées sous la zône torride que par-tout ai leurs, sont de favorables glacières, qui tempèrent la chaleur ; telles sont les Cordilières au Pérou.

un degré de fraîcheur suffisant. *CHARL.* Les
Comètes (supposé qu'elles soient des Planètes) peuvent-elles être habitées ? *Le CURÉ.*
Je n'en douterais pas : tout est vie dans la matière, comme je le dirai bientôt : mais de
quelle nature seront ces habitans ? il est à présumer qu'ils diffèrent de tout ce que nous
pouvons imaginer. *ROGER.* Et les Soleils,
monsieur ? *Le CURÉ.* Je leur crois de même
des Individus qu'ils nourrissent directement :
J'imagine même que ces Êtres ont une intelligence infiniment supérieure à celle de
l'homme ; & le Philosophe Aristote le pensait de-même ; —Le Ciel, dit-il, ou le Soleil, source de génération, engendre aussi,
mais des Êtres plus parfaits que ceux que nous
voyons——. Il admettait des existances vivantes dans Saturne & dans Jupiter. Je n'entens
pas que l'autorité d'Aristote vous subjugue,
elle ne m'a pas déterminé ; mais à titre d'ancien Philosophe, il est agréable pour moi
d'avoir été de son avis avant de l'avoir lu......
Cependant restons-en là ; car ce serait une
folie de prétendre prouver aux autres une opinion que j'aime, que je tiens de mon sens intime ; & voila tout.

Il est plus que probable qu'il y a eu des révolutions causées par les Comètes, & qu'il
y en aura par la suite : nous lirons des Ouvrages (*) très-bien faits sur toutes ces matières. Rappelons maintenant en deux mots,

---

(*) L'Histoire-Naturelle, T. I, &c ; Physique Expé-
rimentale de l'Abbé Nolet, T. VI, au commencement.

[191]

l'origine de notre globe & des autres Planètes. Leur source est le Soleil ; il est le géné-
rateur & comme la fabrique de notre monde ;
les Planètes & les Comètes en sont nécessairement sorties après leur formation, comme
il est lui-même sorti du Soleil-principe unique, ainsi que tous ses pareils, qui s'y doivent absorber, après des révolutions inappré-
ciables par des existances tels que nous, pour
être ensuite tour à-tour reproduits : car il n'y
a qu'une unité de vie dans la Nature ; (&,
comme je l'ai dit précédemment, qui nierait
un Dieu, un Principe universel intelligent,
source de cette unité de vie, qui a des nuances infinies, assurerait des effets sans cause ;
ce qui est une absurdité) : les Planètes seront
de-même (indépendament de toute autre révolution particulière) absorbées dans leur
Soleil, précisément comme les Animaux &
les Plantes sont absorbés dans leur Planète,
pour être ensuite reproduits(*); la marche de
la Nature est par-tout la même; sa majestueuse
uniformité n'est pas moins admirable que son
infinie variété dans les formes... Oh ! quelle
idée je me forme de la Divinité centre de
tout, embrassant tout, animant tout, ab-
sorbant tout, pour tout reproduire, & donnant à tout l'intelligence qui lui convient,
soit qu'on le nomme instinct ou raison ! Être
unique, combien je t'aime, & que mon existance s'élève & s'annoblit, lorsque je la vois

____

(*) Cette comparaison du Curé est parfaite : Qui a
produit, peut *naturellement* absorber, & reproduire.

en toi !.......... Je vous ai fait entendre que je croyais le Soleil (1) & les Planètes des êtres doués d'une intelligence proportionnée à leur importance dans l'Univers (2) ; que l'immensité de ce que nous appelons l'*espace* est aussi plein de ces peuples célestes qu'il le peut être pour leur laisser la liberté d'agir ; qu'ils ont un langage qui leur est propre, & dont nous pouvons avoir une idée par analogie, puisque nous sommes en petit ce qu'ils sont en grand &c.

Voyons maintenant ce qui concerne uniquement la Terre notre mère ; examinons la différente situation de ses parties, relativement à nous, & aux apparences célestes qui nous indiquent ses mouvemens. Je ne vous donnerai pas dans nos Entretiens, les notions que renferment toutes les Géographies ; elles vous sont familières, à ce que j'ai vu ; je ne ferai qu'y suppléer.

Le mouvement de la Terre est régulier ; elle parcourt en un jour autour du Soleil une

---

(1) Quelle folie de dire, comme certains Philosophes, que le Soleil est audessous de la dernière des existances animées de son Système ! La partie vaut donc plus que le tout ?

(2) Qu'on ne dise pas que rien n'indique l'organisation de notre globe : — S'il y a quelqu'espèce d'organisation régulière (dit l'Historien de l'Académie cité par M. *De-Buffon*) elle est plus profonde que tout ce que les hommes ont pu creuser, & par-conséquent nous sera toujours inconnue, & toutes nos recherches se termineront à fouiller dans les ruines de la croûte extérieure ; elles nous donneront assés d'occupation——.

portion

portion de son orbite relative à son éloignement de cet Astre , & au degré de vitesse qu'a
le mouvement du Soleil sur lui-même , diminution faite de la résistance des milieux : cette
portion d'orbite parcourue en un jour , est
d'environ six cents mille lieues ; l'orbite entière sera par-conséquent de deux-cents-dix-
neuf-millions de lieues environ. L'on a commencé de s'apercevoir que cet orbite n'était
pas exactement circulaire , par la planète de
Mars , en déterminant sa distance au Soleil
en deux points de l'orbite de cette Planète ;
& bientôt l'on s'est assuré que toutes les autres étaient dans le même cas. C'est en conséquence de l'ellipse décrite par la Terre, que
des douze signes du Zodiaque (vous savez ce
que c'est (*)), les six septentrionaux paraissent
sur l'horison dix jours de plus que les signes
méridionaux ; 1, parceque notre globe, durant
l'été septentrional , étant plus élevé , c'est-à-
dire plus loin du Soleil, l'on découvre une
plus grande portion de l'écliptique : 2 , dans
tous les pays en-deça du Tropique du Can-
cer , les signes méridionaux étant moins élevés sur l'horison , doivent paraître plutard,
& disparaître plutôt.

Il ne sera pas inutile de vous dire un mot
de la Centrification, c'est-à-dire , de l'adhérence réciproque des parties d'un tout. Les
causes de la centrification sont le mouvement
même ; le corps étant également poussé, l'obstacle qu'il éprouve étant égal, ses parties

______

(*) *Voyez* l'Abbé Nollet, Tome VI, *page* 108.

doivent demeurer unies, par cela même qu'il n'existe pas de cause de séparation : de plus, ces parties doivent s'attirer parce que dans toute masse qui tourne sur elle-même, le centre tend nécessairement au repos, & toutes les autres parties de proche en proche à s'y amonceler, pressées par les plus extérieures, qui fesant continuellement effort pour écarter le fluide dans lequel elles nagent, en sont continuellement nécessitées à se fouler : or ce fluide, capable de presser, parce qu'il est la seule matière résistante, n'est pourtant pas assés dense pour séparer la moindre particule de l'air; comme l'air foule bien les eaux, les pénètre même, sans pouvoir en emporter des molécules, à-moins qu'elles ne soient évaporées par la chaleur. L'air pressé de tous côtés par l'éther, pèse à-son-tour sur la surface du globe, & il est une seconde cause du poids des corps. Mais quelle est la source de cette attraction que les différens globes exercent les uns sur les autres? La raison en indique une; chaque Planète fait un vaste sillon dans l'éther, qui se précipite pour remplir le vide quand elle est passée; lors donc que deux Planètes se trouvent en conjonction, chacune d'elles est un peu attirée par le courant d'éther que l'autre a formé. Quant à l'attraction du Soleil, on peut se la représenter comme l'effet d'un tournoiement semblable à celui des goufres de la mer; il attire & repousse alternativement une fois par an : & c'est ici, comme vous voyez, la principale cause de l'excentricité de l'orbite des Planètes.

L'on pourrait même tirer de là des inductions pour découvrir la cause de l'exceſſive excentricité de l'orbite des Comètes.

Je n'entens pas néanmoins vous donner cette cause de la centrification comme la ſeule: dans mon hypothèse, la Terre étant un Être organiſé, ſes différentes parties ont une adhérence de tenacité, comme celle qu'ont nos corps: mais la cause que je viens d'aſſigner a toujours lieu pour l'air & pour l'envelope du globe, composée de particules qui paraiſſent n'avoir aucune liaison néceſſaire.

C'eſt de ces particules que naquirent les Plantes, les Animaux, & les Minéraux même, qui ſont le produit des ſucs d'une envelope plus intérieure que la terre-végétale.

Vous ſavez que les différens points du globe comportent diverſes productions, à-mesure qu'ils ſ'éloignent de l'Équateur, ou de la ligne médiale de la Terre: elles ſont à-peu de chose près les mêmes entre les deux Tropiques; ſ'il y a quelque différence dans les productions de cette Zône, que l'on nomme *Torride*, elle ne vient que des montagnes, des plaines &c. A-mesure que l'on avance en-deça du Tropique, les productions changent en apparence: ſi de la Zône tempérée, qui tient du Tropique au Cercle-polaire, on paſſe à la Zône glaciale, c'eſt à-dire du Cercle que je viens de nommer juſqu'au pôle, l'on trouve une différence qui paraît abſolue, mais qui pourtant a toujours été de nuances en nuances pour l'Obſervateur éclairé.

Nous connaiſſons donc la matière de tou-

[196]

tes ces productions : je viens de l'indiquer, c'est la sudation & la crasse de la Planète. Nous conaissons encore les cinq élémens dont le globe est composé, ou environné : la terre & l'eau forment sa masse, de-manière que l'eau non-seulement lie les parties, mais qu'elle est encore un fluide qui se prête au mouvement de la Planète & maintient l'équilibre; l'air est une dernière coûche fluide-élastique, qui achève de donner à la Planète une parfaite rotondité; le tout est pénétré par le feu, & nage dans l'éther. C'est dans l'air que se forment les vents, & que montent les exhalaisons sulfureuses, combinées avec l'eau, qui s'évapore continuellement, & qui s'élève, à raison de ce que réduite en vapeurs par la chaleur du Soleil, elle se trouve spécifiquement plus légère que l'air : toutes ces exhalaisons, qui font l'effet de la transpiration de la Terre, forment les nuages, & font la cause des ouragans, ou vents extraordinaires & violens; parce que l'air, en recevant ces corps raréfiés, se déplace de proche en proche; & comme il y a toujours des nuages dans quelque partie de l'atmosphère, que la quantié n'en est jamais la même, l'air est toujours agité : (j'ai précédemment indiqué la cause générale des vents, c'est la chaleur du Soleil; celle-ci n'est qu'une cause secondaire). L'eau montée en vapeurs jusqu'à un point de l'atmosphère où la reverbération de la chaleur du Soleil ne l'échauffe plus suffisamment, cesse d'être vapeur, se réunit, & retombe par son propre poids. Or, comme en été la cha-

leur du Soleil est plus vive, elle raréfie davantage les vapeurs, & les fait monter plus
haut, où non-seulement elles se condensent
plus promptement, mais encore se congèlent,
& forment la grêle. Vous me direz, Il doit
donc grêler tous les jours sous la Zône
torride? Non; les pluies y étant continuel-
les durant toute une saison, les vapeurs qui
les fournissent se condensent à une élévation
médiocre. La neige ne tombe guère que dans
les pays froids ou sur les montagnes; elle doit
se former très-bas, & peut-être au-dessous de
la région des pluies; la cause est un refroidissement assés égal de l'atmosphère, qui con-
gèle les vapeurs encore éparses, mais qui néanmoins n'ont plus la force de s'élever. Les
exhalaisons sulfureuses mêlées avec l'eau forment les tonnerres : il y a toute apparence
que ces matières, qui montent extrêmement
dilatées, comme l'eau, se rassemblent comme
elle & par les mêmes causes ; que rassemblées,
elles s'électrisent par leur propre contact, &
s'enflàment naturellement par masses plus ou
moins considérables: vous concevez par-là,
qu'à-proportion des masses & de leur direction, le tonnerre peut tomber sur la terre ;
mais qu'il faut que la masse électrisée ait une
matière suffisante, & la direction perpendiculaire ou approchant; que si la masse est
insuffisante, ou que la direction soit horison-
tale &c, quelle que fût d'ailleurs la masse,
la foudre n'aura point d'effet dangereux. Or,
imaginez un cercle du centre duquel partira
la foudre; dans toutes les directions de la

moitié supérieure, il n'y a rien à craindre; presque rien dans les deux tiers de l'autre moitié; & pour le reste, il faut la quantité de matière avec la direction; encore dans ce cas même le danger est-il d'autant moindre, que les grosses masses sont les plus rares.

Ce qui se passe dans l'atmosphère n'est pas indifférent aux êtres terrestres : ces nuages qui souvent nous épouvantent & qui ravagent par des inondations, abreuvent les Minéraux, les Végétaux & les Animaux que la terre nourrit. Les exhalaisons sulfureuses ont aussi leur utilité, elles précipitent la végétation, & font dans l'air de fortes explosions qui débarrassent ce fluide des matières hétérogènes. Il est certain que c'est par sagesse que la Nature produit de ces orages destructeurs; il y aurait trop d'insectes s'ils n'en détruisaient pas; la Nature est si *vivace*, qu'elle a besoin de différens moyens pour se restreindre elle-même, comme vous le verrez dans la suite de cet Entretien.

Je ne vous ai dit un mot de la Sphère, & je ne vous ai rappelé ce que j'avais établi de l'origine des choses, de leur Principe unique, & par-conséquent homogène, que pour vous faire mieux saisir l'idée que je vais exposer touchant les Végétaux & les Animaux. Tout vit dans la Nature, mes Amis; cependant il s'en faut bien que tout ait la même quantité de vie : les premiers degrés nous échapent; & quoique nous sentions bien que cette terre végétale, où la graine se dévelope, n'est pas une substance morte; que la pierre, les mé-

taux se sont formés, ont crû &c, nous n'avons
pas une idée nette de leur sorte de vie. Mais
si nous consultons notre raison, ce divin écou-
lement de l'Intelligence infinie, nous ne pour-
rons nous empêcher, en envisageant les pierres & les minéraux en grand, de penser que
ce sont des corps homogènes, dont les différences apparentes, ne viennent que de leur situation, respectivement au Soleil : le vil caillou produit le diamant ; c'est une même substance ; mais il faut un soleil perpendiculaire,
pour que les sucs du caillou se distillent, &
forment la précieuse pierre de sa substance
la plus homogène, la plus pure. L'on peut
dire aussi de l'Or & du Cuivre, de l'Argent
& du Plomb ou de l'Étaim, que ce sont des
substances de même nature, dont les apparences ne diffèrent, qu'à raison de l'exposition. Si donc il se trouve des mines d'Or dans
des climats autres que les Pays sous la ligne,
elles sont incomparablement moins abondantes, & peut-être une suite de quelque boule-
versement du Globe, qui a jeté loin de leur
terre native, des métaux non formables dans
l'endroit où ils se trouvent. Ce que je dis des
métaux se confirme par l'expérience : les
Indes Orientales ont des mines de diamant ;
le Pérou, l'Afrique ont des mines d'or &
d'argent ; ce dernier métal naît encore dans
des contrées moins chaudes ; l'Angleterre a
des mines d'étain ; la Suède abonde en cuivre :
c'est l'or septentrional ; sous la ligne, la Da-
lécarlie serait un Pérou. Tous les métaux que

des germes fans-doute, des principes forma-
tifs, qui font les fucs du règne minéral ; &
comme ces principes demi-dévelopés, ont
pu être tranfportés au loin, c'eft encore une
raison pour laquelle on peut rencontrer de
l'or dans des pays tempérés ou froids ; pourquoi l'on trouve une forte d'étaim fonnant &
du plomb au royaume de Siam, prefque fous
la ligne ; c'était de la mine encommencée. Il
y a donc une identité entre les métaux ; elle
n'a pas échappé aux Alchimiftes, qui en ont
conclu la poffibilité de la tranfmutation des
métaux inférieurs en or : mais de ce principe
vrai & de la conféquence vraie en partie, ils
n'ont tiré que de fauffes inductions ; le Soleil
feul pourrait faire ce qu'ils ont entrepris ; &
je fuis perfuadé que f'il était poffible de tranf-
porter la mine de cuivre de Suède en quantité fuffisante au Pérou ; de l'y implanter à la
profondeur requise, il en resulterait un jour
de l'or. Mais quel temps faudrait-il ? des fiè-
cles fans-doute. Et c'eft là ce qui doit achever
de guérir des fous, qui n'ont pas fait attention, que les ferres chaudes nous confervent
bien les arbres méridionaux, mais qu'elles ne
leur font pas donner du fruit comme leur
propre climat.

Ce que je viens de dire du tranfport des
mines d'un métal inférieur fous la Zône torride, n'eft pas une imagination deftituée d'analogie : nos arbres tranfplantés dans ce même
pays, y changent infenfiblement de nature.
Mais ceux que nous en rapportons, comme ils

[201]

paſſent du plus au moins, dépériſſent au-contraire, & deviennent à rien. Le père Rapin,
dans ſon Poème *des Jardins*, penſe que chaque
contrée a dû produire une plante différente
(c'eſt-à-dire la même plante, ſous une forme
diverſe): que les genres ſe ſont enſuite mélés,
variés à l'infini par le tranſport des ſemences
ſur des ſols différens ; par le contact des pouſ-
ſières émanées des parties ſexuelles d'autres
plantes qui avaient deja varié, &c. Il n'a
pas aſſés dit: ſeion ce que je ſens, chaque
point de la ſurface du globe, produit ſoit le
minéral ſoit le végétal, d'une manière qui lui
eſt propre; de-façon que le voiſin eſt toujours
très-ſemblable au voiſin ; & que ce n'eſt qu'à
des diſtances aſſés conſidérables que l'on ſ'a-
perçoit d'une variété bien marquée. Du cèdre
au dernier brin d'herbe, c'eſt toujours le même
végétal ; mais le lieu, le ſol, les circonſtances
en ont fait primordialement un individu différent à nos yeux. Les plantes marines & les terreſtres, ne ſont pas une exception ; au-contraire elles deviennent une preuve de mon
opinion ; ces mêmes plantes lorſque les eaux
ſe ſont retirées, ont changé peu-à-peu ; leur
graine a produit des individus qui ſe ſont al-
terés au point qu'au-bout de quelques ſiècles,
ils n'ont plus été reconnaiſſables : les ſimples,
les herbes odoriférantes des Alpes, furent des
plantes marines; elles le redeviendraient encore, ſi la mer les couvrait une ſeconde fois,
comme il y a toute apparence, ſoit par la grande révolution générale, ſoit par les inondations accidentelles, telle que ſerait celle occa-

sionée par l'approchement d'une Comète, &c.

C'eſt ici le lieu de dire un mot des ſemences, dont j'ai déja parlé dans l'un de nos précédens Entretiens. Les variétes que nous appelons *eſpèce*, *genre*, une fois formées, ces eſpèces ont porté chacune leur graine ; & cette graine ou ſemence, contenait néceſſairement un embryon formé ſur le modèle du végétal qui l'avait produit : l'on conçoit facilement par-là, que la multitude des productions étant ce qu'un homme peut quaſi nommer infinie, ces eſpèces formées ont employé toute la ſubſtance végétale du globe, & que la Nature, aulieu d'en former de nouvelles, a naturellement *flué* dans celles qui exiſtaient ; à-peuprès comme l'eau d'un ruiſſeau coule dans les ſaignées qu'on lui a faites, au-lieu de faire effort pour ſ'en creuſer de nouvelles.

Les VÉGÉTAUX forment une claſſe d'êtres qui nous approchent de beaucoup plus près que les Minéraux, & nous intéreſſent bien plus directement : c'eſt chés eux que toute l'animalité puiſe la vie. Ils ſont la troiſième gradation, en prenant les terres, les bitumes, les ſels & l'eau comme la première ; les métaux & demi-métaux comme la ſeconde. A-la vérité, la gradation n'eſt pas marquée entre le Végétal & le métal ; ils tirent tous-deux de la terre, mais en raiſon inverſe ; les métaux, tirent les ſucs les plus ſolides & les plus fixes ; les Végétaux au-contraire prennent les plus légers & les plus évaporables, de-manière néanmoins qu'il y entre ſouvent des parties métalliques dans les Végétaux d'une part,

[203]

& de l'autre dans les parties les moins vivi-
fiables de la matière, les pierres & les diamans: (les diamans blancs, qui font formés
du fuc le plus pur du caillou, ne contiennent
pas de parties métalliques; mais toutes les
pierres fines colorées ne le font que par l'al-
liage du fuc métallique avec le fuc pierreux).
Il n'eft pas certain que la terre végétale ait
exifté dès le commencement du globe, telle
que nous la voyons(*); aucontraire, il y a tout
lieu de préfumer qu'il n'y avait d'abord que
du fable fur le corps proprement dit de notre
globe; que le tout, ou la partie qui n'était
pas couverte par les eaux, était aride comme
les fables de l'Arabie; que ce ne fut qu'à-la-
longue & par le fecours des pluies qu'elle fe
couvrit de terre; que toute la terre végétale, la
matière lapidifique, les argiles, la terre cal-
caire &c, fe font primordialement formées
dans la mer, & que ces différentes fubftances
furent le produit de la décomposition de la
chair & des coquilles des poiffons; que par-
conféquent la mer fut habitée longtemps avant
la terre, que ce fut dans fon fein que fe dé-
velopa d'abord la faculté générative de la Planète nouvelle ou renouvelée, & que la vie
commença par les mouffes qui nourriffent
les Coquillages, lefquels alimentèrent (oc-
casionnèrent peut-être) les efpèces qui leur
fuccedèrent, dont l'exiftance exigeait une
nourriture plus analogue; que l'immenfe

(* Voyez dans *Pocok*, T. I, p. 154 & 201, la preuve de
cette opinion du Curé. Il y eft queftion des terrifications
du fol de l'Égypte, & de leurs caufes.

quantité de coquillages de diverse nature,
accumulés pendant des siècles, brisés, broyés
par le mouvement de la mer, furent les matériaux de toutes les substances connues, formèrent les montagnes qui s'élevèrent naturellement davantage sous l'équateur, parceque
les eaux y montant aussi plus qu'ailleurs, elles
les y portèrent en plus grande quantité; que
lorsque la mer a laissé par la suite des temps des
terreins à découvert, il s'en est trouvé de gras
& de fertiles, & que c'est alors qu'ont paru les
Animaux terrestres, qui tous sans exception
tirent leur origine d'amphibies marins, dont
la descendance a dégénéré &c, &c. Les Animaux terrestres furent précédés par les Plantes; comme les poissons l'avaient été par les
mousses. Les débris de coquilles lapidifiques
fournirent la matière des Madrepores, qui
accelerèrent & accelèrent tous les jours la
pétrification (*). Revenons.

Des Végétaux aux Animaux la gradation
est parfaite; les Végétaux élaborent les sucs
des substances premières, & les rendent propres à nourrir les Animaux. Un trait de ressemblance entre les trois Règnes, c'est que
tous trois prennent l'eau sans élaboration; ce
qui suffirait seul pour indiquer leur fraternité.

Je vous ai donné, dans notre sixième Entretien, une liste des Minéraux; je vais de-
même ici faire une courte énumération des

(*) Les anciens Indiens (& les modernes tiennent
cette doctrine (que la vie a commencé dans les eaux) , ils disent qu'après une révolution, toute l'*Amrtam*, ou source de vie, s'était écoulée dans la mer.

genres de Végétaux: les espèces sont trop nombreuses pour vous les détailler.

Les Arbres, ou plantes à long âge, seront le premier genre (je donne à ce mot une signification plus étendue que les Naturalistes). Les plus grands & les plus durables formeront la première classe, & nous y rangerons le *cèdre*, le *pin* & ses variétés, le *chêne*, le *platane*, le *noyer*, & les grands arbres étrangers. Dans la 2ᵉ classe, nous mettrons le *pomier*, le *poirier*, l'*olivier*, &c. Dans la troisième classe on peut placer le *prunier*, le *cerisier*, l'*oranger*, &c. La quatrième comprendra les Arbrisseaux, tels que le *coudrier*, le *pêcher*, &c. Les Arbustes composeront la cinquième classe, comme les *groseillier*, les *rosiers*, les *lilas*, &c. Dans la sixième seront les Semi-arbustes, comme le *framboisier* & toutes les *ronces*, le *romarin*, les *viornes*, &c. Nous passerons ensuite aux plantes ligneuses, qui font le passage du bois proprement dit, à l'herbe pure, telles sont l'*absynthe*, le *thim*, &c. Viendront ensuite les herbes qui sans être ligneuses, ont des racines subsistantes, qui chaque année poussent de nouveaux jets, telles que le *fraisier*, le *fenouil*, &c. Puis les plantes trisannuelles & bisannuelles ligneuses, telles que le *chou*, les *chardons*, &c. Les bisannuelles à pulpe, comme tous les *oignons*. Les annuelles herbeuses, telles que les *bléds*, &c. Les semi-annuelles, telles que les *orges*, les *aveines*, les *courges* & le commun des herbages, dont beaucoup sont trimestrales, bimestrales, & de moindre durée. Parmi ces plantes, il y en a de propres à tous les Animaux ; qui se nourrissent de leurs feuilles ; d'autres donnent des fruits, ou leurs racines charnues ; quelques-unes sont des poisons, mais leurs sucs aprêtés, corrigés, deviennent des remèdes.

D'un côté, le Règne végétal touche aux Animaux ; de l'autre aux Minéraux, en suivant toujours cette gradation de vie dont j'ai déja parlé. Les madrepores, les coraux n'ont aucune végétation, la cause de leur aggrégation *passive* est étrangère ; mais il pousse au fond de la mer de véritables plantes, l'éponge en est une : le polype, qui engendre à la façon des plantes, paraît faire comme le chaînon qui joint la végétation à l'animalité. Les plantes ont toutes une sorte de vie, qui consiste dans la faculté de tirer *activement* les sucs de la terre par leurs racines, & d'aspirer les influences de l'air par leurs feuilles, sur-tout par le bouton dévelopant qui termine leurs tiges ; c'est le principal organe de leur respiration, & celui par lequel elles sont presque sensibles. Les Plantes reçoivent peut-être les deux tiers de leur substance de l'air & des pluies ; & ce qui fait que celles qui sont dans un terrein maigre profitent moins, c'est que la terre fournissant la charpente, si cette charpente est faible, peu nourrie, elle est d'autant moins capable d'admettre les influences aériennes : d'ailleurs, les vapeurs qui sortent de la terre, & qui se mêlant avec l'air, nourrissent la plante en s'introduisant avec lui, sont bien moins abondantes, ou bien moins analogues aux végétaux dans un terrein mai-

gre. On étouffe donc une plante, en la fesant couvrir par d'autres plantes; c'est ce que
vous voyez tous les jours. Cependant il s'en
trouve qui aiment l'abri des arbres: ce font
celles dont les premiers germes ont végété à
l'ombre; ce genre en a contracté *l'habitude* (si
ce terme peut s'employer ici). Voyez par-là
comment la riche Nature a su tirer d'une feule production pour tout remplir, tout peupler,
tout vivifier ! L'idée que je vous donne d'une
végétation unique, variée par les formes,
l'origine que j'assigne à ces formes, tout cela
ne peut qu'augmenter votre respect, votre
amour envers la divine Source de votre être.
En-effet, quelle reconnaissance ne devons-
nous pas à la Nature, pour notre vie plus
parfaite, pour notre intelligence, pour le
dégré honorable où elle nous a placés dans
la progression des êtres !

Mais les plantes sentent-elles leur existance ? Je répons par une assertion que j'ai déja
faite, & que je rens ici générale : *Tout être
individuel est pour lui-même d'abord, ensuite
pour les autres êtres.* Je dis *individuel ;* parce
que les élémens, qui font indestructibles, im-
passibles, ne sentent pas ; ils faut une combinaison entre-eux, qui leur fasse composer
un individu & leur donne un centre, pour
qu'ils soient susceptibles de sentir; car où il
n'y a pas de centre, où viennent se repercuter
simultanément les perceptions de toute la circonférence, il ne peut y avoir de sentiment ni
même d'individu. Qu'est ce que sentir ? On
sent de deux manières, & peut-être de trois :

[208]

On fent 1.^{nt} à notre façon & à celle des Animaux, en percevant, en éprouvant la joie, le
plaisir , le chagrin , la douleur : cette manière eft la plus parfaite. 2.^{nt} On fent en fouffrant une altération , un dépériffement , ou-
bien en éprouvant une vigueur , une forte de
bien-être, tel qu'on le voit à des plantes dans
un bon fonds, bien arrofées, bien expofées &c:
cette façon de fentir , cette efpèce de jouif-
fance eft réelle , mais trop audeffous de la
nôtre pour que nous ne la regardions pas
comme prefque nulle : nous en avons pourtant une idée ; un homme qui pour tout
plaisir jouit de fa fanté, fans maladie qui lui ait
découvert le charme de fa fituation, cet homme , ou tout autre animal , jouit prefqu'à
la façon des plantes : fi le Chef des Mani-
chéens (*Manès*) f'en fût tenu-là , fans-doute
il n'aurait avancé qu'une belle vérité. Être, &
fentir, me dira t-on , font-ils une même chofe ?
— Oui. — Un caillou fent donc ? — Non, un
caillou ne fent pas individuellement , un
arbre coupé ceffe de fentir individuellement :
parce que le caillou n'a pas d'organifation ;
parce qu'il n'eft qu'une aggrégation d'êtres qui
n'ont qu'un feul élément , & que l'élément
ne fent qu'autant qu'il eft combiné , qu'il a
des raports & une organifation ; l'élément eft
fenfifiable, & non fenfible : un arbre coupé ,
eft un être individuel qui commence a fe dé-
composer; dès l'inftant qu'il eft coupé, l'organisation f'y détruit : un corps animal qui vient
de mourir eft dans le même cas ; auffi dit-on ,
il n'eft plus. Mais les corps infenfibles indi-
duellement ,

viduellement, comme le caillou, les minéraux, & ceux qui ont cessé de sentir, ont
une sensibilité relative à la totalité du globe
dont ils font partie, comme nos cheveux,
nos ongles ont une sensibilité relative à celle
de notre corps ; ces substances ne peuvent
jamais être privées de celle-là, pas même en se
réduisant à leurs principes, à leurs élémens ;
les élémens secondaires étant eux-mêmes les
composans du corps du globe, participent,
sous ce point-de-vue, à la sensibilité. Être
& sentir font donc une même chose, & il est
impossible que cela soit autrement (*).

Représentez-vous le globe comme sentant
son existance, d'abord en général ; ensuite la
fesant sentir individuellement à ses productions diverses, par des nuances qui forment
une pente douce, jusqu'à l'homme ; donnant à
quelques-unes de ses productions le sentiment
individuel, ne laissant à d'autres que le rela-
tif : vous verrez par là, que la nature (à res-

______

(*) Le Curé a raison de distinguer la sensibilité *relative*, & l'*individuelle* ; il ne faut prêter cette dernière
qu'aux Animaux : elle est non-seulement le produit des
causes *actives*, mais aussi de l'*attention* du Sujet ; on ne
sent pas, si la distraction est entière. Les Partisans de
l'opinion de Descartes sur la *machinalité* des Bêtes, ne
manqueraient pas de sophistiquer ici ; mais le Curé sans-
doute leur répondrait, *Qu'il est aujourd'hui prouvé que les
Bêtes ont de l'attention ; que d'ailleurs on n'ignore pas ce qui détermina Descartes à faire des Animaux de pures machines, il
voulait justifier la Divinité ; telle fut la source de toutes les absurdités qu'il avança, & dont une simple réflexion aurait pré-
servé ce grand Génie, comme, C'est que la vie, même malheureuse, est un bien physic & moral, par une foule de raisons ; la
matière vivante est au-dessus de la matière morte, &c, &c.*

Tome III.   M

treindre ce mot au monde particulier de la
Terre) jouit d’une double fenfibilité ; qu’elle
l’a, généralement, particulièrement, & toujours diverfement. La plante fent à fa ma-
niére ; l’huître à la fienne ; l’infecte d’une manière plus parfaite que l’huître, mais moins
que celle du quadrupède ; & l’homme fent
bien plus parfaitement, puifqu’il fent non-
feulement par les caufes phyfiques, mais par
les caufes morales, qui n’ont de pouvoir fur
prefque aucun des animaux. Je dis *prefque*,
car je prouverai bientôt que les caufes morales
ne font pas fans pouvoir fur certaines efpèces.

Je ne m’étendrai pas davantage fur le règne
végétal ; ce que j’en ai dit fuffira pour nous
élever au degré fuivant.

Les ANIMAUX forment la claffe des êtres
par excellence dont nous fommes la perfection.
L’on diftingue les Animaux en deux grandes familles, les Terreftres, & les Poiffons. Chaque
famille fe divife en *infectes*, en *reptiles* volans
ou nageans, & en *quadrupèdes*. Les Infectes
font une forte d’animal fragile, tenant de la
contexture des plantes & de celle des animaux. Par-exemple, l’œuf du papillon, dé-
pofé fur une feuille, y éclôt comme ferait une
femence dans la terre, y groffit en fe rempliffant de fucs herbeux, qui lui communiquent leur couleur, tant ils ont peu changé de nature &c. Cependant, ce même Infecte reffemble aux animaux, en ce qu’il n’a
pas de racines, qu’il mange, qu’il fe meut &c.
Il y a des Infectes Carnivores, Herbivores,
Mellivores, Terrivores, Aquivores &c. Les

Carnivores, sont les araignées, les fourmis, &c : les Herbivores, les différentes espèces de chenilles &c : les Mellivores, les Abeilles & toutes leurs variétés &c : les Terrivores, les vers de terre, qui l'avalent en nature, & la rendent après en avoir extrait les sucs : les Aquivores, ceux qui ne vivent que d'humidité, comme certaines mouches, & mille petits Insectes des eaux. Le passage de l'Insecte à l'animal proprement charnu, est aussi marqué, que celui de la plante à l'Insecte. Vos yeux vous en convaincront mieux que mes discours. Le Reptile tient un peu de l'Insecte pour la contexture ; le serpent, dans nos climats, n'a pas une chair bien caractérisée, non plus que le crapaud, la grenouille, le lesard &c. Les Oiseaux ont une chair plus solide que les reptiles, une vie plus entière. Les différentes sortes de Poissons suivent la même gradation, mais je néglige de les indiquer. Observons seulement que les Insectes, les Reptiles & les Oiseaux se ressemblent par un caractère général, l'oviparité ; tous pondent, terrestres ou poissons ; & si le reptile nommé Vipère semble faire une exception, de sages Observateurs ont prétendu qu'elle n'était pas réelle, & que les œufs bien caractérisés éclosaient dans la matrice. Les Quadrupèdes sont la perfection de l'animalité : soit terrestres, soit marins, ces animaux sont vivipares, c'est-à-dire qu'ils font leurs petits vivans, les nourrissent d'une substance animale, qui est leur lait, beaucoup plus parfaite que celle que peuvent prendre les petits des ovipares; ce qui seul prouverait un degré de perfection. Tous les différens animaux, sont carnivores ou herbivores; il l'a falu pour maintenir l'équilibre dans la nature. Ôtez les carnivores (au rang desquels je mets l'homme) l'animalité se multipliera au point de détruire la végétabilité, & d'être ensuite détruite à son tour par la famine. A la vérité, depuis que l'homme s'est chargé de l'équilibre, les autres carnivores sont à-peu-près inutiles : mais la Nature savait que ce moyen n'est pas assés général, qu'il n'est pas d'ailleurs *necessaire*, comme tous ceux qu'elle emploie, puisque l'homme peut vivre de végétaux ; or indépendament des moyens accidentels, que la Nature multiplie, il était de la suprême Sagesse, qu'il y en eût toujours de nécessaires : & il y en a pour tout ; c'est une règle invariable. Mais les espèces destructives ne peuvent-elles pas surpasser les autres à la fin ? Non : la facilité de subsistance des Herbivores, des Frugivores, des espèces qui ne vivent que de corruption, sans attaquer les êtres vivans, compense la ruse & la force qui leur manquent : le Lion, l'Aigle &c. cherchent long-temps leur proie, la trouve difficilement, périssent quelquefois de famine ; l'homme d'ailleurs les tourmente, les poursuit, ne leur laisse que les lieux arrides, où ils ne peuvent beaucoup multiplier. Les carnaciers inférieurs sont encore bien plus réprimés ; ils n'échappent qu'à la faveur de leur petit nombre, & de leurs rares apparitions. Enfin, dans les pays libres & fertiles, la population eſt ſi grande dans les eſpèces qui vivent de végétaux, que les carnaciers ſont abſolument néceſſaires.

Je vais, ſur cette imporante matière, vous lire quelque chose de plus réfléchi que ces Diſcours, qui ne ſont pas préparés.

« Rien ne contribue tant au bonheur des hommes, que les progrès qu'ils font dans l'étude de la Nature. D'autres recherches peuvent ſervir à leur amuſement; mais celles qui ont pour objet la conſtitution actuelle des choſes, leurs propriétés, leurs fins, leurs rangs, leurs rapports, ont, outre cet avantage, celui de mener à des découvertes utiles pour les beſoins & les incommodités de la vie. Les puiſſances de la Nature, étant toutes aſſujetties à des Loix fixes & immuables, & produiſant néceſſairement leur effet, doivent concourir au plaiſir des hommes, toutes les fois qu'ils ſavent les diriger vers ce but; or voila ce que leur enſeigne, juſqu'à certain point, cette étude. Auſſi voyons-nous, qu'à-meſure qu'ils y ont fait des progrès, ils ont abregé leurs peines, & multiplié les moyens de pourvoir à leur ſubſiſtance. Il réſulte de cette étude un autre avantage, non moins conſidérable que celui que nous venons de nommer: En leur découvrant les rapports qui exiſtent néceſſairement entres les différentes claſſes des Êtres, & les loix générales ſuivant leſquelles ils ſ'acheminent tous à un but principal, elle communique à leur entendement cette étendue de conception qui seule donne de Dieu des idées justes ; en fixant leur attention sur ce qui existe réellement , & en bornant à cela toutes leurs recherches , elle fait prendre à leur esprit ce goût décidé pour la vérité, qui ne s'acquiert que par la contemplation qu'on en fait , & qui seul peut garantir de ce monde d'erreurs qui accablent par-tout la raison humaine ; enfin de-là naissent dans l'âme des sentimens de confiance sur l'état actuel des choses ; car à-mesure que les causes naturelles des événemens & des choses se dévoilent à nos yeux , les fantômes de notre imagination disparaissent. Nous voyons un seul Être , qui anime & gouverne toute la masse du monde , & cet Être joint à une puissance infinie, les attributs souverainement aimables de la sagesse & de la bonté , non pas d'une bonté partiale & capricieuse, mais d'une bonté qui répand ses bienfaits en tout temps & sur tous. La règle de ses dispensations , c'est le bonheur de l'Univers ; le terme, auquel elles se rapportent , c'est l'éternité.

Sans un certain dégré de lumiere sur les opérations de la Nature, on se laisse alarmer sans-cesse à leurs apparences. Une multitude de phenomènes auxquels on ne s'attendait point , & qui semblent tendre directement à la destruction du monde , rappèlent à-tout moment à l'esprit l'idée d'une puissance irritée , qu'il faut appaiser à quelque prix que ce soit. De-là les pratiques les plus frivoles : car quand la crainte est le seul ressort de nos juge-

[215]

mens, il n'eſt point d'abſurdités, dont nous ne ſoyions capables : Et en effet, quelle plus grande abſurdité que de craindre Dieu, comme un maître dur, qui exige des hommes un hommage au deſſus de leurs forces, & qui par cela-même eſt toujours mécontent de celui qu'ils lui offrent ; ou bien de lui aſſocier dans le gouvernement du monde une multitude d'agens, dont tout le plaiſir & toute l'occupation eſt de troubler le repos des mortels ? Telles ſont néammoins les notions de ceux qui, ne connoiſſant point les puiſſances, dont la ſouveraine Sageſſe anime les causes ſecondes, regardent les effets extraordinaires qu'elles produiſent, comme autant de coups que leur porte une main invisible, jalouse de leur bonheur. Gens qui prennent tout pour des préſages de malheurs, & qui, étant ſans ceſſe agités de crainte, ſont toujours prêts à plier ſous le joug honteux de l'impoſture & du menſonge. L'ignorance eſt la mère de la ſuperſtition, & la ſuperſtition rend les hommes les plus faibles & les plus ridicules des êtres.

On ne ſaurait donc aſſés recommander aux hommes l'étude de la Nature. Il ne faurait y avoir de connaiſſances véritables, & dignes de nos recherches, que celles qui ſont fondées ſur des idées réelles ; & ces idées ne ſe prennent que ſur la réalité des êtres & des choses. Mais bien des gens, aulieu de ſ'en tenir à cette règle, pour acquerir des connaiſſances, ont imaginé des principes, adopté des hypothèses, sur lesquelles ils ont prétendu juger de tout, sans se donner la peine d'examiner la moindre chose par elle-même, c'est à-dire par les sens & l'expérience. Méthode suivant laquelle le monde & les êtres qu'il renferme ont pris dans leur esprit une forme & une destination, tout à-fait différentes de celles que Dieu leur a données ; & c'est ce monde imaginaire qui fait l'objet de leur étude & de leur contemplation. C'est là qu'ils font à leur aise les observations les plus curieuses ; c'est de-là qu'ils tirent leurs découvertes, leurs conjectures, leurs probabilités, & tout l'attirail de leur savoir : tandis que d'autres, plus simples encore, rassemblent avec soin toutes leurs chimères, & se tuent à les accorder, je ne dirai point avec avec la réalité des choses, mais avec d'autres chimères.

Quand il s'agit de la Nature, il n'y a que les principes que je viens d'indiquer, qui puissent nous mettre en liaison avec le véritable état des choses. Heureusement on s'est aperçu de leur importance, & on ne veut plus se déterminer que sur leur témoignage. S'il y a encore des gens à hypothèses, on ne les écoute plus ; leurs Écrits, comme ces débris isolés, que l'on découvre de loin sur les écueils, servent seulement à avertir, que ce n'est point là la route qu'il faut tenir, pour arriver au port desiré.

La Nature offre à notre esprit une infinité d'objets, dont il n'est aucun qui ne soit également propre à l'amuser & à l'instruire.

Celui qui frappe le plus, c'eſt cette immenſe quantité de vie répandue ſur toute la face de la Terre. Quelle multitude innombrable d'êtres, qui partagent avec nous le privilége de vivre, de ſentir, d'être heureux; qui ſont auſſi-bien que nous des émanations du Principe-unique, & qui participent de-même, quoiqu'inférieurement, à ſon intellectualité? quelle variété dans leurs formes & leurs figures! quelle différence dans leurs inclinations! quelle feu dans leur tempérament! quelle légèreté dans leur démarche! quelle allégreſſe dans toutes leurs alures? Mais quel acharnement à ſe détruire! quels changemens, quelles évolutions, & cependant quel équilibre, quelle uniformité dans leurs nombres! La vie animale eſt à certains égards un feu, qui ſe conſume & qui ne ſ'éteint point: Comme l'Hydre, le Vertumne de la Fable, elle ne ſe dépouille de ſes premières formes, que pour en revêtir de nouvelles. A d'autres égards, c'eſt un torrent, qui ſe précipite du haut des montagnes vers tous les lieux, qui ſont propres à le recevoir; qui ſ'y amaſſe, qui ſ'y agite, juſqu'à ce qu'il ſe trouve en équilibre avec lui-même. Tout cela mérite bien l'attention d'un eſprit ſtudieux; quiconque en aura ſoigneuſement examiné les raiſons, verra la lumière ſe répandre ſur tout le ſyſtème des Êtres; & le beau labyrinthe de la Nature ouvrira par-tout à ſes yeux des iſſues, qui lui feront ſentir l'exiſtance d'une Puiſſance & d'une Sageſſe infinie.

On ſait, qu'il règne dans le Syſtème animal une grande variété de formes & d'eſpèces;

mais on ignore à quoi elle tend. On suppose que la perfection de ce Système consiste dans une chaîne, qui, par des gradations imperceptibles, lie la plus vile avec la plus excellente des espèces; & l'on borne à la structure seule de cette chaîne cet ordre de la Providence éternelle. Vous verrez qu'il est destiné à des vues bien plus grandes & plus bienfesantes. Les femmes mêmes & les enfans savent que les Animaux sont sujets à des accidens; qu'ils se multiplient, qu'ils s'entredévorent; mais bien des Philosophes ignorent, qu'il y a une liaison intime & nécessaire entre toutes ces choses; & que sans leur réunion, la vie animale, & par conséquent la félicité dont elle est susceptible, ne sauraient avoir lieu: & comme quelques-uns se glorifient de leur ignorance à cet égard, & en prennent occasion d'insulter à la croyance d'un Être souverainement bon & sage, qui préside au gouvernement du monde, il ne sera pas inutile d'entrer dans quelques détails là-dessus, & de montrer toutes les différentes espèces d'animaux ressemblées, comme dans un seul point de vue: par là vous apprendrez à rapporter à des fins générales & avantageuses au Tout, leur nature & leurs propriétés différentes. Je vais diviser ce Discours en trois parties: la première roulera sur la nature de la Vie en général, sa fin, son étendue, sa variété. Dans la seconde, je parlerai de l'opposition où elle se trouve souvent avec elle-même, & du bien qui en résulte: Enfin, je dirai quelque chose de la loi de la multiplication, de son origine, & de ses principaux effets.

I. Il est difficile de déterminer quelle est la nature de la vie animale ou individuelle ; ce qu'il y a de sûr, c'est qu'elle n'existe point sans une certaine organisation de parties ; & que plus cette organisation est complète, plus la vie a de force & de perfection. Quand on examine de près la substance des animaux, on voit que ce n'est pas un amas confus de matériaux entâssés les uns sur les autres, sans choix, sans distinction ; mais que dans toute son étendue, elle fait un assemblage de parties, délicatement travaillées, merveilleusement agencées les unes dans les autres, pour former ensemble un tout complet. Elle est divisée en solides & en fluides : Les solides comprennent les nerfs, les artères, les veines, les tendons, les muscles, les cartilages, les glandes, les intestins, en-un-mot la chair & les os : Parmi les fluides, on compte le chile, le sang, la lymphe, la bile, les esprits-animaux, & quantité d'autres sucs contenus dans la substance des glandes. Toutes ces différentes parties des corps animés sont destinées chacune à un usage particulier ; & elles ont toutes précisément la forme, la grosseur, le poids, le pli, en un-mot toutes les qualités nécessaires pour cet effet. Il n'y en a aucune qui existe indépendamment des autres ; elles ont toutes un rapport intime entr'elles, & se tiennent par leur balancement & leur action réciproque dans un mouvement perpétuel. Les solides, par leur contraction & leur dilatation continuelle, font passer les fluides dans toutes les parties du corps ; & les fluides, venant à fermenter, à se philtrer dans les glandes du cerveau, se replient ensuite par le moyen des nerfs sur les solides, pour leur communiquer le mouvement qui leur est propre.

J'ai dit, que, plus l'organisation des corps animés est complète, plus la vie, dont ils jouissent, a de perfection (*). On voit en effet que toutes les espéces n'ont pas le même degré de feu & de vivacité ; & que celles, dont les organes sont plus fins, plus déliés, plus compliqués, en ont ordinairement le plus. On voit encore que, dans les individus de chaque espèce, la vie jette plus ou moins d'éclat, suivant que leurs organes sont dans un état de dévelopement ou de décadence. Quelle différence à cette égard entre le fœtus, & l'animal parvenu à sa pleine maturité ! On voit enfin que, quand quelques uns des principaux organes viennent à se déranger, en telle sorte que leur mouvement soit interompu, il y a d'abord cessation de vie.

Cette étroite liaison qu'il y a entre la vie, & l'organisation des corps a fait croire à quelques Philosophes, que la vie n'était autre chose qu'une certaine combinaison d'organes, que leur action réciproque tient dans un mouvement perpétuel.

(*) Ce qui ne veut pas dire, que ces individus aient une vie plus tenace, car c'est le contraire ; plus la vie est parfaite, plus facilement elle se détruit : aulieu que des animaux à-peine distingués de la plante, vivent encore privés de leur tête, & des viscères tels que le cœur &c.

Mais il me semble, que c'est-là confondre la vie, avec le mouvement; deux choses qui se sont toujours trouvées distinctes dans l'idée de tous les hommes, & qui le sont en-effet. Le mouvement d'un corps, quel qu'on le conçoive, n'influe point sur la nature & les propriétés de ce corps; il y a loin de cette idée à l'idée du sentiment, qui fait une des qualités les plus essencielles de la vie animale. Il faut donc chercher ailleurs le principe de son existance. Quelques-uns l'ont placé dans la chaleur qui est commune à tous les corps animés. D'autres ont supposé des molécules organiques & vivantes, qui passent sans cesse d'un corps à un autre, & qui, selon eux, constituent le germe indestructible de la vie animale. S'il n'était question que de faire des conjectures, je ne balancerais pas à la mettre au rang des élémens; & je dirais que, considérée comme substance, elle a beaucoup de rapport avec le feu. Et si l'on me demandait les raisons sur quoi je fonde cette ressemblance, je dirai que, comme le feu s'alume du feu, ainsi la vie s'engendre de sa vie; que faible & chancelante dans ses commencemens, active, impétueuse vers le milieu de sa carrière, épuisée, languissante vers sa fin, la marche de la substance vivante est précisément la même, que celle de la substance ignée; que d'abord ce n'est qu'une étincelle, qu'une lueur tremblotante, qui se soutient à-peine; que venant ensuite à se développer, elle se change en une flâme impétueuse, & qu'après avoir jeté un certain éclat, elle se dissipe & s'éteint d'elle-

même. Je dirais encore que , comme la
subftance ignée a besoin fans ceffe de nouveaux alimens pour fe foutenir, ainfi la fubftance vivante ne faurait exifter , fans une acceffion continuelle de nourriture ; que comme
le feu f'attache à tout ce qui fait fon aliment ,
& le confume, ainfi la vie animale fe prend
à tout ce qui peut la fubftanter, & le diffout ;
que comme le trop ou le trop peu de matières combuftibles éteint le feu , ainfi une
trop grande ou une trop petite acceffion de
nourriture eft également nuisible à la vie ;
que les mêmes matériaux, qui font le plus
de violence à la fubftance vivante (comme
font par exemple certains efprits) produisent
précisément le même effet fur la fubftance
ignée ; que l'une & l'autre ont besoin d'air
pour fubfifter, & que l'air qui a paffé par le
feu , & qui a perdu par là fes fels nutritifs ,
leur eft pernicieux à l'une & à l'autre. Enfin
je remarquerai, que c'eft dans les douces influences de la fubftance ignée , que la fubftance vivante trouve les premiers dévelopemens
de fon germe ; que c'eft elle qui l'amène à fon
point de perfection, & qu'après lui avoir fervi d'obftétrice, elle en devient encore la nour-
rice & le médecin, en confervant à fes fibres
la flexibilité , & à fes fluides le mouvement
qui leur eft néceffaire. S'il n'était queftion que
de faire des conjectures, je pourrais appeler la
vie un élément, & la comparer comme telle
avec le feu. Mais ce n'eft pas là mon deffein :
je ne veux raisoner ici que fur des propofitions
fufceptibles d'un plus haut degré d'évidence.

[223]

La vie eſt le grand but de la Nature. Quel que ſoit le principe de la vie animale, il ne faut qu'ouvrir les yeux, pour voir qu'elle eſt le chef-d'œuvre de la Toute-puiſſance, & le but auquel ſe rapportent toutes ſes opérations. Ne produire que des êtres inanimés, n'était point un objet digne d'elle ; la matière étant ſuſceptible de vie, l'exiſtance de ces êtres ne réfléchit aucune idée de perfection dans la Souveraine Intelligence (1). D'ailleurs il ne réſulte de là aucun accroiſſement de bonheur au-dehors, & il eſt abſurde de ſuppoſer, qu'un Être, déja ſouverainement heureux en lui-mê-me, agiſſe pour quelqu'autre but que ce ſoit. Dieu a donc rempli l'Univers d'habitans ; & tout ce qu'il renferme d'êtres non-individuels, ou inanimés, n'exiſte que pour ſervir à la con-ſervation de ce qui l'eſt. A cette fin ſont ſub-ordonnés les élémens de la matière, c'eſt à-dire de cette ſubſtance ſeconde, qui n'*eſt*, que parce qu'il exiſte une autre ſubſtance *mâle* pour la connaître & l'animer (2).

---

(1) Parceque, comme on l'a dit plus haut, le ſen-timent de l'exiſtance eſt toujours un bien, fût-on mal-heureux ; c'eſt le cri de la n ture, qui ne peut être étoufé que par un vice de conſtitution, ou par le régime ſocial. Que l'on juge le ſuicide d'après ces principes.

(2) L'on connaît déja cette diſtinction lumineuſe, de la ſubſtance mâle, qui eſt l'intellectualité, & de la ſub-ſtance femelle, qui eſt la matière ; je ne m'y arrêterai pas. Le Philoſophe Platon, en parlant de la production divine, entendait par la génération éternelle du Pre-mier-Principe, celle de la matière : les autres anciens Philoſophes la regardaient comme la ſœur & l'égale de

[224]

Il y a des gens qui croient, que tout dans l'Univers se rapporte à l'homme comme à sa dernière fin; & que Dieu n'y exerce sa puissance plastique que pour lui. Mais on ne devrait point s'aheurter à de pareilles idées, sans embrasser encore le beau système, qui leur a donné naissance. Elles étaient bonnes, lorsque les hommes, même les plus habiles d'entr'eux, étaient assez simples, pour croire que la Terre était plate, immobile & située au milieu de l'Univers; que la voûte des Cieux était de pierre, & que le Soleil n'était qu'une plaque de fer brûlant, à peu près de la grandeur du Péloponèse: mais à-présent que la nature humaine rougit de ces erreurs, elle devrait bien rougir encore d'avoir borné à elle seule le plan du Producteur universel. Dira-t-on que l'Univers n'existe que pour la contemplation des Intelligences supérieures? Mais quelle idée faut-il avoir de Dieu, pour supposer qu'il ne fasse paraître les merveilles de sa puissance, que pour servir de passe-temps à quelques-unes de ses émanations? & quelle idée faut-il avoir des Intelligences supérieures, pour croire qu'elles pussent contempler avec plaisir des œuvres grandes & merveilleuses, à-la-vérité, mais stériles & infructueuses; tandis qu'elles pourraient être le siége de

la substance intellectuelle, à-raison de sa nécessité pour que cette dernière fût une existance perceptible & palpable; autrement, disaient-ils, l'intellectualité serait toujours substance, mais ne produirait pas des existances. (L'on a vu dans le Tome précédent la différence celle qu'il doit y avoir entre ces deux expressions).

la

la vie & du bonheur ? Disons le hardiment, ces corps primitifs vivent eux-mêmes, & nourrissent tous des corps secondaires.

Il n'en faut point douter, la vie est le but principal de la Nature, & par-conséquent il y a pluralité de Mondes, comme l'ont supposé les plus sensés d'entre les Philosophes. Les Étoiles fixes sont autant de Soleils, qui, avec les corps qu'ils éclairent, & qu'ils tiennent en équilibre, font autant de Systèmes, tels que celui dont notre Terre fait partie. Qu'on réfléchisse à-présent au nombre de ces Étoiles : combien, qui sont visibles à nos yeux ? mais combien qui ne le sont point ? Qu'on donne à chacune de ces Étoiles un certain nombre de Planètes, à ces Planètes autant de Satellites, & à chacun de ces corps des habitans à proportion de leur grandeur ; & que l'on comprenne, si l'on peut, la quantité de vie que contient l'Univers !

Il semble que la Nature soit alée jusqu'aux dernières bornes de la possibilité dans le don de la vie, qu'elle a fait aux êtres animés ; & ce que l'on remarque de sa plénitude sur la Terre, confirme assez cette opinion ; car elle y paraît par-tout avec une profusion qui étonne. La race humaine ne fait qu'une partie des habitans, destinés à peupler ce Globe, & encore n'en fait-elle pas la plus considérable. Il y a des espèces plus nombreuses que le nôtre (*). C'est le jugement

____

(* Les hommes ne sont peut-être pas la millionième partie de la vie animale : que sont ils, comparés, je ne dis pas aux espèces innombrables de poissons, d'oiseaux,

Tome III.   N

que l'on peut faire de certains Infectes, dont les corps moncelés femblent ne faire des élémens qu'ils habitent, qu'un feul & même tiffu de vie; & dans lefquels le feu de la vie ne femble pas brûler avec moins de force, qu'il ne le fait en nous. Quelques Naturaliftes ont entrepris de compter les différentes efpèces qui habitent la terre. Mais fi l'énumération qu'ils en ont faite eft jufte, elle ne peut l'être que par rapport à certains pays, ou tout-au-plus que par rapport aux animaux qui paraiffent à la vue fimple. Car combien n'y en a-t-il pas, que leur petiteffe, ou les lieux qu'ils habitent, dérobent à nos yeux ? Contentons-nous de dire qu'il n'y a point d'endroit fi éloigné ou fi mal fitué, fi chaud ou fi froid fi fec ou fi humide qu'il foit, qui n'ait fes habitans; & ceux qui font les moins acceffibles au genre-humain, en ont peut être le plus. Il y a des contrées, où la fubftance vivante, fermentée d'une façon toute particulière par l'ardeur du Soleil, fort avec précipitation de fa matrice, & fe répand avec une efpèce de fureur fur toute l'étendue du pays. Des contrées, où la terre eft jonchée de reptiles, où l'air eft obfcurci, épaiffi par une multitude prodigieufe d'infectes ailés, & où les cris confus d'une inmenfe peuplade d'animaux de toute efpèce, le brillant de leur parure, & leur

d'infectes, & de quadrupèdes, mais à l'efpèce des four-mis naines, qui étant des infectes cadavrivores, ne font pas auffi nombreufes que les végétivores? une pareille étendue de terrein m'a paru comporter bien plus de matière vivifiée par ces animalcules que par les hommes.

remuement perpétuel semblent ne faire, des plus vastes forêts, qu'une seule masse animée. Il y a des contrées en-un-mot, où les hommes & les animaux, qui sont faits pour leur usage, semblent être de trop par l'immense quantité de vie, que la terre y entretient d'ailleurs. A Carthagène & dans les îles de l'Amérique, ils ont sans cesse à se défendre contre les attaques d'une multitude de reptiles & d'insectes, entr'autres des bêtes-rouges & des chiques, qui leur entrent dans la chair & y causent des ulcères & souvent la gangrène. Les chevaux & les ânes ont souvent les pieds rouges de ces cruels insectes. A Portobello, la pluie fait sortir des bois une si grande quantité de gros crapauds, qu'on ne saurait y marcher, sans mettre le pied sur quelques-uns de ces animaux. A Guyaquil, les maisons sont remplies de couleuvres, de vipères, de scorpions, de millepiéds, qui se glissent par-tout. Malheur à ceux qui vont s'y coucher, sans avoir auparavant examiné leur lit, & sans s'être munis d'un canapé, ou d'une tente, ne fût-elle que de simple toile. Outre cela, l'air y est tellement infesté d'Insectes volans, qu'il est impossible d'y tenir une chandelle alumée pendant trois minutes, & de s'en approcher pendant qu'elle brûle, sans avoir aussitôt les yeux, le néz, la bouche & les oreilles, remplis de leur essaims. Telle est l'abondance de vie dans toutes les régions chaudes. Et quoique les pays froids paraissent avoir moins d'habitans, on peut dire cependant, que leur nombre y est proportionné à la quantité de nourriture, que la terre y renvoie de son sein ; & que la quantité de nourriture y est plus ou moins grande , en raison de leur situation , & du degré de chaleur qu'ils reçoivent. Or comme il est impossible que toutes les parties du Globe aient précisément la même position , chacune d'elles n'ayant précisément que celle qui est la plus propre à produire la plus grande quantité de vie qu'il soit possible , on peut-dire que , si le nombre de ses habitans n'est pas absolument aussi grand qu'il pourrait l'être , il est toujours tendant à sa plénitude. Si l'Écliptique fesait avec la ligne équinoxiale un angle de quarante-trois degrés au lieu de vingt-trois , les trois quarts du Globe seraient inhabitables ; parce que les Tropiques , même à les prendre dans la situation où ils sont à-présent , éprouveraient alors dans l'espace d'un an toute la la chaleur de la Zône torride , & tout le froid des Zônes glaciales : & il n'y a point de plantes ni d'animaux , qui pussent tenir contre ces deux extrêmes. Si le plan de l'Écliptique était le même que celui de l'Équateur , ou s'ils étaient seulement parallèles , il est clair encore que la plus grande partie du globe serait sans été , & conséquemment sans moissons , ou , ce qui revient au même , sans habitans.

Je n'ignore pas qu'il y a des deserts ; mais qui nous assurera , qu'ils ne sont pas , à l'égard de la terre habitable , ce que sont les places ou les quarrés dans les grandes villes , qui n'existent que pour conserver à l'air la pureté , qu'il perdrait peut-être , si tout était également habité ; ou qui nous assu-

rera qu'ils n'ont abfolument pas d'habitans ;
puifque *Haffelquift* dans fon Voyage au Le-
vant rapporte , qu'ayant examiné de près le
fable des deserts de l'Égypte , il y avait
trouvé plufieurs efpèces connues d'Infectes, &
quelques-unes qui ne le font point ? Mais fup-
posé qu'on n'y trouve en effet aucun habitant;
encore fe peut-il que ces vaftes bandes de
fable , qui f'étendent du fond de l'Afrique
jufques bien avant dans l'Asie, aient leur utilité par rapport à la vie (*) : foit qu'elles forment des vides, où l'atmofphère recouvre fon
élafticité & d'autres qualités qu'il perdrait
peut-être , fi tout était également plein de
vie ; ou qu'elles foient néceffaires pour renvoyer avec plus d'éclat la lumière , deftinée à
éclairer le Monde. Il eft encore vrai , qu'il y
a un grand nombre de terres incultes : mais
qu'on ne f'imagine pas que l'agriculture contribue par-tout à l'augmentation de la vie ; il
y a des pays, où il eft pour le moins douteux ,
fi elle n'en diminue pas la quantité. Tels
font , par exemple , ceux qui abondent dans
cette efpèce d'Infectes dont l'agriculture demande l'extirpation , & que le continuel dé-

---

(*) L'on a vu plus haut la cause de ces lacunes : comme ce font les pluies qui ont apporté la terre-végétale
où la mèr ne la pas amoncelée, ceux de ces endroits où
il ne pleut pas , où les eaux courantes ne peuvent déposer de limon , font demeurés arides : ils auraient même perdus à-la-longue toute la terre-végétale qu'ils euffent eue d'abord, f'il n'y pleut pas, f'ils ne font pas pro-
tégés par des montagnes , & qu'ils foient exposés à des
vents fougueux, qui l'enlèvent réduite en pouffière.

frichement des terres extermine en effet. Pour une espèce que l'on favoriserait, en défrichant quelques forêts de l'Amérique, on en détruirait peut-être dix.

Le Monde, dis je, contient donc une inmense quantité d'êtres vivans. Il paraît par l'expérience, que malgré la multitude innombrable de ceux qui s'offrent à nos yeux, nous n'en pouvons voir qu'un partie, & une très-médiocre partie. Quand on examine la nature avec le microscope, cieux, quel spectacle ! on voit la vie sortir avec profusion des moindres objets ; un brin d'herbe, une goute d'eau douce contient des mille milliers d'êtres, qui sont doués d'organes, qui se meuvent, qui vivent, qui s'ébatent entr'eux ; & quand on vient à examiner leur origine, on trouve que sans-doute ils en sont redevables à une prodigieuse multitude d'Insectes invisibles qui flotent dans les airs (*) ; desorte qu'on a tout sujet de croire, que toute l'atmosphere est inprégnée de vie.

Cette prodigieuse étendue de la vie animale demande sans doute pour sa production, & encore plus pour sa conservation, des arrangemens, des combinaisons, des ressources infinies ; & la Nature est entrée dans le détail de tout.

1.^{nt} Comme les fruits de la terre sont la

____

(* Il y en a même de visibles à une élévation considérable, qui servent de nourriture aux martinets : ces oiseaux, respect s dans certains cantons, y sont très-utiles pour débarrasser l'air ; l'araignée l'est de-même, ainsi que mille autres espèces viles & proscrites.

base de la fubftance vivante, il falait d'abord
que la terre produisît une inmenfe quantité
de fruits ; & comme les climats, les faisons,
les terreins varient à l'infini, il falait mettre
toute la diverfité poffible dans les plantes &
dans les arbres qui les produifent, afin qu'il
y en eût pour toute forte de territoires, & que
les montagnes, les fables, les rochers euffent
leur verdure, auffi bien que les plaines & les
vallées les plus fertiles (*).

2.nt Les plantes & les arbres ainfi variés,
il falait encore introduire toute la diverfité
poffible dans l'animalité. L'on fuppofe ordinairement que la variété des plantes eft fubordonnée à celle des animaux ; mais cette fup-
pofition n'eft point jufte ; car comme le but
de la Nature a été de remplir le monde de
vie, & que tous les terreins ne font pas également propres à produire toutes fortes de
plantes ; il eft beaucoup plus naturel de fup-
pofer, que c'eft la diverfité des terreins qui
détermine celle des plantes ; & que c'eft la diverfité des plantes qui fait celle des animaux.

Les plantes & les arbres étant partagés en
tant de différentes efpèces, il falait toute la
variété correfpondante dans les animaux :
il falait qu'il y eût des efpèces aîlées qui puf-

(*) Cette variété n'a rien coûté à la Sageffe infinie
(non plus que toutes fes autres productions) c'eft-à-dire,
qu'elle n'a demandé aucune opération particulière de
l'intelligence ; par un acte unique & primitif, la Nature
coordonne tout de-manière, que tout fe fait enfuite &
réfulte néceffairement de cette coordonnance : ainfi la
variété dont le Curé parle s'eft effectuée par la différence de latitude & de terroir.   N 4

sent se transporter promptement d'un endroit à l'autre, & fréquenter les lieux les plus éloignés, & les plus élevés du globe. Il falait qu'il y eût des reptiles, qui, en se glissant le long de la superficie de la terre, en absorbassent toute la nourriture, inaccessible aux autres espèces. Il falait encore qu'il y eût des quadrupèdes, qui consumassent les tiges & les feuilles des plantes, tandis que d'autres en recueilleraient la graine. Il falait en-un-mot qu'il y eût plusieurs classes d'animaux, & que chaque classe fût divisée en une multitude d'espèces de différentes formes & de différente grandeur; afin qu'il n'y eût aucune partie du globe qui ne fût habitée, frequentée, furetée par l'une ou l'autre race; & que tout ce qu'il rapporte des fruits fût converti en vie animale.

Qu'on examine à présent l'état actuel des choses dans le monde, & l'on verra que c'est précisément le plan qu'a suivi la Toute-puissance. D'abord il faut avouer qu'elle a mis une diversité infinie dans les plantes. Est-il pays si disgracié de la Nature, qui n'ait ses productions ? Est-il saison de l'année qui n'ait ses fruits ? Est il espace de terre si petit, qui ne montre jusqu'où peut aler à cet égard le pouvoir plastique ? Parmi ces mille milliers de brins, qui composent la mousse des champs, combien peu qui se ressemblent à tous égards ? Et pour ce qui est des animaux, leur variété va de même au-delà de toute conception. Variété infinie dans leur taille, dans leurs formes, dans leurs goûts, dans

leur manière de vivre. Depuis le ciron juſqu'aux plus puiſſant des quadrupèdes, il y a
une gradation imperceptible d'animaux de
différentes groſſeurs, & chaque gradation eſt
composée d'une multiplicité d'eſpèces, qui
toutes prennent des alures particulières, qui
toutes ſont pourvues d'armes différentes. Dans
chaque gradation, on remarque des animaux
terreſtres, des animaux aquatiques, des animaux qui volent & qui flotent dans l'air. Il y
a des races frugivores, des races carnivores, &
des races mixtes, qui vivent également d'herbes & de chair : & il n'en eſt aucune, dont la
forme & la ſtructure ne ſ'accommode d'une
façon toute particulière au lieu qu'elle habite,
& au genre de vie qu'elle doit mener. Toutes
ſont douées de quelques talens ; mais celles
qui partagent les mêmes qualités, diffèrent
encore dans la manière de les poſſéder. Celles
qui ont de la force ou de l'agilité, l'ont, les
unes dans les côtes, les autres dans les ver-
tèbres, les autres dans les ailes, les autres
dans les jarrets, les autres dans le cou ou
dans les mâchoires. Il en eſt encore qui ſe
diſtinguent par une fineſſe extraordinaire de
ſens ; mais ici, cette fineſſe gît dans la vue,
là dans l'ouie, là dans l'odorat, là enfin tous
les ſens ſemblent ſe concentrer dans le tact.
Toutes ont reçu de la Nature un certain
nombre d'organes, qui ſont les mêmes pour
l'usage, mais qui varient à l'infini pour la
ſtructure & la diſposition. Quelle différence,
par exemple, entre la diſposition du cerveau
& des nerfs dans les oiseaux, & dans les

quadrupèdes ! entre la ſtructure des pou-
mons dans les races aquatiques , & dans les
races terreſtres ! Dans les bipèdes & les quadrupèdes , les inteſtins ſont composés de
différentes pièces , qui ont toutes leurs formes
& leurs moûlures particulières : dans les reptiles & les inſectes , c’eſt un ſeul ſac ou canal ,
qui prend de la tête , & qui va juſqu’à la
queüe : dans les races teſtacées , qui ſont attachées aux rochers & aux lieux ſcabreux de la
terre , ce ſont les os qui couvrent la chair ;
aulieu que dans toutes les autres eſpèces , c’eſt
la chair qui ſert d’envelope aux os. Mais
l’endroit par où les animaux varient le plus ,
c’eſt l’organe , qui leur ſert à recueillir leur
nourriture. Ici chaque animal prend d’abord
l’empreinte de l’élément qu’il habite ; les
races terreſtres , les races aquatiques & celles
qui fréquentent l’air , ont chacune cet organe
moûlé différemment. Et ces formes générales
ſe diverſifient enſuite dans chaque eſpèce , ſelon les lieux qu’elles parcourent & la nourriture qu’elles prennent. A ceci , on diſtingue les
eſpèces frugivores d’avec les races carnivores; non-ſeulement parmi les quadrupèdes ,
mais encore parmi les oiseaux & les poiſſons ;
non-ſeulement parmi les animaux qui ſont
visibles à nos yeux , mais encore parmi ceux ,
que l’on ne découvre que par le moyen du
microſcope. Quel appareil de ſcies , de pin-
ces , de tenailles , de marteaux & d’autres armes offenſives n’obſerve-t-on pas ſur le devant de la tête de quelques animalcules; tandis que d’autres l’ont toute unie ! A ceci , l’on

diftingue encore les efpèces qui fe nourriffent des racines des plantes , d'avec celles qui broûtent l'herbe tendre : les quadrupèdes du premier ordre ont tous le museau effilé & long , le néz dur & retrouffé , les dents de deffous dépaffant celles d'enhaut , les lèvres ferrées & fortement tendues fur la machoire : ceux du fecond ordre au contraire , ont les babines amples, lâches & douées d'une grande volubilité ; le mufle plat & large , les dents unies & ferrées. Tant eft vrai ce que je difais tantôt , que la variété du monde animal eft fubordonnée à celle du monde végétatif! Regarder tout cela comme un jeu de la Toute-puiffance , ou comme les caprices d'un Être qui fe plaît à étaler fà fageffe, c'eft n'avoir étudié la Nature & les perfections du grand Architecte de l'Univers que dans certains fyftèmes de Théologie ; c'eft avoir des idées peu dignes de Dieu.

Malgré la variété de formes qu'on remarque dans le monde animal , auffi-bien que dans le monde végétatif, il n'en eft aucune qui ne foit régulière dans fa ftructure ; aucune qui n'ait fes grâces & fes beautés. Mais fi l'on y fait attention , on verra qu'à l'égard de ces qualites mêmes, la Toute puiffance a eu plus en vue l'abondance & le bien-être de la vie, que quelqu'autre but que ce foit. Que font-elles en effet, que des fuites néceffaires de l'aptitude des ces formes aux fonctions , auxquelles elles font deftinées?

De cet affemblage de fleurs , de feuilles,

de branches , de rejetons , de tiges ; de la con-
figuration particulière de chacune de ces parties ; de leurs proportions & de leur régularité , résulte sans-doute une grande beauté
dans la structure des arbres & des plantes :
mais de là vient encore leur aptitude à végé-
ter & à tirer du sein de la terre les fruits , qui
font la nourriture des animaux. Il n'est point
de formes plus propres à contenir dans le
moindre espace possible cet amas de fibres, de
filasses, de tubes & de vases nécessaires à la vie
végétative , que la forme cylindrique de leurs
tiges & de leurs branches. Il n'en est point non
plus qui résiste mieux aux chocs & aux fric-
tions, & qui par-conséquent se conserve plus
longtemps en son entier. Et quant aux branches, qui se partagent avec ordre , & qui dans
leurs différentes courbures semblent craindre
également de s'éloigner de leurs tiges , & de
s'incommoder les unes les autres , elles ne sauraient prendre des directions plus propres à
remplir & à mettre à profit chaque point de
l'espace que la Nature leur assigne. Les feuilles
& les fleurs ont aussi leur usage ; celles-ci étant
destinées à favoriser la transpiration , les premières à servir d'envelopes aux fruits tendres &
nouvellement sortis de leurs matrices. En-un-
mot, il est impossible de concevoir des formes,
plus propres à répondre au but pour lequel
elles ont été produites.

Dans le monde animal , la variété des
membres , leur justesse & leurs proportions,
donnent de-même au corps qui les rassemble

des grâces toutes particulières : mais ce n'eſt pas là le ſeul, ce n'eſt pas même le principal avantage qu'il en retire. De là encore ſa force, ſon adreſſe, ſon agilité, qualités bien plus néceſſaires à ſa conſervation que la beauté. Et que dirai je des contours que la Nature lui a appropriés ? A t-elle rien fait de plus beau, de plus charmant ? Par leur fineſſe, ils font voir les plus doux mêlanges d'ombres & de lumière : par leur fluidité, ils font naître mille formes différentes, & toutes également pleines de grâces & d'expreſſion. Chaque muſ-cle qui ſe meut, chaque paſſion qui ſ'ébranle au-dedans, occaſionne quelque changement au-dehors : les contours ſe gonflent ou ſ'af-faiſſent, ſe ramaſſent ou ſ'alongent, ſuivant que l'animal eſt agité de crainte ou de colère, de joie ou de triſteſſe. Les Peintres, dans leurs plus beaux élans, ſaiſiſſent quelquefois ces formes viſibles, que la Nature donne aux ſentimens de l'âme ; & c'eſt tout ce que les hommes peuvent faire à l'imitation de la ſou-veraine Intelligence qui a préſidé à la forma-tion de la vie.

Il n'eſt point de contours, diſais-je, qui ſoient ſuſceptibles de plus de grâces que ceux que la Nature a appropriés aux corps des animaux : mais j'ajoute, qu'il n'en eſt point non plus qui donnent lieu à une plus grande variété de mouvemens. De la manière dont ſont faits les animaux, ils ſ'étendent, ils ſe dévelopent, ils ſe plient, ils ſe tour-nent en tout ſens, & quelle que ſoit leur at-

titude, ils conservent toujours l'équilibre. Il
en est qui se glissent sur les surfaces les plus
raboteuses, qui passent les défilés les plus
étroits avec la vitesse & la vélocité d'un mé-
téore. Et quoique tous n'aient pas le même
degré de souplesse & d'agilité, l'on conçoit
cependant que, jusqu'à un certain point, ces
qualités leur sont nécessaires à tous : car c'est
par leur moyen qu'ils s'accomodent par-tout
au lieu qu'ils fréquentent ; qu'ils ont tant de
facilité à chercher & à saisir leur nourriture ;
tant d'adresse à éviter les coups qu'on leur
porte. Donnez leur à présent une forme différente de celle qu'ils ont reçue, & vous dé-
truirez par cela même ces facultés, si nécessaires à leur bien être.

La force seule ne demande que de la solidité ; mais quand elle doit être jointe à la
souplesse & à la légèreté, quelle multitude
de combinaisons n'exige-t-elle pas ! Il faut
une prodigieuse quantité de ressorts, & que
chaque ressort, pesé à la balance, ait précisément le poids, le pli, la solidité nécessaire
pour produire son effet, & rien de plus. Il
faut ensuite que ces ressorts, réduits à leur
moindre grandeur, occupent tous ensemble
le moindre espace possible, & qu'ils conservent cependant toute la liberté de leur action.
Il faut encore, que tout cela soit renfermé
dans cet espèce de contours qui donnent le
moins de prise à la résistance, c'est-à-dire,
dans des contours simples, unis & coulans.
En un mot, pour réunir dans un même corps

la force, la foupleffe & l'agilité, il faut de l'arrangement, de la fymétrie, de la jufteffe, des proportions, & conféquemment de la beauté; car elle resulte neceffairement de la réunion de toutes ces qualités.

La beauté des formes dans le fyftème animal eft donc fubordonnée à leur utilité. Auffi nous plaisent-elles à-proportion de leur aptitude à réunir ces deux objets. Il y a du plaisir à confidérer la forme élégante du cygne; mais ce plaisir redouble, quand on voit la facilité, la majefté avec laquelle il fe meut; ou quand alongeant fon beau cou, on le voit tirer du fond des eaux la nourriture qui lui eft propre. D'un autre côté, le prix des formes diminue à nos yeux en raison de leur infuffisance. Dans l'endroit où fe trouvent placées les jambes d'un cerf, elles ont de la beauté; mais imaginez-les placées fous la maffe énorme d'un éléphant, elles y paraîtront bien moins belles, que ces colonnes lourdes & épaiffes, qui foutiennent ce monftrueux animal. Les Poètes ont effayé de furpaffer la Nature, en raffemblant fous une feule forme les beautés, qu'elle a partagées entre plusieurs. Ils ont ajouté des ailes aux corps des hommes & des quadrupèdes. Ils ont imaginé des lions & avec des becs d'aigles, & des poiffons avec des têtes humaines; Mais ils ont fait en cela ce que font ceux, qui coupent la queue & les oreilles à leurs animaux domeftiques, & leur mettent en place des rubans & des grelots. Ils ont détruit la

Nature, & ne lui ont substitué que des absurdités. Toutes belles que soient en peinture les formes de leurs Pégases, de leurs Centaures, de leurs Satyres, & de leurs dauphins, elles nous paraîtraient bien hideuses, si nous les voyions réalisées. Un Jeune-homme, qui aurait l'échine garnie de plumes, & embarrassée de deux grandes ailes, dont il ne pourrait se servir, passerait à coup sûr pour un monstre, aussi bien que pour un ange. Combien sont préférables à ces figures éclopées & puériles les desseins majestueux & simples de la Nature ? Elle a donné des ailes aux oiseaux ; mais avec quelle grâce leur forme leste & légère ne s'ajuste-t-elle pas à cet équipage ? Elle leur a donné un cou long, étroit, & finissant en pointe ; mais on voit d'abord que le reste du corps a besoin de cette armure, qui lui sert en même temps d'équilibre & de proue (*).

Mais, dira quelqu'un, si la justesse & l'élégance des formes dans le système animal contribuent à les rendre propres aux usages auxquels elles sont destinées, on ne voit pas le

(*) Il n'est pas jusques aux corps inanimés, dont la beauté ne dérive en quelque façon de leur aptitude pour les usages auxquels ils sont destinés. De-là vient que les colonnes torses ou évidées, qui ont tant de grâce, lorsque le poids qu'elles soutiennent est proportionné à leur épaisseur, font un effet très-desagréable sous des masses dont le poids excède leurs forces. De-là vient que les carosses modernes ont, avec avec moins d'ornemens, beaucoup plus de beauté que ceux que l'on fesait autrefois.

rapport,

rapport, qu'ont avec ce but, ces couleurs admirables que la Nature a jetées, avec autant d'art que de profusion sur la surface de quelques unes de ces formes : & conféquemment elles ont des beautés, qui font indépendantes de leur aptitude. Je répons qu'il eft d'autres endroits, par où ces beautés peuvent contribuer, & contribuent en-effet à leur bien-être; cela nous fuffit : car tout ce que nous voulons dire ici, c'eft que Dieu ne f'écarte jamais de ce but dans les qualités qu'il communique à fes productions. Suppofer en-effet qu'il orne fimplement pour orner, c'eft le mettre au niveau des hommes, qui ne travaillent fouvent, que pour montrer leur favoir-faire, & dont les ouvrages n'ont par-conféquent rien de décidé pour l'ufage. La beauté que les animaux ont reçue en partage leur eft utile à plus d'un égard, outre celui dont nous avons déja parlé : C'eft elle qui les attache fi intimement à leur être : c'eft elle qui les rend fi attentifs à fe nétoyer, à fe conferver. Car avec la beauté, ils ont reçu le fentiment qui là diftingue & la chérit. Quelle complaifance dans les regards, qu'ils jettent fur eux-mêmes ! quelles expreffions d'amour-propre dans leurs accens & dans leurs alures ! Ils font fans ceffe occupés à conferver dans fon luftre l'émail que la Nature leur a donné, & ces foins ne contribuent pas peu à leur fanté. Non-feulement ils fentent le mérite de leur beauté, mais ils la démêlent & l'approuvent dans les autres. La chofe eft hors de doute à l'égard des deux fexes dans la même efpèce. Jamais ils ne font fi atten-

Tome III.   O

tifs à faire valoir les grâces que la Nature leur a données ; jamais ils n'en sont si glorieux, que lorsqu'ils se trouvent vis à-vis l'un de l'autre : & si nous en jugeons par nous-mêmes, combien ce sentiment ne doit il pas contribuer à leur félicité ?

Nous considererons demain l'opposition qu'il y a entre les differentes races.

M A R D I.

[SUITE. *Des animaux carnivores*

II. IL y a un phénomène dans la vie animale, qui mérite toute notre attention, & que nous alons envisager sous le même point-de vue. Une moitié de ce qui a vie est toujours en guerre avec l'autre ; une partie de la substance vivante se repaît de l'autre. Phénomène qui a fait de la peine à bien des gens. Que n'a t on point dit pour le concilier avec l'idée d'une Providence bientesante, qui veille au bonheur & à la conservation de tous les êtres ?

Les uns ont prétendu que c'était une conséquence nécessaire de cette corruption universelle, dans laquelle ils ont supposé que la Nature était tombée, depuis la chute d'Adam : & afin de faire au moins quelques exceptions à de si mauvais exemples, ils ont pensé sérieusement à s'abstenir de tout usage des viandes. D'autres ont cru qu'il devait y avoir un état à venir, un Paradis pour les pauvres meurtres dans les races brutes, aussi-bien qu pour ceux qui avaient mérité ce titre parmi les hommes. Outre que ces hypotheses n'ont aucun fondement dans la constitution actuelle des choses, elles ne lèvent point les difficultés ; elles ne font que fubftituer une difficulté à une autre. La vérité eft que, quand on veut fe former des idées juftes du plan de la Nature, il ne faut point raisonner d'après fon imagination ; il ne faut point règl r fes jugemens fur les décisions d'une prétendue infaillibilité que f'arrogent certaines genf. Il faut f'en tenir aux faits ; en raffembler le plus grand nombre que l'on puiffe ; les envisager de tous leurs différens côtés ; les comparer enfemble, & faire de leurs rapports ou de leurs difconvenances le fondement unique de fes jugemens.

C'eft un fait, que la Nature a non-feulement permis, mais voulu, que les animaux f'entredévoraffent ; fi quelqu'un en doute, qu'il confulte les mouvemens les plus communs de la nature humaine ; d'où viennent ces frémiffemens involontaires à l'approche de certains animaux & cette envie machinale de leur courir fus? Les perfonnes délicates & bien élevées nous diront peut-être, qu'elles ne fe trouvent point de pareils mouvemens ; qu'elles n'en découvrent pas affés d'exemples en d'autres, pour en faire une règle générale. Mais fi ces mouvemens leur font inconnus, c'eft qu'ils fe trouvent perpétuellement combattues en elles mêmes par cette bienféance de mœurs, par cette douceur de tempérament, que donne l'ufage du monde : d'ailleurs, ils reftent toujours cachés au fond de leur nature ; & il y a des occasions, où, malgré toutes les barrières qu'on leur oppose, ils fe répandent au dehors. *C'eſt la Société civile*, comme le dit un excellent Critique moderne , *qui plie nos humeurs au gré de l'humanité, & qui, à force de nous moriginer, nous donne à tous un ſeul & même ton, nous fait prendre à tous un ſeul & même pli.* C'eſt ſous ſa diſcipline que nous devenons tous les meilleurs enfans du monde, ſouples & obéiſſans au poſſible : mais quand les paſſions violentes viennent à ſ'ébranler, il nous arrive ce qui arriva aux Singes de la Fable, lorſqu'on leur jeta des pommes. Toute cette diſcipline artificielle ſ'évanouit ; & nous nous trouvons bientôt dans l'état libre & féroce de la Nature (*).

N'inſiſtons cependant pas trop ſur ces ſentimens ; il en eſt d'autres qui ſont encore plus marqués. D'où-vient ce desir qu'ont la plupart des hommes de ſe nourrir de chair ? & ſi l'on ſoupçonne ici la nature humaine de corruption , qu'on examine d'autres eſpèces ; que l'on voie comment certains animaux , altérés de ſang , ſ'acharnent à la deſtruction d'autres animaux. Comment la Nature les a armés de griffes & de dents pour cet effet, tandis qu'elle n'a donné aux victimes de leur fureur que la vigilance & l'activité ; & à quelques-unes même elle n'a laiſſé , pour ſe défendre , que les gémiſſemens & les cris. Que l'on conſidère la voracité de l'aigle , la force terrible de ſon bec , & de ſes regards, qui percent juſqu'aux objets les plus éloignés avec la viteſſe d'un éclair. Que l'on contemple les piéges que l'araignée tend à ſa proie , quelle juſteſſe ! quelle adreſſe à ſ'en ſervir !

____

(*) Hurd , notes ſur l'Art-poétic , page 74.

[245]

C'eſt un fait, dis-je, que les animaux ſont dans un continuel état de guerre, & que c'eſt la volonté du Producteur, que les uns ſervent de nourriture aux autres. Que ſ'enſuit-il de là ? que les œuvres de la Toute-puiſſance ſont défectueuſes ? ou que le monde, ayant d'abord été créé parfait, eſt tombé depuis dans une corruption générale ? Point du tout. Il faut chercher ailleurs des preuves de la dégradation de la Nature. Ce n'eſt pas un fait moins certain, que la Loi, qui ordonne la deſtruction d'un animal pour le bien de l'autre, contribue à l'augmentation de la vie, & à ſon bien-être. C'eſt ce qu'il faut prouver à-préſent.

On nous accordera ſans doute, que la Loi qui ordonne qu'un animal ſervira d'aliment à un autre, contribue à l'augmentation, & au bien-être de la vie, ſi nous pouvons prouver les deux propoſitions ſuivantes: 1.ᵐᵉ Qu'elle introduit dans la Nature pluſieurs eſpèces nouvelles, qui ſans cela ne ſauraient y avoir lieu: 2.ᵉ Que l'acceſſion de ces nouvelles races ne nuit en aucune façon aux autres; qu'au-contraire elle leur eſt utile & en quelque façon néceſſaire.

La première de ces *propoſions* eſt de l'ordre de celles, qu'il ne faut, pour-ainſi-dire, qu'énoncer pour en faire ſentir la vérité. Combien de nouvelles eſpèces en-effet cette loi n'introduit-elle pas dans la Nature ? Elle y introduit: 1.ᵐᵉ ces reptiles & ces inſectes qui ſ'amaſſent ſur les cadavres & qui ſe nourriſſent de leur ſubſtance. A n'en juger que ſur les apparences, on dirait que ces animaux s'engendrent de la corruption même; & ç'a été le sentiment des Anciens : mais les Naturalistes modernes , ayant examiné les choses de plus près, ont trouvé qu'ils étaient redevables de leur existance au dépôt de quelqu'autre insecte. On a mis des chairs toutes fraîches dans des vases qu'on a laissés les uns ouverts , les autres couverts de quelque toile fine. Les chairs que l'on a tenu renfermées se sont corrompues, se sont changées en une liqueur épaisse & puante , mais n'ont produit aucun animal , quoiqu'elles fussent accessibles à l'air extérieur. Celles au contraire , qu'on a laissé exposées à l'air , ont été remplies de vers dans un très-court espace de temps , & ces vers ont été transformés en mouches, précisément du même ordre que celles que l'on avait d'abord observées autour des chairs.

Bien plus , comme l'opinion des Anciens était fondée principalement sur certaines transformations, que l'on supposait avoir lieu dans quelques animaux , on a démontré que ces transformations étaient absolument chimériques (*); que l'animal qui est premièrement chenille , ensuite nymphe , & puis papillon , renferme déja sous la forme de chenille , les piéds , les ailes , les cornes , en un mot tous les membres du papillon , & que les différens changemens qu'il subir , ne sont qu'au

____

(*) On ne parle pas ici des transformations nuées par gradations insensibles , qui d'un seul animal primitif , ont formé cette admirable variété que nous voyons , puisqu'à la page précédente & ailleurs on traite les carnivores d'espèces nouvelles; mais d'une transformation subite qui est physiquement impossible.

tant de dévclopemens de ces mêmes membres, pliés d'une façon merveilleuse dans la plus étroire enceinte, & recouverts d'envelopes, précisément comme le bouton d'une fleur renferme toujours le même fruit, quoique fous diverfes apparences.

Il fuffit que ces races fe repaiffent de chair animale, pour que je les puiffe mettre ici au rang de celles qui font introduites dans le Syftème animal par la loi de la Nature que je voudrais juftifier à vos yeux, comme elle l'eft aux miens.

2.ᵐ A ces efpèces il faut ajouter celles qui f'attachent aux corps des animaux vivans, & qui fe nourriffent de leur chair & de leur fang. Efpèces dont le nomdre fe conçoit à-peine. Il n'y a poiñt de quadrupèdes, point d'oiseaux, point d'animal, perceptible à la fimple vue, fur lequel on ne trouve d'autres animaux qui fe nourriffent de fa fubftance, & qui ont tous une forme & des alures différentes, felon les corps fur lefquels ils fe trouvent. Il y a dans l'eau douce un infecte, qui n'y fait, pour ainfi dire, qu'un point : quand on l'examine avec le microfcope, on voit qu'il eft fans ceffe occupé à fe défendre contre d'autres infectes, beaucoup plus petits que lui, & ce qu'il y a de plus extraordinaire, c'eft que la Nature l'a armé pour cet effet d'un efpèce d'efcourgée, avec laquelle il fe bat fans ceffe les flancs. La vérité eft, que ces êtres, auffi-bien que ceux, dont nous parlions tout-à-l'heure, nous paraiffent vils & méprisables : mais quels qu'ils fe montrent à notre égard,

O 4

ils font des effets de la Toute-puiſſance, &
l'on trouve en eux, auſſi-bien que dans les
animaux qui nous ſemblent plus nobles, des
fibres, des tendons, des muſcles, des veines,
des artères, des fluides, qui circulent; cet
agencement merveilleux de reſſorts, cette
action & cette reaction d'un nombre infini de
cauſes; en-un-mot cette énigme merveilleuse,
qui fait l'eſſence de la vie animale, & que les
hommes ne comprennent point. Ces mouvemens d'averſion, que nous nous ſentons à
l'égard de quelques animaux, ſont abſolument relatifs à la ſituation où ils ſe trouvent
par rapport à nous; mais ce n'eſt point là le
point-de-vue dans lequel nous devons les en-
viſager, lorſque nous voulons apprécier au
juſte l'excellence de leur être (*).

3.ᵐᵉ On voit une multitude d'oiseaux,
occupés ſans ceſſe à déterrer & à détruire les
reptiles & les inſectes qui ſe trouvent à la

____

(*) Si nous en jugeons ſur le rapport de quelques Na-
turaliſtes qui les ont examinés avec ſoin & ſans préjugés, nous auront de tout autres idées. *Tout perſuadés que
que nous ſommes*, dit M. Baker (*De l'Utilité du Microſcope,*
p. 111) *que la Nature fait tout avec la même facilité, il nous
paraît merveilleux cependant de trouver dans des points de vie
tels que certains inſectes aquatiques, qui ſ'aperçoivent à-peine,
un plus grand nombre de membres mis en mouvement, un plus
grand nombre de roues & de reſſorts perpétuellement en action,
un mécaniſme plus varié, plus compliqué, plus curieux, un
deſſein en apparence plus profond, en-un-mot, un tout plus beau,
plus complet, qu'on ne voit dans la taille énorme de l'éléphant,
du crocodile ou de la baleine. Autant que les reſſorts & les mouvemens d'une montre ſont ſupérieurs aux roues d'un charriot,
autant leur ſtructure devrait paraître ſupérieure à celle de ces
animaux.*

ſuperficie de la terre, ſur les arbres & ſur les plantes. C'eſt un autre ordre d'eſpèces nouvelles, introduites dans le Syſtème animal par l'ordre de la Nature, dont il eſt ici queſtion : & il faut avouer que ces oiseaux ſ'ajuſtent merveilleusement à la place qu'ils y occupent, & pour la taille, & pour la forme, & pour la fineſſe des ſenſ. Ils ont tous le bec long & effilé, les ongles des piéds obtus, les ailes courtes, le vol précipité, la taille moindre que le reſte de la race ailée : au moyen de quoi ils ſe gliſſent facilement dans les endroits où ſe trouve leur proie, & l'emportent malgré tous ſes retranchemens. On en voit qui vont talonant ſans-ceſſe la terre, & qui par cet artifice attirent les vers à ſa ſuperficie, & les prennent.

4.ᵗ De ce nombre ſont encore toutes les races ailées qui volent ſur les eaux, & qui ſe nourriſſent de poiſſon ; & il n'y en a peut-être point de plus nombreuses. D'une extrémité du monde à l'autre, les marécages, les étangs, les rivières, les anſes, les baies, les golphes, les côtes de la mer en ſont peuplés & retentiſſent de leurs cris ; ils rempliſſent de leur nombre toutes les côtes de la terre habitable ; & le Pilote égaré retrouve, en les apercevant, la route qu'il doit tenir, parce que tous ſont différens ſelon les endroits qu'ils fréquentent. On ne ſaurait lire ce qu'en disent les Voyageurs, ſans admirer la Nature, qui a fait des habitans pour les plages les plus isolées & les plus affreuſes du Globe.

5.ᵗ De ce nombre ſont ſur-tout les races carnacières, qui ſe trouvent ſur la terre. Tels

font les lions , les tigres , les loups , les ours ,
parmi les quadrupèdes: le aigles, les vautours,
les cormorans , les éperviers parmi les les oiseaux Il faut avouer qu'après les hommes , la
vie animale n'a rien de plus parfait que ces efpèces (*). Leur démarche altière & légère ,
leurs regards perçans & affurés , leur courage,
leur force , leur hurlemens , leur fureur ,
tout en elles montre qu'elles ont reçu une double portion des ces principes qui font l'effence
de la vie. Cependant fans l'ordre de la Nature , qui a établi qu'une partie de la fubftance vivante ferait la nourriture de l'autre ,
il faut les exclure de la coordonnance des êtres.

6.nt Je vais plus loin , & je dirai , que les
hommes mêmes doivent être mis au rang des
efpèces , qui ont lieu dans le fyftème animal
en conféquence de cet ordre. Ne vivent-ils pas
la plupart de chair ? & f'il en eft qui fe nourriffent de fimples végétaux , leur nombre fait-
il équilibre avec celui des autres? leur vigueur,
leur force , leur courage, font-ils à comparer
avec ce qu'on remarque à cet égard , dans
ceux qui fe nourriffent des animaux ? Sans cet
ordre de la Nature, les trois quarts de l'efpèce
humaine manqueraient de fubfiftance. Il eft
impoffible que tous les hommes vivent des

____

(*) Cela eft tout fimple, puifqu'ils prennent une nourriture deja vivifiée , plus parfaite &c : je ne reviendrai
pas fur cette idée , deja exprimée , *tome 2* : en conféquence , la nourriture naturelle de l'homme , le plus perfectionné des animaux, c'eft la chair, puis le poiffon,
enfuite les légumes, mais cuites, ce qui les rend plus
digérables, & par-conféquent plus nourriffantes.

fruits de la terre. La plupart de ces fruits ne font propres pour leur usage, qu'après qu'ils ont été convertis par la manducation dans la fubftance des animaux, qui en font leur nourriture : & quant à ceux qu'ils recueillent directement de la terre, il y a peu de pays qui en produisent une quantité fuffifante, pour pouvoir feuls en nourrir tous les habitans (*). Mais fuppofons que la terrre ait partout la fer-

(*) En Amérique, la terre produit d'elle même beaucoup de fruit. Je crois qu'on n'aurait point ces avantages en Europe; fi l'on y laiffait aujourd'hui la terre inculte, il n'y viendrait guère que des forêts de chênes & d'autres arbres ftériles. *Efprit-des-Loix. l.* XVI *,c.9.* Telles font les productions naturelles de nos climats ; inférons delà quelle forme de celles connues ont dû y prendre les premiers animaux qui en font originaires: & difons que l'homme eft aborigène des cantons où il trouva tout ce qu'il lui falait pour fe perfectionner. Il paraît certain qu'à l'origine des chofes , il n'y eut pas d'efpèces carnacières , & que la tradition f'en eft confervée dans les peintures qu'on nous a faites de l'âge-d'or : outre qu'elles ne furent pas alors néceffaires, outre que l'on croit entrevoir qu'elles font une perfection de l'efpèce frugivore, occafionée par diverfes circonftances, on peut dire, & que l'idée de leur fimultanéité repugne, & qu'elles n'auraient pas trouvé d'abord de fubfiftance. Je ne pousferai pas les conjectures plus loin. Mais j'obferverai, que M. De-VOLTAIRE (qui trop fouvent donne un bon-mot au lieu de raifons) a mal-à-propos tourné MALLET en ridicule ; il expofe le fyftème de ce Conful au Caire, de-manière à faire croire (non qu'il ne l'a pas compris, c'eft la chofe impoffible , mais qu'il ne veut pas que les autres l'entendent. MALLET était dans un pays où la Nature eft plus parlante qu'ailleurs ; dans un pays dont l'ancien culte tenait tant à la Phyfique ! & MALLET écrivait , non pour montrer de l'efprit , mais pour publier des vérités dont il était convaincu.

tilité néceſſaire pour cet effet ; elle ne l'aura
(ſur-tout dans quelques pays) qu'en conſéquence de la culture que les hommes en feront.
Or cette culture demande du loiſir, des lumières, des découvertes. Il faut avoir quelque
idée des opérations néceſſaires à la production
des plantes : il faut des charrues, des bêches,
& des hoyaux : c'eſt-à-dire qu'il faut avoir des
métaux, & ſavoir les travailler (*). Elle ſup-
poſe encore des établiſſemens fixes ; une certaine forme de gouvernement, une certaine ſi-

---

(*) Locke regarde la découverte du fer comme le fondement des arts & des ſciences. *Pour voir*, dit-il, *d'une manière inconteſtable de quelle conſéquence peut-être pour la vie
humaine, la découverte & les propriétés d'un ſeul corps naturel,
il ne faut que jeter les yeux ſur le vaſte continent de l'Amérique,
où l'ignorance des arts les plus utiles, & le défaut de la plus
grande partie des commodités de la vie, dans un pays où la Nature a répandu abondamment toutes ſortes de biens, viennent,
je penſe, de ce que ces Peuples ignoraient ce qu'on peut trouver
dans une pierre fort commune, je veux dire le fer. Et quelle
que ſoit l'idée que nous ayions de la beauté de notre génie, ou de
la perfection de nos lumieres, dans cet endroit de la terre où les
connaiſſances & l'abondance ſemblent ſe diſputer le premier rang:
cependant quiconque voudra prendre la peine de conſidérer la
choſe de près, ſera convaincu, que ſi l'uſage du fer était perdu
parmi nous, nous ſerions en peu de ſiecles inévitablement réduits
à la néceſſité & à l'ignorance des anciens Sauvages de l'Amérique, dont les talens naturels & les proviſions néceſſaires à la vie
ne ſont pas moins conſidérables, que parmi les Nations les plus
floriſſantes & les plus polies.*

Quand les Sauvages du Canada, dit le P. Charlevoix, *ont
beſoin d'une hâche, ils prennent un caillou, & après avoir mis
un temps infini à l'aiguiſer & à le façoner, ils l'inſerent dans
un jeune arbre en y feſant une entaillure; enſuite quand l'arbre
eſt crû, & que le caillou eſt incorporé avec le bois, en telle ſorte
qu'il y tient bien ferme, ils coupent l'arbre, & cette machine tient lieu de hâche.*

tuation par rapport aux Peuples voisins. Il faut que celui qui cultive une terre se voie tout-à-la-fois protégé contre les injustices des Particuliers & contre la violence des Ennemis du dehors. Lorsqu'une seule de ces circonstances vient à manquer dans un pays, elle y rend l'établissement de l'agriculture très-difficile, pour ne pas dire, impraticable; sur-tout dans les pays froids, où la terre ne rapporte que pendant quelques mois de l'année, & où les hommes par-conséquent sont obligés d'avoir des magasins pour subsister pendant l'hiver. Et peut-on dire qu'elles se réunissent également en faveur de tous les peuples? Combien qui ignorent jusqu'au nom de cet art? Combien qui, étant environnés de toutes parts de Nations sauvages & vagabondes, ne trouvent de sûreté, que dans la desolation du pays qu'ils habitent (*)? Combien que la paresse, la férocité des mœurs attachées à leur condition, leur indigence sur-tout, empêchent de s'appliquer à cet art? Des Peuples, qui sont obligés à passer de montagnes en montagnes, de forêt en forêt, pour se procurer le nécessaire, & qui ne trouvent partout que le nécessaire, ne songent guère à se fixer dans un lieu, pour y cultiver la terre, & y attendre patiemment le temps de la recolte. Telle est la situation où se trouvait autrefois l'Europe: l'espèce humaine en avait parcouru & peuplé toutes les différentes parties long-

______

(* *Les meilleurs pays sont dépeuplés le plus souvent*, dit M. de Montesquieu, *tandis que les pays du Nord sont tous habités, par la raison qu'ils sont presqu'inhabitables.*

temps avant que l’agriculture y fût connue.
Tel eſt encore aujourd’hui l’état d’un grand
nombre de Peuples de l’Amérique ; & ils y
reſteront ſans-doute juſqu’à ce que pluſieurs
ſe trouvant réunis ſous un ſeul empire par la
conquête des Étrangers, ils forment des gouvernemens plus règlés au dedans , & plus reſ-
pectables au dehors (*). Ce ne fut qu’à la faveur des conquêtes que firent en Europe, premièrement les Égyptiens & les Phéniciens, enſuite les Grecs & les Romains , & après cela les
Francs ſous l’empire de Charlemagne , que les
arts & les ſciences en pénétrèrent les parties
intérieures. En-un-mot l’invention de l’agriculture eſt l’effet du hasard , & ſon établiſſement
celui d’un grand nombre de circonſtances ,
qui ne ſont pas à la portée de tous les Peuples.
Quelle preuve plus concluante que les hommes ſont deſtinés à vivre de la chair des animaux , & non pas ſimplement des fruits de la
terre ? Auſſi cette intention de la Nature ſe
trouve-t-elle fortement empreinte dans les
mœurs , dans les appétits , dans les usages
d’un grand nombre de Peuples. Preſque tous
aiment la chaſſe & ſ’y adonnent ; preſque
tous font de la chair des animaux leur nourriture favorite.

On a remarqué que les hommes n’ayant

____

(* Il ſemble qu’il y ait des races d’hommes preſqu’*im-
poliçables*, & d’autres qui le ſont eſſenciellement (ce qui
n’eſt pas ſans exemple parmi les animaux de même eſpèce) : celles ci ſubjuguent ordinairement les autres,&
à-mesure qu’elles multiplient, anéantiſſent ces races in-
traitables : tel fera le tort de certains peuples de l’Amé-
riques,tel fut celui des anciens Pélaſges,Celtes, Curdes,

point les dents formées comme les bêtes carnacières, ne sauraient, suivant les intentions
de la Nature, appartenir à cette classe d'animaux. La vérité est, qu'ils ont quatre dents
canines, que les espèces purement frugivores
n'ont point ; mais quand bien-même ils
seraient entièrement destitués de cette espèce
d'armes, destinées comme elles sont à saisir &
à déchirer, plutôt qu'à broyer la nourriture,
il est évident que les hommes n'en ont aucun
besoin ; puisque la Nature leur en a donné de
beaucoup plus puissantes pour cet effet. On
a dit encore que les hommes ne pouvaient
user de la chair des animaux, qu'après l'avoir
préparée au feu ; & on a ajouté, fort judicieu-
sement sans-doute, que, même dans cet
état, on la défendait aux malades. Outre que
ces assertions ne sont-pas absolument vraies,
puisqu'il y a eu, & qu'il y a encore des nations
entières, qui se repaissent de viandes crues ;
elles sont également contraires à l'usage des légumes, dont notre estomac ne s'accommode
guère mieux, lorsqu'ils ne sont pas étuvés ou
bouillis. Enfin on a tiré la même conséquence
de la structure des intestins dans les hommes;
& il est vrai qu'ils les ont plus longs & plus
lâches que les quadrupèdes carnaciers ; mais
cette différence ne viendrait-elle pas de ce
que les hommes, ayant les dents pour la plupart incisives, dans les uns, les viandes viennent dans l'estomac, toutes broyées, toutes
préparées pour la digestion ; aulieu que dans
les autres, elle y descendent en gros fragmens,
peu propres à se dégorger dans les intestins.

On voit en-effet que les chiens, qui font les
plus gloutons des animaux, jufqu'à avaler des
os entiers, ont la tunique villeuse de l'eftomac pliffée en longueur & non pas en travers ; & l'on voit cette même tunique extrêmement forte dans les ferpens, qui englou-
tiffent des animaux entiers. Ce vifcère, fortement empaumé par les côtes & par les ver-
tèbres, femble être fecondé dans fes fonctions
par leur preffion articulée. Les poules enfin,
& toute les races ailées qui fe nourriffent de
graine, mais qui l'envoient toute entière dans
l'eftomac, ont ce vifcère composé de plufieurs tiffus de mufcles, & revêtu en dedans
d'une efpèce de callofité, à laquelle font col-
lés de petits fragmens de verre ou de cailloux :
tandis que les quadrupèdes, qui fe repaiffent
pareillement de graine, mais qui la broient
entre les dens, n'ont pas les inteftins conf-
truits de cette manière ; quoiqu'il y en ait,
dont la taille ne furpaffe point en groffeur celle
des oiseaux. Tout cela nous fait croire que la
ftructure des inteftins dépend en quelque
façon de celle de la mâchoire, & que, par-
conféquent, ces membranes fortes & épaiffes,
dont font doublés les inteftins des animaux
carnaciers, viennent de ce qu'ils reçoivent les
viandes mal divisées & mal broyées ; foit
qu'ils ayent besoin de ce degré de force &
d'épaiffeur, pour mieux résifter aux flots de
bile néceffaires pour diffoudre ces viandes
mal divisées, ou pour en achever la maftica-
tion que les dents n'ont fait, pour-ainfi-dire,
qu'ébaucher. Disons donc, pour répondre en

deux

deux mots à toutes ces objections, que l'homme n'a point les dents faites comme celles des
animaux carnivores, parce qu'il n'en a pas
besoin; & qu'il n'a pas la force qu'ils ont dans
les inteſtins, parce que la ſtructure de ſes
dents rend encore cette force inutile : la Nature ne fait rien envain.

Seconde *proposition.* Je viens de faire l'é-
numération des différentes eſpèces, qu'introduit dans le ſyſtème animal la loi de la Nature, qui ordonne la deſtruction d'un animal,
pour le bien d'un autre; il ſ'agit à préſent de
prouver, que l'acceſſion de ces *nouvelles* eſpèces (*) ne nuit en aucune façon aux autres;
mais qu'aucontraire elle leur eſt avantageuse
& neceſſaire. Cette ſeconde proposition doit
être envisagée par rapport à deux différentes
claſſes d'animaux, qui ſe repaiſſent de chair;
car il en eſt qui ſont carnivores ſans être meurtriers; il en eſt d'autres, qui ſont tout-à-la-
fois carnivores & meurtriers.

Elle eſt déja toute prouvée à l'égard des
animaux carnaciers du premier ordre. Il eſt
évident qu'il réſulte de leur exiſtance un accroiſſement de vie dans le ſyſtème animal, qui

---

(*) En-effet, ces eſpèces ſont plus nouvelles, & comme un accident : les premiers animaux qui mangèrent de
la chair, en avaient goûté par-hasard en ſe batant; cette
nourriture leur plut, & l'usage qu'ils en firent changea
leur nature, dans un temps où les races n'étaient pas
encore arrêtées comme elles l'ont été depuis : le grand
loup du Gévaudan, qui fit tant de ravages il y a quelques années, n'avait pas été toujours anthropovore, il
l'était devenu de la manière que j'indique pour les premières bêtes carnacières. [*Note de l'Editeur.*]

Tome III.   P

ne nuit point aux autres espèces. Pour peu qu'on examine leur origine, leurs progrès, leurs occupations, on verra qu'ils sont faits pour recueillir les débris de la vie dans les unes, & pour conserver la santé & la vigueur dans les autres. Un animal n'est pas plutôt expiré, qu'on les voit paraître en foule autour du cadavre ; les uns semblent sortir de sa substance même ; les autres y sont amenés de loin par les vapeurs qui en émanent, & que le vent emporte. En peu de temps le corps mort redevient une masse animée, dont les différentes parties se dispersent ensuite, & vont remettre le dépôt de la vie a d'autres espèces, ou la conservent selon leur ordre & leur classe (*).

Merveilleuse économie de la Nature ! c'est en multipliant ainsi les espèces, qu'il ne se perd rien de la substance vivante, & que sa destruction sert à sa reproduction ; c'est ainsi

______

(*) J'ai enfermé, dit Redi, dans une boite percée de plusieurs trous, quelques poissons appelés barbes : ayant ouvert la boîte quatre heures après, j'ai trouvé une multitude innombrable de tres-petits vers sur les poissons, & dans les fentes intérieures du bois, & autour des vers des amas de petits œufs, dont les uns étaient blancs, les autres jaunes, & qui, lorsqu'on les cassait, laissaient écouler une liqueur blanchâtre, plus déliée, mais moins visqueuse que le blanc d'œuf d'oiseaux. J'ai remis la boîte dans l'état où elle était d'abord, & l'ayant ouverte une seconde fois, j'ai vu qu'il était né des vers de tous ces œufs, & que les coques vides étaient restées dans l'endroit où elles avaient été déposées. J'ai trouvé encore que les vers éclos le jour d'auparavant, étaient une fois plus gros, qu'ils n'étaient au moment de leur naissance. Ce qu'il y a de plus merveilleux encore, c'est que le lendemain ils étaient crûs au point, qu'ils pesaient chacun aux environs de sept grains : tandis qu'auparavant, vingt-cinq ou trente ensemble n'excédaient pas le poids d'un grain. Les au-

que le feu de la vie, éteint dans une claſſe d'a-
nimaux, ſe ralume immédiatement dans une
autre, ſ'y épure, & brûle d'une nouvelle force.

Mais ce n'eſt pas là le ſeul avantage qui réſulte de leur exiſtance : en conſumant la
ſubſtance des cadavres, & en la conſumant en
ſi peu de temps, ils les empêchent d'infecter
l'air de leurs exhalaiſons, ils conſervent par
ce moyen la ſanté & la vie à tous les autres
animaux. Il n'y a peut-être point d'endroit ſur
la terre, où cet effet ſoit plus marqué, que
dans les environs de Cartagène dans l'Amérique méridionale. Le climat de cette ville eſt
extrêmement chaud, l'air humide par l'inmenſe quantité de pluie qui y tombe (*), le pays
fertile & couvert de vaſtes forêts ; & toutes ces
cauſes réunies font que la pourriture & la corruption ſ'y engendrent facilement, en telle ſor-

_mes qui ſortaient des œufs étaient d'une petiteſſe extrême, mais en
un clin-d'œil ils conſumèrent toute la chair des poiſſons, n'en laiſ-
ſant abſolument que les arêtes, qui paraiſſaient autant de ſque-
lètes nouvellement ſortis du cabinet du plus curieux Anatomiſte
de l'Europe, ſi bien elles étaient épluchées. Ayant fermé ſoigneuſement là boîte, en telle ſorte que les vers ne purent ſ'évader malgré tous leurs efforts, cinq ou ſix jours après celui de leur naiſſance, ils ont tous été transformés en autant de cryſalides, & quelque temps après, il était ſorti de ces cryſalides des mouches vertes
& des moucherons de couleur d'azur ou noirs. Vingt jours après
m'étant aperçu que quelques cryſalides n'avaient encore rien
produit, je les ai miſes dans un vaſe à-part, & dans l'eſpace
de trois jours, il en eſt provenu une quantité prodigieuſe de moucherons : ce qui m'ayant donné l'envie d'ouvrir ce qui reſtait de
ces fourreaux ou cryſalides, j'ai trouvé que chacun contenait effectivement 25 ou 30, & quelques-uns même 45 moucherons._

(*) _Tout pays pluvieux eſt ordinairement fertile, ſ'il
eſt plaine ; on en a vu la raison, les pluies y amoncèlent
la terre-végétale._

te qu'on y refpireroit un air très-mal fain, fans une quantité prodigieuse de gallinaces, ou de grands-gosiers, que la Nature femble y avoir apoftés exprès, pour y dévorer les charognes & les ordures (1). Cet oiseau a fous le bec un gros fac ou jabot, compofé d'une membrane épaiffe, charnue, fouple, & qui s'étend comme un cuir. On ne conçoit pas la quantité d'inmondices qu'il y fait entrer, & telle eft la fineffe de fon odorat, qu'il fent fa proie à trois ou quatre lieues de diftance; telle eft fa voracité, qu'il ne la quitte point, qu'elle ne foit entièrement dévorée.

En Égypte, lorfque les eaux du Nil fe retirent, & que les terres font toutes couvertes de grenouilles, & d'autres infectes, il y vient de la Mer-noire & des côtes de la Grèce des myriades de pelicans, de grues, & d'autres oiseaux de proie, qui en très-peu de temps debaraffent le pays de ce furplus de vie, & rendent par ce moyen un très-grand fervice à fes habitans.

Mais fans aler chercher fi loin des exemples, on voit de ces efpèces d'animaux dans tous les pays, fur-tout dans le voisinage des grandes villes, & c'eft à leur exiftance que les hommes font en partie redevables de la falubrité de l'air qu'ils refpirent: confidération qui devrait fans doute les mettre à l'abri de leurs infultes (2): cependant il y a des pays où on

____

(1) Ceci prouve que la facilité de fubfiftance, & les circonftances ont occafioné la diverfité des efpèces.

(2) Et voila, en partie, pourquoi les Égypriens adoràient l'Ibis ou Cigogne, le Bœuf, le Chien, le Chat &c; on les rendit facrés, pour que leur confervation fût plus affurée: c'eft la raison politique. Mais il y en avait

[261]

les détruit, & où l'on croit bien faire de les détruire. Les Hottentots, les Cafres, les Nègres,
& en général tous les peuples qui bordent les
côtes de l'Afrique font grands amateurs de
charognes, & en confument jufqu'aux excré-
mens. Les Tartares mangent de-même les
chevaux, les dromadaires, & en général tous
les animaux domeftiques qui leurs crèvent. Ce
qu'il y a de plus fingulier, c'eft qu'ils ont des
chiens qu'ils entretiennent exprès, pour les
dévorer à leur tour après leur mort, regardant
cette fépulture, comme la plus honorable de
toutes. Les grands Seigneurs tiennent ces animaux dans leurs maisons, & ils font partie de
leur cortége. Les petites Gens, qui n'ont pas
le moyen de les entretenir, en ont une troupe
en commun, pour leur rendre un jour ce bon-
office; & ceux-là courent à l'abandon. Quand
on les lâche fur quelque Trépaffé, on juge bien
ou mal de fon ame, fuivant le nombre de
chiens qui fe mettent après lui. Il en faut au
moins une demi-douzaine pour augurer bien
de fon état (*). Tout-éloignées que ces
mœurs nous paraiffent de l'ordre de la Nature,
elles en fortent peut-être moins que celles
dont nous parlions tantôt.

Nous avons confidéré notre feconde pro-
pofition générale, par rapport aux races qui
font carnivores fans être meurtrières; il faut
la confidérer à préfent, par rapport à celles qui

une autre purement religieuse; les anciens Sages de cette
Nation avaient une idée de la confraternité des animaux,
& de leur unité primordiale.

(*) Les Hyrcaniens avaient autrefois le même usage.

ont l'une & l'autre de ces qualités, & prouver qu'elles ne nuisent point aux autres espèces, qu'aucontraire elles leur sont utiles. Il sera nécessaire pour cet effet de fixer pour un moment notre attention sur la loi de la multiplication, & sur ses effets dans le systèm e animal.

Il est de l'essence de la Plant e & de l'Animal de se reproduire ; c'est une loi générale de la Nature : & comme c'est de son observation que dépend la conservation des espèces, la Nature la rend possible à tous, elle les y attire par le plus puissant des motifs, je veux dire, par les amorces du plaisir. Desir de la paix & de la tranquillité ; desir de l'abondance ; desir de satisfaire aux besoins de la faim & du repos ; desir même de la vie ; tout cède à ce motif, & les progrès que font les espèces sont plus ou moins considérables, suivant la place qu'elles occupent dans le système animal. On a dit, que les bœufs & les bufles, & en général tous les animaux qui paissent, réussissaient mieux en Amérique, que les Bêtes carnacières. Je crois qu'il en est de-même partout, & que ceux qui nous parlent de certains pays, où l'on voit des troupes de loups, comme on voit ici des troupeaux de moutons, nous content des fables. Car il est évident que les races carnacières ne peuvent exister, que dans un nombre fort inférieur à celui des animaux dont ils font leur subsistance. On a dit encore de l'Amérique, que les espèces y étaient moins carnacières, & en même temps plus fécondes, que de l'autre côté du Globe. Sans examiner

les raisons fur lefquelles peut être fondée cette
affertion , nous nous contenterons de dire ,
qu'elle eft contraire aux loix de la Nature ,
felon lefquelles la voracité d'une partie du
fyftème animal eft toujours dans une exacte
proportion avec la fécondité de l'autre ; qu'elle
eft contraire encore à ce qu'on rapporte de
certaines races que l'on trouve dans cette partie du monde , entr'autres des tigres & des
grands-gosiers dans les environs de Cartagène ,
des crocodiles dans la rivière de Guyaquil, des
condors ou aigles dans les deserts des Andes, &
des chats fauvages dans la Louisiane. Quoi
qu'il en foit, nous voyons ici des animaux qui
portent la fécondité à un point qui étonne.
Ni le carnage qu'en font les hommes, ni les
déprédations auxquelles ils font fans - ceffe
exposés de la part des bêtes carnacières, ne
fauraient faire tort à leur exiftance : ils fub-
fiftent toujours malgré leurs efforts réunis, & ,
pour peu qu'ils aient de relâche, ils reparaiffent
toujours avec la même plénitude de nombre.
De cet ordre font , par - exemple, les chèvres
& les daims , les lapins & les lièvres. On
conçoit à peine jufqu'à quel point la Nature a
prodigué à ces animaux la force de la propa-
gration. Les hases & les lapines ont à peine
quitté la mamelle qu'elles recherchent le mâle ,
& qu'elles contribuent à l'augmentation de
leurs efpèces. Au bout de trente & un jours
elles mettent bas leurs portées , & produisent
quatre ou cinq petits à la fois. Ceux qui ont
fait la diffection des ces animaux, favent qu'elles ont toutes la matrice double , chaque corne

P 4

ou sac en fesant une ; & que par cette conformation de leurs parties génitales , elles sont en
état de recevoir le mâle , lors même qu'elles
sont pleines : de sorte qu'il y a souvent super-
fétation ou double portée. C'est ainsi que ces
animaux résistent à leur perte , & que le peu
qui en reste dans une saison , suffit pour rétablir leur nombre dans l'autre.

Mais toute grande qu'est leur fécondité , il
s'en faut bien qu'elle marque le point qui borne le pouvoir de la Nature à cet égard. Il y a
des espèces qui montrent qu'elle peut aler encore plus loin. Les rats, les souris, les mulots sont bien plus nombreux dans leurs générations , bien plus subits dans leurs apparitions. Il n'y a que quelques années qu'un pays
voisin se vit , pour ainsi dire tout criblé, tout
boulversé par l'une de ces espèces, & cela dans
l'espace de trois mois. Et que dirai-je de certains insectes, à qui il ne faut que quelques jours
pour remplir de leur engeance, pour détruire &
abîmer des champs , & des contrées entières ?
Que dirai-je de plusieurs poissons, de la morue par exemple, dont une seule suffit pour peupler en peu d'années non-seulement toute l'é-
tendue des mers , mais l'Univers entier (*) ?

____

(*) _On croirait à-peine_, dit le Docteur Bradley, _le nombr_
d'œufs que portent certains poissons. La laite de la morue , par
exemple , en contient dans l'espace d'un cube , qui n'a qu'un quarᵗ
de pouce de hauteur , deux-cens-cinquante. Proportion suivant la-
quelle le tout doit être d'un million. Lewenoek nous dit que
le sperme du mâle renferme dix mille animalcules dans l'es-
pace d'un grain de sable. Posons à-présent que tous les œufs d'une
seule morue réussissent, & que dans l'espace de cinq ans les pois-
sons qui en seront provenus soient capables de produire à-leur-

Dans toutes ces espéces, mais particulièrement dans celles que nous avons nommées les dernières, la vie est un torrent impétueux qui presse & bat sans relâche les digues qui l'arrêtent, & qui devient une vaste mer dès qu'il les surmonte. Hanway rapporte que lorsque les sauterelles passent de la Perse dans le royaume d'Astracan, l'air est obscurci de leur nombre, & la verdure des champs consumée en moins d'une heure, dans tous les endroits où elles s'arrêtent. Quelquefois, recrues de fatigues, elles tombent, ajoute cet Auteur, dans les rivières & dans les mers, & alors elles s'assemblent en pelotons, elles voguent sur les eaux, & les barques ont peine à passer à travers leurs masses réunies. Shaw rapporte de même qu'elles marchent en corps d'armées, qu'elles comblent par leur nombre les fossés remplis d'eau, & éteignent les haies enflamées qu'on leur oppose ; qu'elles se succèdent comme des nuages, & que les derniers corps rongent jusqu'à l'écorce des arbres.

S'il est des espèces dont les progrès soient moins rapides, c'est que leurs masses, plus vastes & plus compliquées, demandent plus de temps pour se perfectionner. D'ailleurs, le

jour ; en supposant seulement autant de femelles que de mâles, leur nombre monterait alors à cinq-cens mille millions. En suivant le même calcul, il y en aurait dans cinq ans de plus aux environs de mille myriades de myriades. Or si tel est le produit d'une seule morue dans l'espace de dix ans, on a tout lieu de présumer que si ce poisson alait toujours en multipliant de-la-sorte, en mille ans de temps il remplirait plus d'espace que n'en contient l'Univers entier.

desir de se multiplier les pénètre toutes, & dans toutes la Nature seconde ce desir par la munificence de ses dons ; de-sorte qu'il n'en est aucune, qui, laissée à elle-même, & à l'abri de toute insulte, n'aille toujours en augmentant, & ne déborde à la longue les autres espèces, avec lesquelles elle doit être en équilibre. Veut-on des exemples du prodigieux effet de la multiplication, même dans les espèces qui nous paraissent les moins fécondes ? on n'a qu'à considérer les progrès qu'ont fait en Amérique quelques-uns de nos animaux domestiques. Une demi-dousaine de chevaux & de vaches transportés par les Espagnols à Buénos-Aires, ont depuis longtemps parcouru & peuplé toute cette immense étendue de pays, qui est entre la Plata & le Détroit de Magellan : ils y sont en si grand nombre, qu'on les tue par milliers, seulement pour en avoir la peau & le suif. Autant de levriers, envoyés par un Vice-roi du Pérou dans l'île de Dom Juan-Fernandès, y ont fait les mêmes progrès. On trouve encore dans l'île de Saint-Domingue une multitude de chevaux & de chiens sauvages, qui doivent leur origine à quelques individus de ces espèces, que les Espagnols y ont amenés.

Fesons à présent attention aux conséquences qui resultent nécessairement de cette multiplication de toutes les espèces ; & elles nous méneront à une perception juste & claire de notre seconde proposition générale : savoir que l'introduction des races carnacières dans le système animal ne nuit point aux autres espèces ; mais qu'au contraire elle leur est utile & salutaire.

Que resulte-t-il de ces accroissemens extrêmes, que prennent toutes les espèces, lorsqu'elles sont à l'abri de toute insulte, & à-portée de pourvoir à leurs besoins ? Il en résulte
que toutes, sans en excepter aucune, ont besoin de forces coërcitives, qui repriment leurs
progrès, & qui les empêchent d'excéder leur
juste proportion avec les autres espèces. On
voit que sans cela, la loi de la multiplication
irait directement à leur destruction : car dès
qu'une espèce vient à déborder, elle coupe la
nourriture aux autres ; elle infecte outre cela
l'air de ses exhalaisons ; sur-tout lorsque ses
légions surnuméraires viennent à être moisson-
nées ; & de toutes ces causes résulte une langueur, une défaillance générale dans le système
animal. On se rappèle sans doute ici les plaies
d'Égypte, en particulier celle des grenouilles
& des insectes, & la mortalité qui survint après.
On se rappèle encore ce que je viens de dire des
sauterelles d'Astracan, & on conçoit aisément
la misère d'un pays, où les arbres mêmes sont
rongés jusqu'au vif, & où la terre, dépouillée
de toutes ses richesses, montre partout une triste
inutilité. On voit actuellement dans l'Angou-
mois en France un petit insecte qui s'attache
au bléd dans les granges & dans les campagnes,
& qui s'y multiplie à un tel point, qu'il en
consume la plus grande partie, en telle sorte
que le petit peuple manque de pain. Le ver du
hanneton desola de-même, il y a quelques
années, plusieurs districts de l'Angleterre : &

il n'a falu qu'un ver marin , multiplié au-delà
de ses bornes , pour mettre la Holande plusieurs fois à deux doigts de sa perte.

Comme il n'y a point de pays qui ne soit
exposé à ces débordemens , il n'est point d'espèce qui n'en soit capable ; & quelle que soit
celle qui se trouve dans le cas , elle est un
fléau, non seulement aux autres espèces qu'elle
gêne dans leurs habitations , qu'elle prive en
partie de leur nourriture ; mais elle l'est encore
à elle-même : car dans le monde animal ,
comme dans le végétatif, les espèces ne sauraient subsister que dans une certaine proportion avec l'étendue de terrein qu'elles occupent : dèslors que le nombre de leurs individus excède cette proportion, elles décroissent
& dépérissent ; parce que partout où il y a
surabondance de vie , il y a disette de nourriture (1). Tant de corps d'ailleurs, se mouvant
dans la même masse d'air, en absorbent bientôt
tous les sels ; & l'air épuisé , échauffé , se
change enfin en poison. L'espèce humaine ,
prouve cette vérité : dans toutes les grandes
villes , où les Pauvres, c'est-à-dire la plus
grande partie des habitans , sont acculés dans
des égoûts & des cloaques , elle fait toutes les
années des pertes considérables (2).

Vous venez de voir qu'il n'est aucune es-

(1 En effet , la différence des espèces n'existe , comme
on l'a dit plus haut, qu'à raison de la différence d'alimens :
si une espèce abonde trop, les alimens lui manquent ,
tandis que ceux d'autres espèces surabondent.

(2) Que dirons donc de nos petites Salles de Spectacles,
où l'on va digérer son dîner à la vapeur de mille halei-
nes corrompues , des Poitrinaires , des Virulans &c ?

pèce qui ne multiplie à son propre desavan-
tage, aussi-bien qu'à celui des autres, lorfqu'elle est laissée à elle-même. J'ai montré
qu'il suffit qu'un seule espèce déborde, pour
causer une mortalité générale dans toute le
système animal. Je suppose à-présent que toutes ensemble, forçant les obstacles qui les arrêtent, elles prennent à la fois des accroissemens
proportionnés à ce que nous voyons arriver
dans la multiplication de certaines espèces ;
quelle serait la conséquence d'un tel phénomène ? Qui ne voit qu'il irait à l'extinction
totale de la vie, & qu'il produirait cet effet
en très-peu de temps ? Il est donc de l'utilité
de toutes les espèces, qu'il y ait des obstacles
qui les arrêtent chacune dans leurs progrès.

Aussi la Nature a-t-elle pourvu à cet égard
au bien-être du système animal. D'abord elle
a fixé un terme à chaque espèce, qu'elle ne
permet à aucun de ses individus de passer. Et,
quoique ce terme soit moins éloigné par rapport aux uns que par rapport aux autres, on
peut dire, qu'il se réduit à bien peu de chose,
même à l'égard de celles qui vivent le plus
longtemps. Ainsi quelque soin qu'un animal
prenne de sa conservation, quelle que soit sa
vigueur à un certain âge de la vie, il est un
terme au-delà duquel il n'existe point : & , à
mesure que ce terme approche, on voit l'a-
nimal changer, défaillir, disparaître, comme ces feux qu'on alume pendant la nuit, &
qui ne doivent brûler que jusqu'au retour du
crépuscule. Ce premier moyen qu'emploie la
Nature pour conserver un juste équilibre dans

le fyftème animal, n'opère efficacement que
par rapport à certaines efpèces. Il en eft fur
lefquels il ne fait que peu ou point d'impreffion, tant les accroiffemens qu'elles prennent
font grands & fubits : à l'égard de ces efpèces, la Nature emploie l'intempérie des faisons, durant lefquelles elles périffent ou reftent dans un état d'inanition : & fans-doute
il n'y a que cela qui puiffe prévenir ces débordemens affreux qu'elles occasionneraient par-
tout, fi elles continuaient à multiplier, feulement pendant quelques femaines de plus. C'eft
encore pour mettre des bornes à leurs progrès,
pendant qu'elles font en vigueur, que la Nature a introduit dans le monde une multitude
d'animaux qui fe repaiffent de leur fubftance;
& comme l'effet de la multiplication dans
toutes les races frugivores eft de beaucoup fupérieur à celui de la loi qui ordonne l'extinction de chacun de leurs individus après
un certain terme, c'eft pour balancer cet effet,
& les tenir toutes dans un jufte équilibre, que
la Nature les a affujéties de-plus aux déprédations des races carnacières.

Il eft donc démontré que l'introduction des
bêtes carnacières dans le fyftème animal,
ne nuit point aux autres efpèces; mais qu'au-
contraire elle leur eft avantageuse. Car après
tout, que font-elles que des barrières, que la
Nature oppose à ces débordemens, dont nous
parlions tantôt ? & puifque ces barrières font
d'une néceffité abfolue, que pouvait-elle faire
de plus conforme aux règles de la Sageffe, que
de faire fervir la fubftance vivante même à

cette fin ? C'est ainsi qu'elle se sert de contrepoids à elle-même., & que l'excédent de la
vie d'une espèce ne fait que remplacer ce qui
manque à l'autre.

Notre compassion peut grossir à nos yeux
les ravages, que commettent ces espèces; &
une certaine méfiance de nous-mêmes peut
nous les faire envisager comme des malédic-
tions d'un Maître mécontent de son ouvrage:
Mais si nous en jugeons sur l'expérience & sur
l'état actuel des choses, nous en aurons de
tout autres idées. Il y a des milliers d'années,
que le monde subsiste, & que les hommes,
comme de concert avec les tigres & les lions,
ont fait la guerre aux autres animaux: Mais
nous ne voyons pas que cette loi de la Nature
ait occasionné jusqu'à présent l'extinction d'une
seule espèce (*). On peut dire au contraire
que c'est elle, qui les a conservées dans cet
état de jeunesse & de vigueur, toujours re-
naissante, où nous les voyons. Il y a longtemps
que, sans cette sage & salutaire disposition
de la Nature, la vie, rompant par-tout l'é-
quilibre dans les différentes espèces d'êtres
qui la conservent, serait totalement éteinte.
L'effet des races carnacières, à l'égard des autres espèces, est précisément le même, que
celui d'une serpe à l'égard des arbrisseaux,
qui poussent trop en bois; ou d'une houe à l'é-
gard des plantes qui croissent trop près l'une de

___

(*) Jusqu'à-présent, dit M. Ray, l'on a retrouvé toutes les
Races dont il est parlé dans l'Histoire : & par-conséquent on peut
en conclure qu'il ne s'en est perdu aucune.

l'autre; en diminuant leur nombre, elles donnent moyen à ce qui reste de se perfectioner.

Telle est donc l'utilité de cette loi de la Nature, qui ordonne qu'une partie de la substance vivante se repaisse de l'autre, qu'elle est le fondement de l'équilibre, de l'ordre & du bonheur qui règnent dans le système animal. Aussi voyons-nous que son empire s'étend sur toutes les espèces. Depuis la plus petite jusqu'à la plus grande, elles ont toutes des ennemis, prêts à arrêter leurs progrès, & pourvus de toutes les armes & de toutes les facultés nécessaires pour cet effet. A ces fourmillières d'insectes & de reptiles, qui couvrent la surface de la terre, se trouve opposée l'armée des oiseaux, race active, vigilante, vorace, qui semble faite pour leur destruction. Les lièvres, les lapins, les rats, les mulots, les souris, & toutes ces engeances, qui se multiplient avec tant de facilité, sont tout-à-la fois exposées aux déprédations d'une multitude d'oiseaux & de quadrupèdes, aussi agiles qu'eux dans leurs mouvemens & doués de plus de force, & d'une vue plus perçante. La masse énorme des bêtes-à-cornes, la légèreté des daims, la force & la vitesse du cheval, toutes ces qualités respectives n'exemptent point ces animaux de cet ordre de la Nature. Elle en a formé une multitude d'autres qui les possèdent à un degré plus éminent, & qui s'en servent pour leur destruction. Et les bêtes carnacières trouvent à leur tour dans l'espèce humaine des puissances sans nombre, qui les tiennent par-tout en échec,

&

& qui les empêchent de se multiplier au-delà de certaines bornes. Les hommes sont établis pour veiller sur toutes les espèces ; ils tiennent la balance entr'elles, & c'est en cela que consiste l'empire qu'ils ont sur les animaux.

Cette prééminence de l'espèce humaine fait qu'elle n'est point exposée aux irruptions des autres, du moins pas assés pour pouvoir dire, qu'aucune serve de contrepoids à ses progrès. Mais combien d'empêchemens n'y met-elle pas elle-même ! Si les bêtes carnacières ne sont pas capables de faire impression sur le nombre de ses individus, combien de fois ne tourne-t-elle pas ses propres forces contr'eux, pour se délivrer de ce qu'elle a de superflu ! combien de fois les hommes ne sont-ils pas à l'égard des hommes, ce que les bêtes carnacières sont à l'égard des autres animaux ! Hobbes a supposé qu'ils naissent tous dans un état de guerre, l'un à l'égard de l'autre : & cette pensée est vraie par rapport aux Peuples, qui ne s'a-donnent pas à la culture des Arts & des Sciences, & en particulier à celle des terres. Comme la loi de la multiplication produit chés eux tout son effet, & qu'elle n'y est point balancée suffisament par le luxe, ou par quelque autre obstacle que ce soit, elle doit nécessairement y causer la guerre : car où ces nouveaux essaims, que chaque génération fera paraître, trouveront-ils leur subsistance, s'ils ne la cherchent les armes à la main ? Aussi Tacite nous représente-t-il les anciens Germains comme fuyant toujours la paix ; &

Florus, en parlant des Sarmates, dit, qu'ils n'en connaissaient pas seulement le nom. Quinte-Curce dit encore, que les anciens Scythes étaient toujours armés. Il est vrai qu'à nous, qui sommes des nations civilisées, l'agriculture paraît un art, qui est à la portée de tous les hommes ; mais nous avons vu que c'est une erreur. *Soyez seul*, dit M. de Montesquieu, *& arrivez par quelque accident chés un peuple inconnu. Si vous voyez une pièce de monnoie, comptez que vous étes arrivé chés un peuple policé. La culture des terres demande l'usage de la monnoie ; cette culture suppose beaucoup d'arts & de connoissances ; & l'on voit toujours marcher d'un pas égal, les arts, les connoissances & les besoins* (1).

Un Auteur moderne des plus sensés ne s'exprime pas moins formellement sur ce sujet. Quand les Nations se sont ainsi entremélées, elles sont longtemps à se civiliser, & même à former leur langage ; les unes se policent plutôt, les autres plutard. La police & les arts s'établissent si difficilement, les révolutions renversent si souvent l'édifice commencé, que si l'on doit s'étonner, c'est de ce que la plupart des Nations ne vivent point en Tartares (2). A l'égard des peuples qui ne cultivent point les arts & les sciences, on peut dire ce qu'en a dit Hobbes, & ce que Platon avait fait dire avant lui à Clinias dans ses Dialogues. *L'état des sociétés civiles, les unes par rapport aux autres, est un état naturel,*

(1) Esprit-des-loix, l. XVIII, c. 15.
(2) Voltaire, Hist. de l'Emp. de Russie.

c'eſt-à-dire, un état d'ennemis ; de-ſorte que ſi elles diſcontinuent de ſe faire la guerre, ce n'eſt point proprement une véritable paix, mais une ſuſpenſion d'armes (*).

Parmi les obſtacles, qui ſ'opposent à la trop grande multiplication de l'eſpèce humaine, il faut compter encore les peſtes & les famines. Maux affreux ! & qui cependant ſont inévitables, lorſque les hommes, jouiſſant d'une trop longue proſpérité, ſe ſont multipliés au delà de leurs juſtes bornes. La

---

(*) *La Religion chretienne dit :* Si ton ennemi a faim, donne lui à manger, ſ'il a ſoif, donne lui à boire. Si quelqu'un t'a frappé la joue droite, préſente lui encore la gauche ; & ſi quelqu'un veut plaider contre toi & t'ôter ta robe, laiſſe-lui encore ton manteau ; & ſi quelqu'un veut te contraindre d'aler avec lui une lieue, va-s-en deux. *La Religion chretienne dit tout cela ; mais à qui le dit-elle ? Ce n'eſt pas à ſes Diſciples, comme formant déja un Gouvernement civil, & conſidérés dans les rapports qu'ils pouvaient avoir avec d'autres Gouvernemens civils. Ce ſerait deroger beaucoup à la ſageſſe de ſes Inſtituteurs que de le croire. Les premiers Chretiens ne pouvaient point être enviſagés dans ce point-de-vue, & ſuppoſé qu'ils euſſent pu l'être, ç'aurait été outrer que de leur parler de la ſorte. Les Peuples ſe doivent mutuellement une obſervation exacte des loix de la juſtice : mais pour cette extrême condeſcendance, cette profonde humilité, c'eſt peu conſulter leur bonheur & leur tranquillité que vouloir les y aſtreindre : c'eſt peu connaître les dérèglemens des paſſions humaines, que de croire que cela ſoit poſſible. Ces maximes ſ'adreſſaient donc à des Gens qui étaient diſperſés par toute la terre, & qui devaient par leur patience, leur modération, leur douceur & leur humilité, gagner les hommes à leur doctrine, & triompher des orgueilleux Miniſtres de l'ancienne Religion. Elles reglent donc les devoirs, non des Nations, mais des Particuliers l'un à l'égard de l'autre, & dans ce ſens elles, ſont pleines de ſageſſe & de bon fruit.*

Q 2.

guerre a fes horreurs fans-doute ; mais il f'en faut bien qu'elle présente un fpectacle auffi terrible que la pefte ou la famine. Un peuple eft-il attaqué, il oppofe violence à violence, rapine à rapine, meurtre à meurtre, & dans l'accès de fa fureur, il ne fent point les coups qu'on lui porte. Qu'on life l'hiftoire des habitans du Canada, & l'on verra jufqu'où la Nature arme les hommes, pour le genre de vie auquel elle les deftine. Ces peuples étant toujours en courfe, toujours en guerre, & ayant tout à craindre de la brutalité de leurs ennemis, lorfqu'ils tombent entre leurs mains, font peut-être les plus patiens, & les plus courageux des hommes dans les fouffrances. *Rien n'eft plus ordinaire*, dit Charlevoix, *que de voir des perfonnes de tout âge, & de tout fexe fouffrir pendant plufieurs jours de fuite tout ce que le feu a de plus cuifant, & tout ce que la plus induftrieufe fureur peut inventer pour le rendre plus fenfible, fans qu'il leur échappe un foupir ; ils ne font occupés même le plus fouvent pendant leur fupplice, qu'à irriter leurs bourreaux par les plus fanglans reproches.*

Tel était encore le caractère des peuples de l'Europe, avant qu'ils fuffent civilifés. Ils ufaient de la même cruauté envers leurs Prifonniers, & ceux d'entr'eux qui avaient le malheur de tomber entre les mains de leurs ennemis, ne témoignaient pas moins de conftance dans les fupplices. La culture des arts & des fciences prévient la guerre, prévient les famines, & peut-être prévient-elle encore, jufqu'à un certain point, la pefte, par le chan-

gement qu'elle apporte dans les mœurs , dans
les habillemens , dans les habitations , dans la
nourriture , dans la manière de vivre des hommes ; & fur-tout par le défrichement des
terres , qui ne peut que donner une circulation plus libre à l'air , & le rendre par-conféquent plus fain. Mais en même temps que
les arts & les fciences tiennent en quelque
façon ces maux dans l'éloignement , ils en
amènent d'autres , qui , pour être moins
prompts dans leurs effets , n'en opèrent pas
moins efficacement. Tels font le luxe , la molleffe , la fenfualité , le dérèglement des mœurs ;
tout autant d'obftacles à la trop grande multiplication des hommes La Nature n'a qu'un
feul mouvement , parce qu'il n'y en a qu'un
feul qui conduife au bien-être des hommes ;
la précipiter dans fa marche , c'eft l'affujétir
à une multitude de maux , c'eft la détruire :
mais le luxe , la molleffe , la fenfualité changent
le cours de la Nature , en lui prêtant fans ceffe
de nouveaux defirs , en l'accâblant de foins
fuperflus. Il eft certain que ceux qui f'y abandonnent , ne f'y abandonnent pas impunément ;
& quand on confidère , combien le tempérament des pères influe fur celui des enfans , on eft
affés porté à dire : Ce n'eft point à une jeuneffe
fortie de pareils parens , de parens énervés
par la molleffe , ruinés par la débauche , qu'il
appartient de perpétuer l'efpèce humaine.

Il eft vrai que la Nature a mis des bornes
à la propagation des hommes ; que fouvent
eux-mêmes font alés au-delà de fes intentions

à cet égard, en s'assujétissant à des loix qui s'opposent à leur multiplication, & que la Nature n'ordonne point. *A la Chine & au Tonquin, il est permis aux pères de vendre leurs enfans, ou de les exposer.* Dans l'île de Formose, la Religion ne permet pas aux femmes de mettre des enfans au monde, qu'elles n'aient trente cinq ans ; avant cet âge la Prêtresse leur foule le ventre & les fait avorter. Cet effet, que les causes physiques font naître dans de certains pays d'Orient, la nature du Gouvernement le produisit dans la Grèce. Avec un petit territoire & une grande félicité, il était facile que le nombre des Citoyens y augmentât, & y devînt à charge. Aussi ces Peuples ne négligèrent-ils rien de ce qui pouvait empêcher la trop grande multiplication des enfans. Leurs Politiques s'attachèrent particulièrement à régler le nombre des Citoyens. Platon le fixe à cinq-mille-quarante, & il veut que l'on arrête, ou que l'on encourage la propagation, selon le besoin, par les honneurs, par la la honte, & par les avertissemens des Vieillards : il veut même que l'on règle le nombre des mariages, de manière que le peuple se répare, sans que la République soit surchargée. Si la Loi du pays, dit Aristote, défend d'exposer les enfans, il faudra borner le nombre de ceux que chacun doit engendrer. Si l'on a des enfans au-delà du nombre défini par la Loi, il conseille de faire avorter la femme, avant que le fœtus ait vie. Il y a des lieux, dit encore Aristote, où la Loi fait Citoyens les étrangers, & les bâtards, ou ceux qui sont *seulement nés d'une mère Citoyenne : mais dès qu'ils ont assés de peuple , ils ne le font plus* (*). Les Sauvages du Canada font brûler leurs Prisonniers ; mais lorsqu'ils ont des cabanes vides à leur donner, ils les reconnaissent de leur Nation.

Ce que nous venons de dire prouve suffisamment, qu'à l'égard de cette inviolable Loi qui borne le nombre des individus de chaque espèce , la Nature y a soumis les hommes, aussi-bien que le reste des animaux. Elle n'a point exposé les hommes à la fureur des bêtes carnacières ; mais elle les a partagés en différens corps, qui s'entrechoquent sans-cesse, & qui perdent toujurs quelque chose de leur masse dans cette action réciproque. Elle les a , outre cela , subordonnés à une multitude de causes coërcitives ; de-sorte que dans quelque état qu'ils se trouvent, il y en a toujours quelqu'une qui agit & qui opère sur eux ces retranchemens si nécessaires dans la vie animale, aussi-bien que dans la vie végétative.

Je me suis un peu étendu sur cette vérité, parceque c'est sur-tout à son égard que mon système se trouve en oposition avec les idées reçues. Il suffit de montrer aux hommes l'action constante & uniforme de certaines causes sur la partie brute du système animal, pour leur faire comprendre quelles sont les vues de la Nature dans l'opération de ces causes: mais est-il question de celles qui produisent sur eux le même effet, il est bien difficile de les convaincre, que la Nature les destine au même but. Le

<hr>

(*) Esprit-des-loix, T. II, c. XVI & XVII.   Q 4

[280]

témoignage de leurs yeux, de leurs oreilles, se
trouve ici contredit par les décisions d'un juge,
pour lequel ils ont toujours eu la plus grande
déférence, je veux dire de leur orgueil. Ils ne
sauraient se persuader que des êtres doués d'intelligence, préposés pour être les maîtres & les
arbitres du reste des animaux, soient soumis
aux mêmes Loix, qui règlent & qui fixent le
nombre des individus de chaque espèce. Tant
que les hommes se laisseront aler à de pareilles
idées, ils ne verront point l'ordre, la beauté,
l'excellence du système animal ; il n'y verront
que desordre & que confusion, parce que
tous les phénomènes qu'il y observeront se
trouveront directement opposés à ce que, selon leurs idées, ils attendent d'une Bonté &
d'une Sagesse infinie. Qu'ils reconnaissent au-
contraire la dépendance où ils sont de ces Loix
générales, que la Nature a établies pour la
production & la conservation de cette immense quantité de vie dans l'Univers : qu'ils
reconnaissent que, partageant avec les autres
espèces la faculté de se multiplier, il faut nécessairement qu'ils en éprouvent les conséquences avec elles : & ils verront disparaître
dans le monde ces irrégularités imaginaires,
qui font obstacle à la justesse des idées qu'ils
doivent prendre. Ils verront que les guerres,
les maladies, les langueurs, les accidens auxquels ils sont exposés, & qui en moissonnent
tous les jours un si grand nombre, ont, outre
leurs raisons morales que nous pourrions alle-
guer ici, des raisons physiques, qui en justifient
amplement l'introduction dans le monde.

Je crois donc qu'il n'est point d'espèce, qui n'ait besoin de forces coërcitives, pour la retenir dans de justes bornes ; c'est une conséquence nécessaire de la Loi de la multiplication qui leur a été donnée à toutes ; & tous les différens phénomènes, que l'on remarque dans le système animal, viennent à l'appui de cette supposition. La Nature emploie une multitude de puissances, qui s'opposent, dans toutes les espèces, à la production du trop grand nombre de leurs individus. Elle a assujétis les hommes aux guerres, aux pestes, aux famines, aux maladies & aux langueurs (1). Les bêtes carnacières, qu'elle a mises au pouvoir des hommes, sont destinées à leur tour à servir de barrières à la multiplication des races frugivores. Il y en a qui s'acquittent de cette fonction avec tant d'adresse & de sagacité, qu'on ne saurait s'empêcher d'y reconnaître les desseins de la Nature. J'en ai déja donné des exemples ; qu'il me soit permis d'y en ajouter d'autres & de mettre une vérité si intéressante dans tout le jour, dont elle est susceptible (2).

---

(1) Depuis que la navigation du nouveau-monde est ouverte, la marine suffirait pour ôter le superflu de notre espèce : si d'autres causes meurtrières s'y joignent, elles sont de trop. Témoin l'Espagne.

(2) *Les caïmans ou crocodiles de la rivière de Guyaquil, sont les plus grands destructeurs de poisson que ce fleuve produit : ils en font leur pâture ordinaire, & les pêchent avec autant d'artifice que les plus habiles pêcheurs. En-effet, ils se joignent 8 ou dix ensemble, & se vont placer l'un près de l'autre, à l'embouchure d'une rivière ou d'un estero : par ce moyen il ne sort aucun poisson qui ne devienne leur proie : & cependant il faut que le poisson*

Il y a dans les îles de l'Amérique un oiseau appellé *frégate*, qui intercepte le poiſſon-volant, dans le court intervalle qu'il eſt hors de l'eau. Quelle ne doit pas être la force, l'a-dreſſe, la légèreté de cet animal ? Auſſi la Nature lui a-t-elle donné une conformation toute particulière ; un bec gros, fort arqué & crochu par le bout, des yeux extrêmement perçans, des jambes courtes & ramaſſées, des pieds armés de griffes crochues & roides, & des ailes longues & légères avec leſquelles il raſe la ſuperficie des eaux avec une légéreté admirable. On trouve cet oiseau, dit le père Labat, au milieu de la mer, à trois ou quatre-

---

tâche de ſortir, parce que tandis que ces huit ou dix forment ce cordon à l'embouchure de la rivière ou du canal, il y en a d'au-tres qui le chaſſent par en haut. Le poiſſon leur manque-t-il, en telle forte qu'ils ſe ſentent preſſés de la faim, ils viennent à terre, & courent dans les plaines voiſines de quelque rivière ou ruiſ-ſeau ; les veaux & les poulains ne ſont pas à l'abri de leurs pour-ſuites, & dès qu'une fois ils ont goûté de leur chair, ils ne ſe ſou-cient plus de poiſſon. Alors ils vont à la chaſſe des hommes & des bêtes, & font leurs ſorties de nuit, afin de les ſurprendre dans les ténèbres. Les caïmans étant des animaux ovipares, & la femelle pondant plus de cent œufs d'une ſeule portée dans l'eſpace d'un ou deux jours, leur nombre aurait bientôt dépeuplé les en-droits qu'ils fréquentent du reſte de leurs habitans, ſi la Nature n'y avait mis ordre, en les rendant eux-mêmes tributaires d'au-tres eſpèces : Quand la femelle veut pondre, elle vient à terre ſur le bord de la rivière ; dès qu'elle a dépoſé ſes œufs dans un trou qu'elle a creuſé pour cela, elle les couvre de ſable, & a l'attention de ſe rouler deſſus, pour cacher l'endroit où ils ſont : Après avoir ainſi pourvu à leur ſureté, elle ſe replonge dans l'eau, & les laiſſe couver auſſi longtemps que la Nature lui en-ſeigne qu'il eſt néceſſaire pour les faire éclore ; elle revient alors accompagnée du mâle, & écartant le ſable, elle découvre les cents lieues de terre , ce qui marque en lui une force prodigieuse & une agilité surprenante ; car vu qu'il ne flotte point sur l'eau comme les autres oiseaux aquatiques, il faut qu'il fasse sept ou huit cents lieues avant que de se reposer.

On sait encore que la baleine , que sa force & sa grosseur prodigieuse semblent mettre à l'abri des insultes de tous les autres animaux , est exposée à la fureur de l'espadon , que la Nature paraît avoir formé tout exprès pour la tenir en échec. Ce poisson porte au bout du museau un avantbec , composé d'une corne très-forte & très-dure , armée des deux côtés de pointes droites de même matière , en façon

---

œufs , en casse la coque , & aussitôt les petits caïmans sortent sans autre accident, de-manière que d'une couvée , il n'y a presque pas un œuf de perdu : Dès qu'ils sont éclos , la mère les met sur son dos & sur son cou , tâchant de gagner l'eau avec cette nouvelle peuplade ; mais durant ce temps-là les gallinaces, toujours alertes , en enlèvent quelques-uns , & le mâle même en mange autant qu'il peut. La femelle de son côté dévore ceux qui se détachent d'elle ou qui ne nagent point ; de-sorte que d'une si nombreuse couvée , il en reste à-peine cinq ou six. Autant les caïmans sont assidus & rusés pour attraper les poissons & d'autres animaux, autant les gallinaces le sont-elles à détruire les caïmans : ces oiseaux en veulent sur-tout à leurs œufs , & usent de beaucoup d'adresse pour s'en emparer : Dans la saison que la femelle vient les déposer sur les bords de la rivière , ils se mettent en sentinelle sur quelqu'arbre près de là, se cachent sous les feuilles & sous les branches, pour n'être point aperçus , & la laissent tranquillement pondre , n'interrompant pas même les précautions qu'elle prend pour cacher son dépôt ; mais à-peine a-t-elle tourné le dos , qu'ils fondent sur le nid, & avec leurs becs, leurs serres , & leurs ailes, ils découvrent les œufs & les gobent. Admirons ici la Nature qui a donné aux caïmans mâles eux-mêmes ce panchant à dévorer de petits animaux dont ils sont pères , &c. D. Ulloa.

de dents plates fortes & tranchantes, de quinze
à dix-huit lignes de longueur auprès du museau. Avec ces offensives, il ne craint pas de
se mesurer avec la baleine, & l'attaque partout
où il la trouve. J'ai eu très souvent le plaisir de
voir ce combat, dit le Père Labat. La baleine
n'a que sa queûe pour toute défense ; elle tâche
d'en frapper son ennemi, & il est sûr qu'un
seul coup suffirait pour l'écraser ; mais il le
pare facilement, parce qu'il se remue bien
plus aisément que cette masse, & bondissant,
il retombe sur elle, & tâche, non de la percer
avec son bec, mais de la couper ou de la scier
avec les dents, dont il est garni. Lorsqu'il ne
manque pas son coup, on voit la mer rougir
du sang qui sort des blessures que la baleine a
reçues ; l'on voit la fureur où elle entre, par
les coups de queue qu'elle donne, & qui font
presqu'autant de bruit qu'un coup de canon.

A ces exemples, pris de ce qui se passe
ailleurs, ajoutons celui des grôles, que nous
avons sous les yeux, & qui nous paraît intéressant. Le grôle est une espèce de corneille,
qui se nourrit de vers, & particulièrement de
celui qui provient des œufs du hanneton.
Comme le hanneton, & en général tous les
insectes ailés, dont les petits doivent se nourrir des racines des plantes, mettent leur dépôt
assés avant en terre, dans un trou qu'ils font
exprès pour cela, les vers & les chenilles qui
font la nourriture des grôles, ne se trouvent à
la bienséance de leurs ennemis, que lorsque
la terre vient à être retournée : de là vient que

les grôles se tiennent toujours dans les champs nouvellement labourés : de là vient aussi qu'ils se mettent en action dès qu'ils voient le Paysan avec sa charrue, & qu'ils vont avec tant d'assiduité, furetant par-tout les sillons nouvellement tracés.

Il y a quelques années que les Paysans d'un des principaux Comtés d'Angleterre se mirent dans l'esprit, que ces oiseaux nuisaient aux semailles, & qu'ils resolurent, comme de concert, de les exterminer ; par-tout les grôles furent persécutés, leurs nids abbatus, leurs petits détruits ; mais à mesure qu'ils diminuaient, on vit paraître des fourmillières de vers, de chenilles, de papillons, de hannetons, qui s'attachaient aux grains, aux arbres, aux fruits, & qui causaient plus de dégât dans un jour, que les grôles n'en auraient fait dans un an. Plusieurs Paysans furent ruinés. A la fin on cessa de persécuter les grôles, & à mesure que cés animaux se sont rétablis, le fleau, qu'avait occasionné leur destruction, a cessé.

On voit l'hiver dans les jardins des petits oiseaux, qui viennent y bèqueter les boutons & les rameaux des arbres, entr'autres des roitelets & des mésanges : c'est à ces petits animaux que la Nature a confié le soin de réprimer les progrès des vers, qui mangent les fruits, & qui sont toujours prêts à se répandre par-tout, lorsque la chaleur du Soleil les vient ranimer au printemps. Et c'est ainsi qu'elle a des raisons pour tout, mais en particulier pour la place qu'elle accorde à chaque espèce dans le système animal. Il n'en est aucune qui n'ait

ſon utilité particulière ; ſoit qu'elle ſerve de
nourriture, ou de barrière aux autres eſpèces,
leur aſſemblage fait un tout complet, qui ſe
ſoutient, par le balancement mutuel de ſes
parties ; en détruire une ſeule, c'eſt riſquer le
bien-être de toutes : parce que celles, qui nous
paraiſſent les plus inutiles, peuvent ſervir,
ſans que nous le ſachions, d'obſtacle à la trop
grande multiplication des inſectes ou de quelque autre race nuiſible (*).

Auſſi voyons-nous que la Nature, quelque
prodigue qu'elle ſoit d'ailleurs de la vie des
individus, a pris un ſoin particulier de la conſervation des eſpèces. Elle leur a donné à
toutes, mais en particulier à celles qu'elle a
ſubordonnées aux besoins des autres, une fécondité prodigieuse. Elle y a ajouté une grande
ſagacité pour découvrir les piéges qu'on leur
tend, une grande adreſſe pour les éviter. Elle
leur a ménagé, outre cela, une multitude de
retraites, en diverſifiant la ſurface de la terre
par une inmenſe quantité de bois, de forêts,
de montagnes, & de rochers inacceſſibles.
Mais ce qui marque encore mieux les ſoins
de la Nature à cet égard, ce ſont ces ſentimens de compaſſion, dont elle a en quelque ſorte mitigé l'empire qu'elle a donné aux
hommes ſur le reſte des animaux. Il n'y a que
l'homme, qui ſoit capable de ces ſentimens,
parce qu'il eſt le ſeul être ſur la terre, de la
volonté duquel dépend en dernier reſſort la

(*) D'après tout ce qu'on vient de voir, convenons
que le reſpect des Égyptiens pour les animaux avait pour
principe une loi pleine de ſageſſe.

ruine ou la confervation d'une multitude d'efpèces (*). Croire que la compaffion n'ait pour
objet que les malheureux de l'efpèce humaine,
c'eft fe tromper. Il y a des animaux, qui ne
fauraient fubfifter fans notre fecours, & à qui
la Nature a donné pour-ainfi-dire un tempérament doux & flexible, des manières hum-
bles & debonnaires, des regards pleins d'ino-
cence & de bénignité; tout cet affemblage, en
un-mot, de qualités affectueuses, fi propres à
réveiller en nous les mouvemens de la compaffion. Peut-on douter un moment, qu'elle
n'ait produit ces animaux, pour partager avec
nous les douceurs, qui découlent de cette
difposition bienfefante ? Auffi nous prêtons-
nous volontiers à leurs besoins : auffi leurs
fouffrances & leurs gémiffemens nous laiffent-
ils fouvent des impreffions de douleur, dont
nous ne faurions nous délivrer qu'en leur donnant du fecours : & lorfque le desir de notre
propre confervation nous oblige de faire usage
de l'empire que nous avons fur eux, nous
fentons qu'il eft jufte d'abréger les peines qui
en réfultent.

MERCREDI.

[SUITE. *Réponfe aux objections.*]

III. VOUS venez de voir, mes Amis, un fyftème neuf, propre à vous donner de la Nature des
idées juftes, mais qui pourrait être contredit.
Il ne me refte donc plus qu'à répondre aux objections que peuvent me faire les gens à préjugés.

(*) Ajoutez, que la compaffion eft un effet de la fu-
ciabilité; l'homme parfaitement fauvage, & l'enfant ne
f'éprouvent prefque pas.

[288]

Il en est de cette loi de la Nature, qui
ordonne la destruction d'une partie de la vie
animale pour le bien de l'autre, comme de
toutes les loix, que la Nature a établies pour
le maintien de l'ordre dans l'Univers : elle ne
se règle pas toujours sur le bien particulier ;
& cependant elle est sage, elle est juste, elle
est équitable, même par rapport aux êtres
dont elle paraît contrarier le bonheur. Vérité
qui ne se comprend pas, parce que les hommes en général ne comprennent point ce qui
va au-delà de la sphère de leur besoins particuliers. A ce petit point-de-vue se bornent toutes les spéculations du Sceptique, & voila pourquoi il ne voit que desordre & que confusion
dans le plan de l'Univers. A ce petit point-de-
vue se bornent encore les méditations de
l'homme, peut-être pieux, mais préoccupé ;
& voila pourquoi, réfléchissant sur les voies
de la Nature, il n'en sent pas plus l'excellence
& la justice, que l'Incrédule ou l'Athée ; & que
pour se mettre à couvert de leurs attaques, il
est obligé de s'enveloper du manteau de son
ignorance, & d'appeler tout, même les choses
les plus claires, des mystères, que la raison
humaine ne pénètre point. Laissons ces gens
s'accorder ensemble, du mieux qu'ils pourront ; ce n'est point dans de pareilles têtes,
qu'il faut chercher un domicile pour la vérité.

Comme ce qui convient au tout, ne convient pas toujours à la partie, considérée indépendamment du tout ; comme dans un certain sens, le bien universel & le bien particulier sont des objets distincts, & qui ne s'ac-
quièrent

quièrent point par les mêmes moyens ; il ne
se peut point, que des loix générales, des loix
qui ont pour objet la conservation de l'Univers,
& par-conséquent d'une multitude innombrable d'êtres, ne se trouvent de temps-en-temps
en opposition avec le bien particulier, c'est-à-
dire, avec le bien-être de la partie, considérée indépendamment du tout ; & comme la
conservation du tout doit être préférée à celle
de la partie, les loix générales de la Nature
doivent par cela-même être fixes, immuables,
éternelles. Aucun individu ne peut déroger à
ces loix, sans une commission toute particulière
de la part de Celui qui les a établies. Il n'y a
que lui, qui soit capable de tenir les rênes de
l'Univers ; & qui d'une main ferme & assurée
puisse conduire les évènemens & les choses à
une destination générale & fixe. Et prétendre
que Dieu suspende les opérations de ces loix,
toutes les fois qu'elles se trouvent opposées à
l'intérêt de chaque être en particulier, c'est la
plus grande de toutes les absurdités. Quoi !
parce que les vagues de la mer seront prêtes
à engloutir quelques témeraires Mortels, qui
se seront exposés à leur merci, son Esprit ces-
sera-t-il de se mouvoir sur les eaux, & de leur
communiquer ce roûlement perpétuel, si nécessaire à leur salubrité ? Réprimera-t-il les
vents impétueux ? les empêchera-t-il de chasser au loin les vapeurs contagieuses, parce
qu'un infortuné Mortel, ou même toute une
famille va être écrâsée sous les ruines de quelque bâtiment ? défendra-t-il au tonnerre de
gronder ; à la pluie de grossir les torrens ; à

la grêle de ravager les campagnes, toutes les fois que quelques Mortels intimidés exposent des reliques, ou font des vœux & des processions pour cet effet? Non sans-doute; c'est de l'action constante & uniforme de ces loix, que dépend la conservation de l'Univers: & s'il est juste d'en suspendre une fois l'effet, pour le bien d'un individu, il faudra le suspendre pour tous, & l'individu périra également, si le tout périt. Aussi ne s'écartent-elles jamais de la route qui leur a été prescrite, que dans ces cas, qui interessent le monde entier, & qui en changent, pour ainsi-dire, la face. Les causes secondes, qui ne sont autre chose que ces loix, ne sont-elles pas de fer & d'airain à notre égard, toutes les fois que notre bien particulier se trouve en opposition avec leur destination générale? Et que deviendrait la société, que deviendrait le monde, si dans ces cas, nous pouvions, par nos vœux & nos larmes, y opérer le moindre changement? Une moitié des hommes ne demande-t-elle pas à Dieu d'être sourd aux prières de l'autre? Une Nation ne fait elle pas fumer de l'encens sur ses autels, ne lui offre-t-elle pas des holocaustes, pour le déterminer à changer en cris & en lamentations, les chants de triomphe d'une autre Nation? Si au lieu de ces loix générales & éternelles, la Nature prenait, pour règle de sa conduite, nos vœux & nos desirs particuliers; à cet ordre merveilleux qui règne dans l'Univers, succéderaient bientôt le trouble & la confusion: à ce contentement général, qu'on remarque parmi les êtres vivans, seraient bientôt substitués une consternation & un desespoir universels. Un être viendrait après un autre être, un monde viendrait après un autre monde échouer contre l'écueil commun. Les Anges mêmes seraient obligés de descendre de leurs demeures sublimes, & pour qui ? Pour l'homme. Présomption ! fureur ! impiété ! s'écrie ici le plus sage des Poètes (*).

Il est juste que le bien-être de la partie soit subordonné à celui du tout : & que par-conséquent les causes secondes ne soient point au pouvoir des individus. A quoi bon ces réflexions, dira-t-on peut-être ? Pour prévenir une objection que suggère naturellement le mal particulier, occasionné par cette loi générale de la Nature dont il est ici question. Malgré tous les tempéramens qu'y a apportés la Divinité, elle fait, dira quelqu'un, le malheur de bien des individus, & bien souvent elle fait celui des espèces entières. Combien de fois les animaux carnivores n'ont-ils pas dépeuplé les endroits qu'ils fréquentent, du reste de leurs habitans ? & combien de fois, parmi les hommes, le joug des Vainqueurs ne s'est-il pas outre mesure appesanti sur les Vaincus ? Je n'ignore point les faits sur lesquels est fondée cette objection ; mais je dis qu'on ne saurait en alléguer aucun, qui ne soit particulier ; aucun qui ne soit borné à ce qui se passe sur tel ou tel point particulier du globe, & seulement pendant un certain temps ; & par cela même aucun, qui puisse

____

(*) Pope, Essai sur l'Homme, Épître 1.

fervir de règle générale & décisive fur le point
en queftion. Qu'on raffemble tous les effets
de cette loi ; qu'on en confidère la totalité,
non-feulement par rapport au préfent, mais
encore par rapport à l'avenir ; non-feulement par rapport à quelques individus, mais
encore par rapport à toutes les efpèces ; & fi,
en conféquence de cet examen, il paraît qu'elle détruit plus de vie qu'elle n'en produit ;
qu'elle cause plus de confusion que d'ordre,
plus de peine que de plaisir, plus de malheur
que de bonheur ; il n'en faut pas douter, elle eft
injufte, abfurde ; elle ne faurait être l'ouvrage
de l'Être bon par excellence. Mais f'il paraît
qu'elle ne porte atteinte au bien-être que d'un
très-petit nombre, en comparaison du tout ;
& que du mal particulier qu'elle occasionne,
il réfulte un ordre, un harmonie, un contentement général, &, qui plus eft, une augmentation de vie ; fans doute qu'il faut en
conclure le contraire.

Mais, dira-t-on, il eft cruel d'exposer ainfi
un animal à la fureur de l'autre ; il eft cruel
fur-tout de mettre les hommes aux prises pour
f'égorger & fe rendre mutuellement misé-
rables. A l'égard des animaux, leur fort ferait
trifte fans doute, fi, doués de raison comme
nous, ils preffentaient de loin les maux, qui
les menacent ; mais la Nature a eu foin de
leur en dérober la connoiffance, en ne leur
accordant qu'une très-médiocre portion de
lumière : & f'il en eft, qui ont affés de faga-
cité pour démêler le danger, ils ont en
même-temps une double portion d'agilité &

de foupleffe , pour l'éviter; ils ont de-plus
leurs retraites, & tout cela fait leur confiance.
On en voit qui usent de fentinelles , & qui ,
moyennant cette précaution , vont recueillir
tranquillement leur nourriture au milieu de
leurs ennemis. De-là le nom de Prêcheur, que
les Efpagnols ont donné à un certain oiseau
de l'Amérique méridionale. Par-tout où ces
oiseaux font affemblés, on en voit toujours
un, qui, pofté fur une éminence, femble,
par le bruit continuel qu'il fait, haranguer fes
confrères ; mais qui dans le fond n'eft là, que
pour les avertir des furprises. Les Moines &
les Femmes regardent les Gens-de guerre comme les plus malheureux des hommes ; parce
que, fe mettant dans les mêmes circonftances
qu'eux, ils n'en jugent qu'avec leur timidité
naturelle. De-même, quand nous voulons juger du fort des autres efpèces, qui font dans
notre dépendance, nous nous mettons auffi
dans les mêmes circonftances ; & y apportant
toutes nos lumières, toute notre prévoyance,
nous disons : Ces efpèces doivent mener une
vie bien trifte! Mais la verité eft, qu'étant deftinées à une fin différente de la nôtre, elles
n'ont ni notre pénétration, ni notre fenfibilité. L'agneau, que les befoins de fon maître
condamnent à mourir aujourd'hui, continue
toujours à bondir, & à broûter l'herbe tendre.
Il eft, pour ainfi dire, heureux & content jufqu'à la fin. Il careffe la main armée pour l'égorger ; & quand elle le frappe, c'eft comme la foudre, qui tombe fur quelque infortuné Mortel.

R 3.

A l'égard des guerres, j'ai déja dit, que la Nature en a mitigé les horreurs, en mêlant à la sensibilité des hommes des mouvemens de colère & de vengeance, ou des desirs de gloire, que le danger réveille, & qui les rendent supérieurs, aux maux qu'elles traînent après elles. Et si, malgré tout cela, elles font des malheureux, leur misère n'est pas plus dans l'intention de la Nature, que la douleur qui accompagne les opérations qui se font sur le corps humain, ne l'est dans celle du Chirurgien. Ce sont des victimes, qui, après avoir eu leur part des douceurs de la vie, souffrent pour le bien du tout. Cela ne peut être autrement, vu l'état actuel des choses.

S'il y a quelqu'un qui en doute, qu'il considère, que la loi de la multiplication regarde les hommes, aussi bien que le reste des animaux, & qu'il réfléchisse à l'effet, qu'elle doit nécessairement produire. Vous ne voyez pas, dites-vous, la nécessité qu'il y a, que les animaux s'entredévorent; encore moins que les hommes, placés dans quelque circonstance que ce soit, s'arment les uns contre les autres. Hé bien, abolissez cette loi de la Nature, & faites renaître en idée le siècle d'or des Poëtes. Qu'à ces guerres, qui troublent sans cesse le repos des Peuples, succèdent une paix, une harmonie universelles. Que les épées changées en serpes, & les hallebardes en hoyaux, au lieu de rougir la terre du sang humain, servent à lui faire produire la plus grande quantité de fruit qu'il soit possible. Que les bêtes carnacières, quittant leur férocité naturelle, cessent de perfécuter les autres races; & que, f'aidant de leurs dents pour broûter l'herbe, elles aillent la recueillir dans le même champ avec les brebis & les chèvres; en-un-mot, que tous les animaux jouiſſent d'une paix profonde, & que, d'un commun accord & en toute fureté, ils faſſent retentir les forêts & les montagnes de la louange du Créateur. Ah! voila, direz-vous, l'état dans lequel le monde devrait être, & dans lequel il ferait effectivement fi..... Fous & infenſés! en voulant guérir de petits maux, vous en introduisez d'affreux; en voulant fauver quelques parties inutiles, vous perdez le tout. Les efpèces, ne trouvant point alors d'obſtacle proportionné, il en réſultera un débordement univerſel, tendant directement à la deſtruction totale du fyſtème animal. Ce calme parfait, cette félicité univerſelle & non-interrompue, que l'on voudrait introduire dans le monde; ces belles chimères paraîtront toujours des poſſibilités à ceux, qui ne jugent des choses que d'après leur imagination; mais quiconque en jugera fur la réalité, verra que la terre n'eſt point faire pour cet état.

Mais fi telles font les conféquences qu'entraîne néceſſairement après foi la loi de la multiplication, pourquoi, dira quelqu'un, cette loi?

1.^{ne} Parce qu'elle introduit dans le monde une abondance de vie, qui fans elle ne faurait y avoir lieu. Les races carnacières ne fauraient fubfiſter fans les races frugivores; & celles-ci ne fauraient réfiſter aux déprédations des autres efpèces, fans fe reproduire continuellement. Mais disons encore quelque chose de plus fort.

R 4

[296]

2.^{nt} Sans la loi de la multiplication , la vie animale n’exiſte point, ou n’exiſte que pour un très-court eſpace de temps. Qu’eſt-elle en effet, qu’un tiſſu merveilleux de parties molles, foibles , fragiles , délicates , formant enſemble une machine admirable dans ſa ſtructure & dans ſa deſtination, mais par cela-même ſujette à mille accidens ? Croire qu’elle puiſſe avoir lieu ſans cet aſſemblage, c’eſt la confondre avec la vie des Intelligences toutes pures : & ſuppoſer que des êtres, formés de la ſorte , puiſſent perpétuer leur exiſtance , ſans le renouvellement des générations , c’eſt leur prêter des qualités directement contraires. Les Poètes ont imaginé des Dieux, qui , avec des bras , des jambes , un corps en-un-mot, comme celui des hommes, n’avaient point de ſang comme les hommes , n’uſaient point de nourriture comme les hommes. Les Romanciers, de leur côté , ont fait , de la chair & du ſang humain des êtres invulnerables , inviſibles , immortels. Mais la Toute-puiſſance n’eſt point allée juſques-là. Elle a formé de poudre tout les habitans de ce Monde ; & tant qu’elle ne trouve point à propos de changer leur nature , ils doivent néceſſairement retourner en poudre. Le mortel & le corruptible ne ſaurait être en même-temps immortel & incorruptible. La ſouveraine Sageſſe aurait pu introduire dans le ſyſtème animal des races giganteſques , ſur leſquelles les puiſſances de ce monde auraient envain exercé leur fureur ; des races que nos mers n’auraient pu engloutir, que nos montagnes n’auraient pu écrâser. Mais à de pareilles races , il faut un monde vaſte à proportion , puiſque ſans cela il ne leur ſuffirait point (1) ; & par-conſéquent quelle que ſoit la maſſe qu'on attribue aux individus du ſyſtème animal , elle ſera toujours comme un rien, par rapport à la maſſe du Monde qu'ils habiteront; & leur puiſſance à-l'égard de celle des causes-ſecondes , qui animeront ce monde , ſera encore moins que rien.

La vie animale ſuppose donc de toute néceſſité des êtres, qui ne ſauraient ſe perpétuer, ſans ſe reproduire continuellement dans de nouvelles générations. Et comme ils ſont expoſés à mille accidens , qui peuvent en enlever plusieurs , avant qu'il aient ſatiſfait à cet égard aux loix de la Nature, il faut que cette reproduction ſoit plus que ſimple (2) : en-effet , ſuppoſé qu'il eût été ordonné , que deux n'en produiraient que deux & pas d'avantage , il eſt évident que ce nombre ne ſuffirait pas à la conſervation de quelque eſpèce que ce fût ; parce qu'il ſ'écoulera un certain temps , entre le moment de la naiſſance de chaque individu, & celui de ſa reproduction ; & ſi dans cet intervalle il vient à être détruit , il ſera une perte irreparable pour l'eſpèce. Et ces pertes, ſe réitérant néceſſairement en

----

(1) C'eſt comme ſi la puce ou le ciron demandaient la groſſeur du chat ; ils n'auraient pas ſubſiſté une génération : nous pouvons être ſur l'épiderme de la Terre avec notre petiteſſe relative ; nous ne le pourrions pas avec la groſſeur d'un corps comme la Lune.

(2) Une preuve que les animaux en-général ſont faits pour être dévorés , c'eſt leur fécondité même : ſur cent individus, 99 détruits peuvent être réparés par le 100ᵉ.

certaines occasions , elles causeront à-la-longue l'extinction totale de toute la race. Ne
craignons point d'exagérer , en disant qu'il
faut que cette reproduction aille au sextuple ,
au décuple , au centuple , & quelquefois plus
loin encore , suivant la nature de l'espèce &
les circonstances où elle se trouve : il faut
qu'elle précipite pour ainsi - dire , les générations les unes sur les autres , afin que , lorsque les espèces viennent à faire quelque perte
considérable par les catastrophes qui arrivent
dans le monde , elles se rétablissent , & qu'il
n'y ait point de vide dans la vie. Et c'est ici
que l'on découvre les raisons , qu'a eu la Nature de renfermer la vie de chaque être dans
un si court espace de temps. Car comme la
fragilité naturelle de la vie animale , rend nécessaire la multiplication de ses individus ,
cette multiplication rend nécessaire à-son-tour
le peu de durée de leur existance : puisque s'ils
la conservaient seulement au-delà d'un certain
terme , il est évident que leur multiplication
produirait la plupart du temps trop d'effet ; ou,
ce qui revient au même , elle n'en produirait
que de funestes. Si les guerres , les accidens,
les maladies & les langueurs font en certaines
occasions de vastes ravages, plus que suffisans
pour arrêter la trop grande multiplication de
quelqu'espèce que ce soit, il en est d'autres ,
où elles ne produisent point cet effet-là ; &
comme la Nature gouverne le monde par des
loix générales, & que les évènemens qui y
arrivent ne sauraient jamais se trouver en contradiction avec ces loix, mais que tous y sont

[299]

fubordonnés ; il faut qu'outre les causes coërcitives, qui s'opposent à la trop grande multiplication des espèces, il y ait une loi générale, qui borne à un certain temps l'exiftance
de chaque être. La loi de la multiplication,
& un terme de vie, qui rendrait cette multiplication exceffive, font deux choses abfolument incompatibles. Auffi eft il probable
(diftinction faite entre les races terreftres &
aquatiques), que, dans le fyftème animal,
le temps de la durée naturelle de chaque
être fe mesure fur la raison composée du produit de la multiplication dans fon efpèce, &
du temps de ce produit. A ces infectes qui
renouvellent, pour-ainfi-dire, à chaque heure
leurs générations, la Nature n'a accordé que
quelques momens de vie. Les quadrupèdes
& les oiseaux, qui fe multiplient en fi peu
de temps, fe trouvent au bout de leur carrière,
lorfque d'autres efpèces moins fécondes ne
font que la commencer. Cette loi eft visible
fur tout dans les animaux domeftiques. Les
chiens, les chats & les cochons ne vivent
guère plus de douze ans ; tandis que les chevaux, les ânes & les vaches, fuivant le cours
ordinaire de la Nature, vivent beaucoup plus
longtemps (*). Les hommes, à qui il faut un
certain nombre d'années avant que de fe reproduire, & qui par-conféquent fe multiplient le moins, ont la vie de plus longue durée que prefque tous les autres êtres animés.

Je vais encore faire une remarque fur la

____

(*) La même règle exifte pour les arbres & les plantes.

loi de la multiplication : En même-temps qu'elle maintient la vie animale dans toute sa plénitude, elle en multiplie les plaisirs. Peut-on nommer autrement ces douces affections, & ces retours encore plus doux de tendresse, qu'elle fait éprouver à ceux qui se soumettent à son empire ? Elle alume dans l'ame des desirs ardens, mais par cela-même elle la rend susceptible d'une plus grande félicité. De ces desirs naissent ces aimables illusions, qui mettent, pour-ainsi-dire, au rang des Dieux, des êtres faibles & mortels : & de là, ces égards tendres & passionnés, ces attachemens sincères, ces commerces, qui font les délices de la vie, & les espérances, qui en font l'âme & le souverain ressort. Elle expose à bien des soins sans-doute, mais elle sait les rendre chèrs & agréables, par le tendre intérêt qu'elle fait prendre au bien de ceux qui en font les objets ; & si elle assujétit à quelques peines, elles les rend supportables par les avantages qui en résultent. Se peut-il rien de plus doux, que les relations qu'elle établit entre les animaux de la même espèce ? De là, ces liens d'amour qui en réunissent tous les individus, pour n'en faire qu'un seul corps. De là, ce commerce réciproque de secours, de consolations & de bons-offices, d'un côté ; de reconnoissance, d'estime & d'amour, de l'autre. Ne nous plaignons point de la Nature : toutes ses loix font faites pour notre bonheur ; mais c'est en particulier le caractère de celle qui ordonne la multiplication des individus de chaque espèce : par ses

bénignes influences , les hommes , auſſi-bien
que le reſte des animaux , oublient leurs
peines , oublient leurs faibleſſes ; & ſouvent
même les hommes , dans la ſituation la plus
fâcheuſe , comparent leur bonheur à celui des
Immortels.

Enfin les deſirs , & les eſpérances , que fait
naître cette loi , ſont , comme je le diſais
tantôt , l'âme & le ſouverain reſſort de la vie.
De quoi en-effet ne rendent-ils pas capables
ceux qu'ils animent ? Ils donnent de la force
aux faibles , de la hardieſſe aux timides , de
l'activité aux indolens ; ils adouciſſent les
mœurs les plus farouches , & impriment un
caractère de fierté aux tempéramens les plus
paiſibles ; en un mot , ils ſe mêlent à tous les
ſentimens de l'ame , & leur communiquent
je ne ſai quoi de noble & de grand. Parmi
les hommes , ils produiſent ſouvent les actions
les plus héroïques : & ſ'ils ne ſont pas les
cauſes de leurs plus belles vertus , au-moins
l'on peut dire qu'ils les y diſpoſent d'une façon
toute particulière. Il eſt un temps dans la vie ,
où les hommes ſont plus acceſſibles que jamais aux mouvemens de la bienveuillance , de
la générosité & de la compaſſion : c'eſt celui ,
où cette loi ſe fait ſentir le plus impérieuſe-
ment dans le cœur. Il eſt un temps aucontraire , où le cœur de l'homme ſe retrécit , &
où ſes plus beaux élans ne vont point audelà
de quelques vertus particulières : & c'eſt celui , où ce beau feu commence à ſe ralentir.

On n'en ſaurait douter , Dieu a bien fait
tout ce qu'il a fait ; & je reconnais cette vérité , non point parce que d'autres l'ont re-

connue avant moi; mais parce que je la vois fortir avec éclat de l'ordre & de la beauté qui règnent dans le fyftème de l'Univers; & d'ailleurs parce que je dois cet homm·age à Celui que je crois, & qui eft en effet, l'Être bon par excellence.

Il eft un but fixe auquel tend toute la Nature, c'eft la production & la confervation de la vie; & de l'aveu de tous les êtres, la vie eft un bien dans la Nature. Ces fignes de joie & d'allegreffe, qu'on remarque dans les mouvemens divers, dans les alures & les cris de tous les animaux, même des plus vils, montrent en-effet, qu'elle a des douceurs pour tous, & que tous y font fenfibles. Les hommes en particulier rendent à cet égard au Souverain Être la juftice qui lui eft due: ils aiment la vie qu'il leur a donnée, & f'y attachent, comme au plus grand bien. S'il eft des efprits ulcerés qui la regardent comme un fardeau, & qui fe plaisent à la repréfenter comme telle, leur jugement ne doit pas contrebalancer celui du refte du genre humain; leur voix ne doit point étouffer celle de la Nature: Que l'on compare le temps de la fanté avec le temps de la maladie; les momens de peines avec les heures d'aife & de fatiffaction; les jours d'amertume & de douleurs avec ceux où l'on eft à l'abri de leurs atteintes: Que l'on confronte, en un mot, le petit nombre de ceux qui fouffrent, avec ces mille milliers d'êtres, qui vivent heureux; & que l'on voye, fi la mesure du bonheur n'excède pas de beaucoup celle de la misère. La vie, mes Amis, eft un bien, & la volonté du Souverain Être

est , qu'un nombre innombrable d'êtres partagent ce bien. Parmi cette multitude de mondes, il a produit celui que nous habitons ; un
monde diversifié de plaines & de montagnes, ar-
rosé de lacs & de rivières, enrichi de plantes &
d'arbres, échauffé, éclairé des rayons du Soleil ;
un monde , où des causes invisibles (*) tiennent
dans une circulation perpétuelle les élémens
impregnés de tout ce qui peut servir à la conservation de la vie ; & où les plantes , par des
ressorts, encore plus merveilleux , attirent à
soi & recueillent les riches trésors des élémens,
& les préparent pour la subsistance des animaux : un monde où , par le nombre & la
variété infinie des espèces , tout est converti
en substance vivante ; & où , par des loix
éternelles & immuables, toutes les causes secondes , tous les évènemens & tous les êtres
sont assujetis à la production & à la conservation de la vie. Si les espèces s'y multiplient ,
c'est pour réparer promptement les pertes ,
auxquelles les expose leur fragilité naturelle ;
si elles s'entredétruisent , si le temps de
l'existance de leurs individus est renfermé dans
de certaines bornes , c'est afin que la multiplication ne soit pas excessive entr'elles ; c'est
pour que les êtres aient le plaisir de la reproduction ; c'est pour que toutes les espèces jouissent d'une jeunesse éternelle. En-un-mot, il est
une fin générale vers laquelle tend toute la
structure de ce monde , c'est la plénitude & le

(*) *Invisibles* , mais connues ; c'est-la chaleur , c'est la
force active & mâle du Soleil (bras droit de la Divinité
à notre égard qui les meut, qui les anime, ainsi que
les plantes & les animaux.

maintien du fyftème animal: il eft des loix générales fuivant lefquelles tous les êtres f'acheminent vers ce but ; & ces loix ont toutes un
rapport intime entr'elles , en telle forte que
l'une produit néceffairement l'autre.

On dit qu'il y a des contradictions dans le
plan de la Nature : mais fi la fin, qu'elle f'eft
proposée eft telle que je viens de le dire,
elle ne pouvoit affurément pas en chofir une,
qui fût plus digne d'elle. Elle ne pouvait
point non plus user de moyens plus efficaces ,
pour remplir pleinement cette fin , que ceux
que je lui viens d'attribuer , & que la feule
contemplation de fes œuvres découvre à chacun. En quoi donc confiftent ces contradictions ? Oh ! f'il en eft une dans le fyftème
animal , c'eft qu'il renferme des hommes , à
quî Dieu a donné un entendement pour connaître , une raison pour difcerner , un cœur
pour aimer la vérité ; & qui cependant fe ré-
voltent contr'elle , toutes les fois qu'elle fe
présente à leurs yeux. C'eft que d'un autre
côté , il y a des hommes , préposés par les loix
divines & humaines , pour f'appliquer à la
connaiffance de la vérité , pour en foutenir
les intérêts ; & qui cependant la retiennent
captive , & ne la montrent qu'au travers des
grilles & des barreaux de l'hypocrisie & de la
diffimulation , comme un tyran fuperbe , dont
on redoute le pouvoir : c'eft qu'il y a des hommes doux , affables , bénins , des hommes qui
pardonneraient le crime , mais qui ne feraient
aucune grâce à qui ôserait leur montrer la vérité. Voila les contradictions qui m'embaraf-
fent dans le fyftème animal : d'ailleurs je n'y
trouve

trouve que des sujets d'admiration & de reconnaissance.

Bien des gens ont entrepris d'expliquer l'o-
rigine du mal physic dans le monde, &
l'on peut dire que plusieurs y ont apporté
beaucoup de lumières, beaucoup de pénétration, beaucoup de soin : mais, après bien
des raisonnemens, on s'est toujours trouvé
également éloigné du point en question, qui
est d'accorder certains phénomènes dans la
Nature, avec l'idée d'une Sagesse infinie.
C'est que dans les discussions de cette nature,
comme dans les calculs d'algèbre ou d'arith-
métique, il suffit qu'on se trompe dans la dé-
nomination d'un seul terme, pour que la con-
clusion soit toujours fausse, quelque justes
que soient d'ailleurs les raisonnemens, sur lesquels elle se fait. Sans faire attention au bien
général qui résulte de certains arrangemens
dans le système animal, on a appelé mal ce
qui ne l'était point : & comme on s'est cru
autorisé à dire, que l'Être bon par excellence ne pouvait être l'auteur du mal, on est
entré dans de longs détails, pour en concilier l'introduction dans le monde avec sa nature toute parfaite : mais au lieu de lever les
difficultés, on n'a fait que les multiplier ».

Il suit de tout ce que je viens de dire, Que
la nature est entièrement vivante, en général, & dans chacune de ses parties ; Que tout
est disposé de manière, que le chaud & le

froid, le grand air & l'ombrage, la terre & l'eau, tout eft habité; que rien n'eft inutile à la vie de toutes les fubftances connues, même les moins fucculentes, telles que le bois fec, la laine, &c; Que les corps font compofés de façon, que toutes les différentes fubftances f'y adaptent, même les pierreuses; Que tout être vivant participe, pour fa portion, fuivant fa capacité, & le befoin qu'il en a pour fa converfation, de l'intelligence de l'Être-principe; & qu'on n'en peut raifonablement douter, quand on confidère que les animaux, dans la vue d'une fin quelconque, prennent les mêmes moyens que nous; de l'indentité d'effet, on doit conclure l'indentité de cause : enfin, Qu'on aurait tort de dire, que fi la bête fouffre, l'Être-principe eft injufte; puifqu'il faudrait pour cela, même fuivant nos lumières bornées, que la vie ne fût pas un bien par elle-même : Or, tout homme raifonable qui réfléchira fur l'excellence de cette manière d'être, ne poutra f'empêcher de fentir, que la vie de l'animal eft le chéf-dœuvre de Dieu, une imitation de fon exiftance; il fera forcé de convenir, que la vie comporte plus de deux-tiers de bien fur un tiers de mal; qu'où le mal paraît furpaffer, comme dans les Souffrans, c'eft en vertu de lois phyfiques inviolables, qui tendent toujours à mettre l'être indifpofé dans une pofition meilleure; &c.

Laiffons donc tous les fyftèmes abfurdes, &

rion, fuivant fa capacité, & le befoin qu'il en a pour fa confervation, de l'intelligence de l'Être-principe; & qu'on n'en peut raifonablement douter, quand on confidère que les animaux, dans la vue d'une fin quelconque, prennent les mêmes moyens que nous; de l'identité d'effet, on doit conclure l'identité de caufe: enfin, Que Defcartes & Mallebranche ont eu tort de dire, que fi la bête fouffre, l'Être-principe eft injufte; puifqu'il faudrait pour cela, même fuivant nos lumières bornées, que la vie ne fût pas un bien par elle-même: Or, tout homme raifonable qui réfléchira fur l'excellence de cette manière d'être, ne pourra f'empêcher de fentir, que la vie de l'animal eft le chéf-d'œuvre de Dieu, une imitation de fon exiftance; il fera forcé de convenir, que la vie comporte plus de deux-tiers de bien fur un tiers de mal; qu'où le mal paraît furpaffer, comme dans les Souf- frans (1), c'eft en vertu de loix phyfiques inviolables, qui tendent toujours à mettre l'être indifpofé dans une pofition meilleure (2); que ceux qui fouffrent en vertu des conventions morales, ou par un abus de la puiffance, fouf- frent de même en conféquence de loix éter- nelles. Par-exemple: ce Coupable fouffre,

---

(1) Je ne conviens pas que dans ce cas même l'exiftance ne foit pas préférable au néant; il exifte des preuves fi multipliées de cette préexcellence, que je ne crains point d'en faire juges tous les hommes.

(2) Si le mal phyfic ne refultait pas néceffairement de certaines caufes, & le mal moral de certaines actions, il n'y aurait plus d'ordre, de raifon, & par-conféquent plus de Dieu; tout ferait bouleve fé.

&c, parce qu'il est dans la raison éternelle, que l'homme puisse faire des loix qui en condannent le transgresseur à telle peine : cet Innocent est opprimé par la tyrannie, parce qu'il est dans la raison éternelle, que dès que les hommes auront eu la faiblesse de souffrir un Dominateur insolent, il le deviendra tous les jours davantage, & qu'ils ne pourront briser le lien de l'habitude, qu'autant que le Tyran les pousserait à-bout ; c'est l'effet nécessaire de l'égalité violée. Tout le mal physic & moral peut donc exister, sans que la Divinité soit injuste ; le mal est le résultat de loix bonnes, invariables, nécessaires ; une légère connaissance de la Physique suffit pour nous en convaincre. *Tout est bien* ; ce mot de Pope est vrai comme Dieu. Dèslors l'hypothèse de Descartes sur la *mécanicité* des Bêtes est contraire à la saine Physique ; celle des anciens Persans & de la plupart des Peuples sauvages, sur la nécessité de *deux Principes*, l'un bon, l'autre mauvais, ne l'est pas moins ; toutes les erreurs, même les plus accréditées, tombent devant cette auguste vérité.

Dès qu'il est inutile, même dans les idées consacrées par la Religion, que les Bêtes (*) soient privées d'une âme intellectuelle, il ne faut plus admettre de systèmes absurdes, &

______

(*) S'il s'agissait ici d'apporter en preuve une foule de faits qui prouveraient l'intellectualité des bêtes, l'on ne serait embarrassé que du choix. Voyez le Traité de Plutarque, *De l'intelligence des Animaux* ; Lactance leur accorde la faculté de pleurer & de rire ; & sur ce dernier, je dirai que je l'ai vu moi-même, dans une chienne dont l'intelligence étonnante est encore célèbre à S**.

[309]

fe refufant à l'évidence , prêter le flanc aux
Matérialiftes purs , auffi déraisonnables que
les Spiritualiftes eux - mêmes. Il y a deux
fubftances , *l'intellectualité*, la *matière* ; la pre-
miére eft mâle (pour employer une expreffion
facile à comprendre), l'autre eft femelle ; la
première active , la feconde paffive. Il eft
à préfumer quelles font coéternelles, le Principe actif par effence n'ayant pu *être* , fans *agir*.

ROGER. Permettez , monfieur , une queftion : Prétendez-vous que tous les animaux ne
foient que des variétés d'une efpèce unique
comme les plantes ? *Le CURÉ*. Vous avez du
obferver que tous les principes que je pose font
généraux : J'ai tâché d'imiter la marche de la
Nature , en raisonnant fur la Nature. Non-
feulement la conféquence que vous paraiffez
vouloir tirer eft jufte ; mais vous pouvez aler
plus loin ; tous les êtres font frères ; ils ont
une même fource, une même nourriture (*) ;
le Soleil eft leur père , la Terre eft leur mère ;
les degrés de vie font différens , depuis l'in-
ertie prefque parfaite , jufqu'au degré le plus
extrême d'inceffable activité connue , qui eft
le caractère du Soleil notre père.

Je termine les Entretiens que nous venons
d'avoir fur cette importante matière , 1.ᵗ Par
une courte explication de ce que j'ai dit tou-

(*) Obfervons une forte de parité qui fe trouve encore
dans les trois règnes , pour la manière d'exifter: On voit
dans le premier règne des demi-métaux , qui répondent
aux végétaux herbacés du fecond, & aux infectes du troisième ; enfuite des métaux dans le premier , des arbres
longives dans le fecond , & les gros animaux tels que les
quadrupèdes & l'homme dans le troisième.

S 3

chant les mines. Certains Minéralogistes de nos jours, regardent comme une chimère l'opinion des Anciens, que la chaleur du Soleil opère la différence des Métaux ; & la raison qu'ils en donnent, c'est que *cette chaleur ne passe pas la croûte extérieure* (1). Si la Terre était une masse inanimée, ils pourraient avoir raison jusqu'à un certain point : mais dans la vérité, la Planète vivante est toute pénétrée de la chaleur, & la crasse de son épiderme a des productions différentes, dans les endroits différemment exposés aux rayons du Soleil : Je dis ensuite, que les mineraux, quoique plus éloignés de la superficie, pour l'ordinaire, que les racines des végétaux, sont encore dans la première croûte pénétrable à la chaleur : il s'opère en conséquence la même différence dans cette croûte pour les minéraux, que pour les végétaux & les animaux. Il est certain d'ailleurs que les mines des métaux précieux dans les pays froids ont les filons (2) si pauvres, qu'on voit bien qu'ils ne sont l'effet que d'une révolution secondaire. Ainsi les choses de fait sont pour mon opinion, que la patrie de l'or est sous la ligne, quoiqu'il s'en trouve partout; comme on trouve partout certaines plantes & certains animaux, originaires néanmoins d'un seul point du globe.

(1) Une idée qui me paraît vraie, & que je vais placer ici, c'est que le noyau de la Terre au lieu d'être de verre, comme le prétend M. *De-Buffon*; un abîme d'eau, comme le dit *Voodward*; une fournaise ardente, un feu-central, comme d'autres le veulent, pourrait bien être glacé : cette glace n'empêcherait pas l'animation, le *gel* n'étant froid que respectivement à nous, qui sommes dans un milieu plus chaud. [*Note de l'Editeur.*]

(2) FILON est une veine de mine métallique qui se continue dans une montagne.

2.^{nt} Par une observation sur ce que j'ai dit, de la formation de la terre-végétale. Ceux qui n'auraient pas saisi l'ensemble de ma théo-rie de la Nature, pourraient me demander, Où est sa source première ? car pour que les mousses, les plantes, les arbres naissent, il leur faut une matrice ? Je répons, que la Planète, au sortir de la révolution, devait être nète & parfaitement aride; puisque la conflagration, en évaporant les eaux, avait aussi dispersé, raréfié toutes les autres substances évaporables, qui retombèrent sur la surface aride à-mesure du refroidissement ; Que ces matières, dont le mêlange broyé, confondu forme la terre végétale, sont les secrétions des humeurs de la Terre; que c'est-là leur origine; la source de la vie des plantes & des animaux étant la surabondance de la vie de la Planète (*); laquelle Planète est elle-même la surabon-dance de vie de son Soleil ; comme cet Astre, cet Ange-de lumière, est à son-tour un effet de la faculté générative, de l'excès de vie (passez moi le terme) du Principe-unique.

3.^{nt} Par la réponse à un question qu'il est naturel qu'on me fasse : *Puisque, selon vous, me dira-t-on, la Terre est un être vivant, & si vivant, que de sa surabondance de vie, de ses secretions, résultent toutes les existances minérales, végétales, animales que nous con-naissons, dites-moi comment il prend sa nour-riture, où elle est cette nourriture ? Vous ne pouvez user de subterfuge ; car vous avez dit,*

(*) Cette surabondance de vie est si grande en quel-ques endroits, comme la mèr-rouge, que les eaux y contiennent autant d'animalcules que de globules aqueux.

que les petits êtres reſſemblaient en tout aux grands, preſqu'en tout à Dieu même ; que vous ne raisonniez le plus ſouvent que par analogie, & que vous argumentiez de l'inconnu par le connu : répondez donc ? Je ne ſuis pas embâraſſé pour vous répondre, que les Planètes ſe nourriſſent, & je dis qu'elles tirent cette nourriture du Soleil ; que toute leur ſurface eſt organe du goût, comme toute la nôtre l'eſt du tact ; qu'en conféquence de cette nutrition reçue du Soleil, la Planète eſt d'autant plus alimentée, qu'elle en eſt plus proche, & que par cette raison, elle eſt auſſi plus denſe & plus vigoureuse ; ce qui ſ'accorde avec les idées reçues. Vous n'avez pas attendu que je lui donnaſſe une bouche & des dents : l'animalité connue n'a pas pour une ſeule manière de prendre ſa nourriture ; & la manière de la Terre peut différer de toutes celles connues, ou reſſembler à quelqu'une d'entr'elles, qui ſ'accorde avec ce que je viens de dire. Ce qu'il y a de ſûr, c'eſt que la Planète reçoit ſa nourriture du Soleil, ſource de ſon exiſtance. *Et le Soleil ?* pourſuivra-t-on. Je m'arrête à la grandeur de l'idée qui ſ'offre à mon imagination : Rappelez-vous, en ce moment, tout ce qu'on a dit des Dieux qui ſe nourriſſaient d'ambroisie ; de ces Anges vivans, jouiſſans de la Divinité même ; & de la manière dont les Chretiens ſe peignent l'éternelle félicité ; l'âme ſ'abreuvera dans une mèr inépuisable, infinie de volupté, de lumière... Toutes ces magnifiques idées ſont vraies ; elles ſont une ſuite de l'ancienne doctrine que je tâche de rétablir ; elles ſont un jet de lumière, qui franchiſſant un abîme

de ténèbres, vient se refléchir sur une surface
polie, capable de la recevoir. Les Soleils per-
çoivent la vie, & l'aliment de cette vie, de
la Divinité même, d'une manière parfaite;
aussi n'ont-ils pas, comme la Planète & comme nos corps, des parties hérérogènes &
mortes, tout en eux est organe de reproduction; leur divine & féconde chaleur émanant
de toutes leurs parties (1).

4.nt L'on pourrait encore me demander,
*Si je pense que la vie des Planètes ressemble
parfaitement à la nôtre; si elles ont des maladies &c.* Je répons, que je le pense: j'imagine
qu'elles ont des espèces de maladies, dont les
boulversemens extérieurs qui frapent notre vue
font des symptômes. Les tremblemens-de-terre
les ouragans, les nuages, les tonnerres, par-
exemple, sont autant d'indispositions de notre
Planète: nous connaissons les causes-secondes
de tous ces phénomènes (2); mais les causes
premières, qui dépendent de la vie de la Planète, nous seront toujours inconnues. Les
Planètes ont des maladies, & peuvent, j'ima-

---

(1) L'on nous a dit, Que tous les êtres font à chaque
instant conservés par la Divinité; qu'ils périraient s'ils
cessaient un moment d'en être soutenus: C'est une vérité bien sensible, non-seulement à l'égard du Premier-
Principe, mais encore à l'égard du Soleil; s'il cessait un
instant d'échauffer la Terre, tous les êtres périraient; une
diminution de chaleur double de celle de 1709 suffirait.

(2) Le Curé a dit très-peu de chose des tremblemens-
de-terre: mais d'après les observations les plus recentes,
il paraît que la mine-de-fer répandue dans toute la pré-
mière enveloppe du globe, est la cause prochaine de l'en-
flamation; que les terres bitumineuses en font l'aliment,
& que l'eau réduite en vapeurs, est la force qui produit
les horribles explosions des volcans.

gine, ceffer de vivre par cette cause tout comme nous ; elles le peuvent par accident, tel
que ferait le choc d'une Comète, ou fa trop
grande approximation , par les raisons que
j'en ai données : les Planètes peuvent enfin ,
comme nous , mourir de vieilleffe : les causes
de la vieilleffe , ne font autre chose , pour les
plantes & les animaux , que le durciffement,
la rigidité des parties flexibles, & l'obtusion des
pores des parties folides, qui par ce moyen deviennent peu à-peu incapables de nutrition; ce
qui fait que la force & le mouvement doivent
ceffer. Ces mêmes causes de vieilleffe exiftent
fans-doute pour la Planère ; puifqu'elle f'approche infenfiblement du Soleil , où elle doit
enfin tomber , & qu'elle ne peut en approcher
fans devenir plus denfe, plus aride & plus dure.
C'eft en arrivant au Soleil qu'elle finit; & quoiqu'elle en refforte enfuite, ce n'eft plus le même
individu : ils eft à presumer qu'il fe forme de
nouvelles Planètes de debris de plusieurs ;
comme des corps des plantes & des animaux ,
il fort de nouveaux individus , qui ne font pas
ceux qui exiftaient. Voila pour le cas où la
Planète meurt de vieilleffe après un certain
nombre de revolutions d'un million neuf-
cent-quarante-quatre-mille ans (qui font proprement une de fes années). Dans chacune de
ces révolutions, toutes les parties du globe ont
eu fucceffivement la fphère droite, & le Soleil
f'eft levé fucceffivement à tous les points de fa
circonférence ; c'eft à-dire, que le midi a été
l'orient, celui-ci le nord, le couchant le midi,
le nord le couchant. Mais combien d'années
d'un million-neuf-cent-quarante-quatre-mille

[315]

des nôtres doit vivre la Terre? Dieu le fait,
devant qui cette inconcevable durée n'est qu'un
point (1). Enfin j'imagine que les Soleils forment entr'eux des sociétés & des peuples
différens ; qu'ils ont un langage sublime &c.
je pense qu'il en est de-même des Planètes, &
que ce qui se voit en petit dans notre monde
moral, existe en grand pour eux, tout comme
le physic. Mais amis, si je me suis arrêté là-dessus, c'est toujours dans la vue d'aggrandir vos
idées, & devous en donner une moins indigne
du Principe-universel que les idées vulgaires.

5.me Il y a tout lieu de presumer que les
taches que les Astronomes ont découvert dans
le Soleil ne sont autre chose que les débris des
Planètes tombées dans ce Centre de mouvement, qui leur fait éprouver par sa chaleur une
dissolution, & les dispose à former de nouvelles Planètes : Car il est certain que le Soleil fesant d'une part la même chose à leur
égard, qu'un goufre de la mer à l'égard des
vaisseaux ; & de l'autre les éloignant par une
force centrifuge un peu moindre que la centripète (2), toutes les Planètes y doivent tomber.

____

(1) Toute cette doctrine était celle de Newton ; il dit
en propres termes, que la Nature est le *sensorium* de la Divinité : (ce qui est bien dire que Dieu est l'âme de l'U-
nivers) ce *sensorium* est donc essenciellement sensible. Il
dit encore, que le mouvement des Planètes deviendra
plus irrégulier, & qu'elles périront enfin. La perfection
d'un être est d'avoir sa durée tout-entiére, & rien de plûs.

(2) La force centrifuge du Soleil vient de sa chaleur, qui
agit principalement sur les eaux, relativement aux Planètes dans l'état actuel ; cette force est la même que celle du
feu qui chasse l'humidité d'un tison qui brûle ; c'est aussi
par elle que se forment les nuages &c. Le Soleil n'attire
pas les vapeurs, il les chasse hors de la portée de sa chaleur.

Et si l'on pouvait en hasarder ici la conjecture, je dirais, que comme la mort naturelle de la Planète arrive lorsqu'elle est tombée dans son Soleil-producteur; de-même la mort du Soleil arrive lorsque cet Astre a englouti toutes ses Planètes; car alors son mouvement sur lui-même n'ayant plus pour s'animer ou se conserver ces espèces de poids, dont la pesanteur a l'effet à-peu-près d'une balle de plomb au bout d'un cordeau que l'on ferait tourner, il doit se ralentir peu-a-peu & cesser enfin: alors, je présume que la substance solaire n'étant plus soutenue par le mouvement circulaire, qui en formait un être individuel, elle retombe dans sa Source, où elle est absorbée à son-tour, pour resservir à d'autres productions de même nature. Toutes ces suppositions sont fondées sur l'analogie & la ressemblance générale qu'ont entr'eux tous les êtres, & cette vérité sublime; *Dieu seul est éternellement immuable;* toute production commence & finit; toute émanation varie de forme. Il n'y a que la Source, le Producteur universel qui soit toujours essenciellement le même.

6.^{nt} D'elle-même, la matière n'a pas de pesanteur; il n'y a dans l'Univers ni bas ni haut absolu; ce que nous appelons ainsi, ne l'est que relativement à un point intellectuel que nous imaginons, comme le zénith & le nadir, le Soleil ou le centre de la Terre; la matière ne doit donc ni monter ni descendre, & si les corps tombent sur la surface de la Terre, c'est à-cause de la force centripète, & cette force est en-raison de la plus grande masse ou quantité de matière, avec le moindre volume possible : c'est en-conséquence de cette règle invariable & sûre, qu'on a déterminé les loix de la gravité sur presque toutes les Planètes, & sur le disque du Soleil même. Ainsi, quoique la substance de cet Astre soit cinq fois moins dense que celle de la Lune, néanmoins, eu égard à l'énorme quantité de substance solaire, les corps qui pèseraient quatre-cents livres sur le Soleil, n'en pèseront qu'une demie sur le globe de la Lune : & quoique la Terre soit cinquante-fois plus grosse que la Lune, néanmoins comme elle est d'un cinquième moins dense que cette dernière, le corps pesant une demi livre sur la Lune, pèse quinze livres sur la Terre, trente livres sur Jupiter, & près de vingt livres sur Saturne. Les Planètes pèsent sur le Soleil, & il pèse sur elles en raison de leurs masses & de leurs distances ; de-sorte que plus il y a de masse, & moins il y a de distance, plus fortement le Soleil attire ; cela se comprend aisément. Plus le mouvement d'une Planète sur elle-même est rapide, plus elle a de force centrifuge, moins elle est dense, & moins les corps y ont de pesanteur : ainsi, la Lune a le mouvement sur elle-même quinze-fois moins rapide que la Terre ; à toutes choses égales, quinze de nos livres feraient celle de la Lune ; mais il y a diversités de masse, de volume, & de mouvement autour du Soleil, dont la réunion opère dans la pesanteur une différence comme de trente à un. Jupiter, dont le mouvement sur lui-même est de deux tiers plus rapide que celui de la Terre, doit être, par cette raison seule de deux-tiers moins dense ; il l'est cinq-fois dans

la réalité. Moins une Planète eſt pesante, relativement à ſon volume, plus elle eſt éloignée du Soleil, & moins il faut de chaleur
pour l'échauffer. Les Planètes ne ſ'approchent
du Soleil, qu'à-raison de la prise que ſa rotation engouffrante lui donne ſur elles; & cette
attraction répond à la diſtance & à la maſſe.
C'eſt donc une vérité, que tout corps qui ſe
trouverait hors de l'empire de ſa Planète &
de tous les Soleils, demeurerait immobile.
Mais cela ne ſaurait être, & l'axiome de Droit,
Nul lieu ſans Seigneur, eſt bien plus vrai en
Physique qu'en Juriſprudence. Ainſi, tout
corps ſorti du point où l'attraction de la Terre
ſerait ſenſible, tournerait comme elle autour
du Soleil, pour y tomber de-même un-jour.
Si la pesanteur n'eſt pas dans la matière, elle
eſt donc causée par une impulſion ou une attraction extérieures, proportionnées à la maſſe &
à la denſité; mais la quantité n'opère pas abſolument la pesanteur; puiſqu'elle ſerait nulle dans
un eſpace libre: ſa vraie cause reſſemble aux
autres causes premières, elle nous eſt inconue;
mais ſes effets ont été parfaitement éclaircis.

7.nt J'ai paru *donner aux animaux une
âme intellectuelle*. C'eſt que je l'ai cru: lorſque
je vois le plus petit des inſectes, éviter le danger comme je l'éviterais, chercher ſa nourriture & le plaisir comme je les chercherais;
lorſque je lui vois une judiciaire, qui lui fait
deviner (comme je le devinerais) le but
d'un long circuit que je prens pour m'emparer de lui, je dis, Il y a là un grain d'intellectualité plus ou moins fort; car rien d'abſolument
matériel (vous ſavez ce que j'entens par ma-

tière) ne fait impreſſion ſur l'inſecte, & cependant il fuit ! Lorſque je vois des exemples
pareils à celui de ces chiens dont parlent *Plutarque* & M. de *Saintfoi* (le premier appartenait aux roi *Lyſimachus* ; il demeura ſur le
lit de ſon maître mort ſans vouloir prendre
de nourriture, & ſe précipita dans le bucher
du roi où il fut brûlé ; le ſecond reconnut le
Meurtrier de ſon Maître) ; des exemples comme celui de cet éléphant rival *d'Ariſtofanes*
le grammairien, qui rendait mille ſoins à leur
commune Maîtreſſe, lui portait des fruits,
qu'il prenait dans le marché d'Alexandrie &c;
comme celui du mulet de *Thalès*, qui ſ'étant
aperçu que l'eau d'une rivière où il avait bron-
ché, allégeait ſa charge en fondant le ſel
qu'il portait, avait ſoin d'en faire autant au
moindre ruiſſeau : l'exemple de cette pie, dont
parle *Montagne*, qui ayant entendu ſonner de
la trompète, demeura deux jours à méditer,
les ſons qu'elle avait entendus, pour les rendre enſuite avec une admirable exactitude ;
de l'ours de Pologne, dont on ſ'amuse, en
mettant un chat dans un barril dont le bondon
eſt froté de miel ; l'ours, qui l'aime beaucoup,
y paſſe ſa langue, & le chat épouvanté ne manque pas d'appliquer ſes grifes deſſus ; l'ours entre en fureur, & veut d'abord écrâser le barril
contre ſa poitrine : vains efforts ! mais enfin il
raiſonne, le jete en l'air, le brise, & ſe venge.
quand des témoins dignes de foi m'aſſurent,
que l'ibis d'Égypte ſe débarraſſe d'une nourriture trop abondante par des lavemens ; que
la panthère qui a mangé de la chair empoi-
ſonée, ſait trouver un contrepoiſon qui la ſau-

ve; que les chèvres de l'ile de Crète bleſſées d'u-
ne flècheempoisonée ont recours au dictamne,
qui fait tomber cette flèche; que les éléphans
ſavent arracher les javelots ou les dards du
corps de leur Maître & du leur, &c, &c, &c;
je dis, que les animaux, depuis l'homme, deſ-
cendent par degrès inſenſibles de l'intelligence
parfaite, à la *brutitude* complète qui paraît
dans certains êtres, à qui leurs défenſes naturelles ſemblent la rendre inutile.

8.^{nt} Il eſt ſi vrai que la chair eſt la nourriture
naturelle de l'homme, que ceux qui font usage
d'alimens végéraux ſont obligés de prendre
une nourriture beaucoup plus *quantiteuse*,
qui cependant ne les raſſasie jamais parfaitement. Il y a beaucoup d'hommes (dans les
pays froids ſur-tout) qui ne pourraient vivre
toujours ſans viande ; ils éprouvent après ſ'être
bourrés de légumes, de fruits &c, une chaleur
de besoin, différente de celle occasionnée
par le vide de l'eſtomac. Ce qui vient de ce
que la capacité de ce viſcère n'eſt pas aſſés
conſidérable pour admettre l'énorme quantité
d'alimens pauvres du règne végéral, néceſ-
faires à la parfaite nutrition. Je conviens qu'il
en eſt autrement dans les pays chauds, où les
nourritures végétales ſont infiniment plus ſuc-
culentes ; de ſimples oignons en *Eſpagne*, en
Égypte, à l'ile de *Seripho*, ſont ſi ſucculens,
qu'ils raſſasient & nourriſſent: il n'en eſt pas
de-même en France & dans les pays plus
froids. Mais il eſt toujours certain que la capacité de l'eſtomac de l'homme eſt proportionnée à la nourriture de viande ; & les preuves que je viens d'en donner, ne ſont pas les
ſeules.

feules ; il en eſt d'autrres, tirées du rang que nous tenons dans l'animalité. L'Homme eſt le premier des Êtres : nous avons vu qu'à meſure qu'un être avançait en perfection par la fineſſe des organes & l'intelligence, il prenait auſſi une nourriture plus parfaite, dont les ſucs ſont plus élaborés : ainſi la plante puiſe ſa nourriture à pleine terre ; l'animal brut vit de la plante ; l'animal doué de plûs d'intelligence , vit d'animaux ; l'homme qui les ſurpaſſe tous , doit vivre de cette nourriture parfaite , où les ſucs ſont raſſemblés ; qui demande un temps court pour la ſaturation , & qui donne une vigueur bien plus grande au corps & à l'eſprit. J'imagine qu'il ſerait même convenable que l'homme ſe nourrît de préférence de la chair des carnivores, & je la conſeillerais, autant qu'il ſerait facile de ſ'en procurer, aux perſonnes qui ſont particulièrement uſage de leur eſprit ; je voudrais qu'ils ſ'interdîſſent les légumes, & ne ſe permîſſent que quelques fruits des plus excélens après un repas de chair, & ſeulement pour ranimer le ſens du goût ; qu'il ſe privaſſent même de le viande de bœuf & de mouton &c. Il me ſemble entendre ſe récrier nos Pytagoriciens modernes. Je n'ignore pas ſur quoi les anciens Auteurs de cette ſecte ſe ſont fondés, & l'opinion actuelle de l'Indouſtan : je penſe à-peu de choſe près comme eux ; les animaux ſont en quelque ſorte nos frères ; mais je n'en tiens pas moins à mon opinion. Il eſt une autre objection , que je regarde comme plus digne de conſidération ; la voici : La Religion a preſcrit des abſtinences de chair ; la raiſon qu'elle en donne, c'eſt qu'une nourriture trop fucculente excite les paffions au point que l'homme ceffe d'en-être le maître, & qu'il eft emporté par elles. Je fuis bien-loin de desaprouver une loi auffi fainte, que la politique même & la fage adminiftration eft fondée à maintenir. Ainfi, lorfqu'il fera queftion de morale, j'aprouverai toujours l'abfti-nence momentanée, proportionée aux climats; plus forte dans les pays chauds, moindre dans les pays fraids, en raison du peu de fucculence des alimens de ces pays, qui doit y rendre la fatiffaction de l'apétit moins dangereuse : mais en Physique, il faut dire la vérité physique. D'ailleurs, vous voyez à combien peu de perfones je recommanderais un régime choisi ; c'eft à ceux qui ont besoin de moyens physics & moraux pour augmenter la faculté de penfer, & pour créer des choses qui demandent une force de génie incomparablement audeffus de celle du vulgaire.

Mais c'en eft affés, mes amis ; ou f'il me refte quelque chose à vous dire, c'eft de vous engager à ne jamais oublier ces Entretiens; à ne voir les choses qu'en grand, comme je vous les ai préfentées; à conferver de la Divinité l'idée (j'ôse le dire) vraiment digne d'elle que je vous en ai donnée ; à ne jamais perdre de vue la liaison & la connexité des êtres, leur fource, leurs raports, & leur terme.

JEUDI.
Entretien fur l'Homme-focial.

NOUS quittons enfin le physic, mes Enfans, c'eft dans le moral que nous alons entrer. Il n'y aura plus ici de conjectures; les choses dont

je

Je vais parler sont toutes sous nos yeux ou dans nous-mêmes. L'homme social dont je dois vous entretenir n'est pas un être isolé comme l'homme naturel, & la plupart des animaux ; il ressemble en quelque sorte aux pierres d'un édifice, qui toutes sont liées ensemble & dépendantes, dont chacune a sa place, & qui toutes forment un seul corps. Dans l'état de sociabilité, l'homme n'existe qu'entouté, soutenu par d'autres hommes ; il dépend, & fait dépendre tour-à-tour ; mais dans ce rapport, fondé en raison, qu'il ne fait dépendre de lui que par un point, aulieu qu'il dépend par autant de points qu'il est environné d'êtres différens. *Les organes des hommes, leurs facultés, leurs besoins, leurs desirs, tout en eux montre qu'ils sont faits pour vivre en société, & que plus ils se lient mutuellement d'affection & de bienveillance, plus ils se rapprochent de l'état de la Nature*, dit un Physicien. Celui qui se sera formé une idée juste de la sociabilité, sera toujours bon citoyen, bon fils, bon père, bon parent, bon ami. Si cet homme est roi, il sentira les rapports sacrés de ses sujets à lui, & de lui à ses sujets ; il n'usera du pouvoir qui lui est confié par la Nation, que dans les vues d'utilité réciproque qu'a dû avoir cette Nation en le confiant : S'il est magistrat, il comprendra, que la considération & la dignité de son état dépendent de son goût pour la justice ; il ne verra qu'elle dans ses décisions, parce qu'elle seule peut le rendre respectable ; un Juge inique est un esprit faux, qui sacrifie des avantages immortels, à des niaiseries momentanées : s'il est ſimplement ſujet, il reſpectera le gouverne-ment, qui n'eſt établi que pour aſſurer ſa tran-quilité, ſa propriété; il payera les impots néceſſaires, ſans murmure, parce qu'il en ſait la deſtiantion, qui eſt la ſureté commune, les ouvrages publics d'utilité commune &c. Tâchons donc, mes amis, de bien connaître les avantages de la ſociabilité, puiſque cette connaiſſance eſt ſi avantageuse, qu'elle pour-rait ſeule contenir dans le devoir un peuple athée, pourvu qu'il fût raisonable.

La ſociabilité pour commencer par une définition claire) eſt une diſpoſition qui nous porte à faire aux hommes tout le bien qui peut dépendre de nous; à concilier notre bonheur avec celui des autres, & à ſubordonner tou-jours notre avantage particulier, à l'avantage commun & général.

La ſociabilité diffère de la ſociété, en ce que cette dernière eſt plus particulariſée; la ſociabilité nous lie avec tous les hommes; elle eſt le fondement de ce qu'on nomme le *droit-des-gens*; la ſociété nous lie avec les co-ſujets d'un même Royaume, &c. L'homme ſociable eſt l'homme propre à vivre en ſo-ciété; & l'homme ſocial, celui qui y vit déja. Par où l'on voit que l'homme plus isolé peut avoir la première qualité, mais que la ſe-conde eſt le caractériſtique de l'homme vi-vant dans un État civilisé. C'eſt par un effet de la ſociabilité, que l'on a trouvé des Nations Sauvages extraordinairement douces; heu-reuse qualité, dont à la honte de notre ſiècle, des Nations *très-ſociales* ont cruellement abusé pour les détruire.

La sociabilité suppose toujours un fond de caractère vertueux; quels que soient d'ailleurs les usages d'une Nation, son culte & ses cérémonies. Aussi, lorsque j'arrive dans un pays où je vois des coutumes révoltantes, comme celle de manger son père quand il est vieux; celle de noyer les enfans qu'on a de trop; celle de persécuter ceux qui ont des opinions un peu différentes, &c; je dois suspendre mon jugement, & ne pas décider trop à-la-hâte, comme certains Voyageurs; car le Peuple chés qui regnent ces abus peut avoir des raisons, qui les lui font paraître légitimes. En-effet, ne peut-on pas, ne doit on pas même penser que les Persécuteurs pour fait de Religion, veulent tarir à leur souce, les haînes implacables & les divisions qui ne resultent que trop souvent de la différence de culte (tout ce qu'il y aurait à voir en ce cas, c'est de ne pas faire aux Citoyens un mal plus grand que celui qu'on cherche à prévenir); que les Chinois, en noyant leurs filles veulent éviter une population trop abondante, qui amènerait la famine ? vous avez entendu ce que j'ai dit des espèces carnivores, qui gênent l'excessive multiplication parmi les animaux ; or l'homme n'a pas ce refrénatif; il faut donc y suppéer dans les pays où les hommes sont très-portés aux plaisirs de l'amour, & les femmes très fécondes. Quant aux Sauvages qui mangent leurs pères, voici comme s'exprime à ce sujet un des plus beaux Génies du siècle.

Il ne faut pas juger des mœurs de tout un Peuple par un fait particulier : ainsi lorsqu'un Voyageur me dit, qu'il y a des Sauvages qui mangent leurs pères & leure mères par piété, je lui répons, que si le fait est vrai, loin de détruire l'idée du respect, qu'on doit à ses parens, c'est probablement une façon barbare de marquer sa tendresse, un abus horrible de la loi naturelle ; car apparemment qu'on ne tue son père & sa mère par devoir, que pour les délivrer, ou des incommodités de la vieillesse, ou des fureurs de l'ennemi ; & si alors on lui donne un tombeau dans le sein filial, aulieu de le laisser manger par des Vainqueurs, cette coutume, toute effroyable qu'elle est à l'imagination, vient pourtant nécessairement de la bonté du cœur. La Religion naturelle n'est autre chose que cette loi qu'on connait dans tout l'Univers : Fais ce que tu voudrais qu'on te fît ; or le Barbare qui tue son père pour le sauver de son ennemi, & qui l'ensevelit dans son sein, depeur qu'il n'ait son ennemi pour tombeau, souhaite que son fils le traite de-même en cas pareil. Cette loi de traiter son prochain comme soi-même découle naturellement des notions les plus grossieres, & se fait entendre tôt au tard au cœur de tous les hommes ; car ayant tous la même raison, il faut bien que tôt au tard les fruits de cet arbre se ressemblent ; & ils se ressemblent en-effet, en ce que dans toute société, l'on appelle du nom de vertu, ce qu'on croit utile à la société.

Qu'on me trouve un pays, une compagnie de dix personnes sur la terre, où l'on n'estime pas ce qui sera utile au bien commun, & alors je conviendrai qu'il n'y a point de règle naturelle : cette règle varie à l'infini sans-doute ; mais qu'en conclure, sinon qu'elle existe ? La matière reçoit par-tout des formes différentes ; mais elle retient par-tout sa nature.

On a beau nous dire, par-exemple, qu'à Lacédémone le larcin était ordonné ; ce n'est là qu'un abus des mots. La même chose que nous appelons larcin, n'était point commandée à Lacédémone ; mais dans une Ville où tout était en commun, la permission qu'on donnait de prendre habilement ce que des particuliers s'appropriaient contre la loi, était une manière de punir l'esprit de propriéte défendu chés ces peuples. Le tien & le mien, était un crime, dont ce que nous appelons larcin était la punition ; & chés-eux & chés-nous il y avait de la règle (pour laquelle Dieu nous a faits, commeil a fait les fourmis pour vivre ensemble.)

Je pense donc que cette disposition que nous avons tous à vivre en société, est le fondement de la loi naturelle.

Il y a sur-tout dans l'homme une disposition à la compassion, aussi généralement répandue que nos autres instincts ; Newton avait cultivé ce sentiment d'humanité, & il l'etendait jusqu'aux animaux ; il était fortement convaincu, avec Locke, que Dieu a donné aux animaux (qui semblent n'être que matière) une mesure d'idées, & les mêmes sentimens qu'à nous. Il ne pouvait penser que Dieu, qui ne fait rien envain, eût donné aux bêtes des organes de sentiment, afin qu'elles n'eussent point de sentiment (*).

____

(*) Belle vérité, bien digne de Newton, & dont notre illustre Descattes ne s'était écarté, que par un respect mal éclairé pour l'Auteur-de-la-nature.

E 4

[328]

*Il trouvait une contradiction bien affreuse
à croire, que les bêtes fentent, & à les faire
fouffrir. Sa morale f'accordait en ce point avec
fa philosophie ; il ne cédait qu'avec répugnance
a l'usage barbare de nous nourrir du fang &
de la chair des êtres femblables à nous, que
nous careffons tous les jours, & il ne permit
jamais dans fa maison qu'on les fît mourir
par des morts lentes & recherchées, pour en
rendre la nourriture plus délicieuse.*

*Cette compaffion qu'il avait pour les ani-
maux, fe tournait en vraie charité pour les
hommes. En-effet, fans l'humanité, vertu qui
comprend toutes les vertus, on ne mériterait
guères le nom de philosophe.*

Les avantages de la fociabilité font 1, ce
qu'on nome le Droit-des gens ; 2, l'Urbanité;
3, le Gouvernement; 4, la Légiflation, &
5, la Religion, dont je parlerai dans des Entretiens particuliers; 6, la Population; 7, les
Arts & les Sciences; 8, les Commodités &
les Plaisirs qui feraient inconnus fans elle.

Le *droit-des-gens* eft une émanation de l'efprit de fociabilité, qui fait qu'on a pour un
homme étranger à la fociété particulière dont
on eft, tous les égards qu'on aurait pour un
Citoyen, & ce, à raison de fa qualité d'hom.
me feulement. Un illuftre Écrivain dit que le
droit-des-gens *eft naturellement fondé fur ce
principe; Que les diverfes Nations doivent fe
faire dans la paix le plus de bien, & dans la
guerre le moins de mal poffible, fans nuire à
leurs véritables intéréts.* D'après cette convention générale, on eft obligé de tenir fa pa-

role, de respecter les droits de la Nature avec les Étrangers, comme l'on est obligé à toutes les conditions sociales avec ses Concitoyens. Si l'on ôsait y manquer, même en temps de guerre, il en resulterait les plus grands inconvéniens ; puisque n'étant tous que des hommes, qui avons affaire à des hommes, nous serions exposés le lendemain aux mêmes injustices, aux mêmes cruautés que nous aurions exercées la veille. Il devrait donc n'y avoir rien de plus sacré que le droit-des-gens, soit à la guerre, soit avec les Envoyés; & ceux qui s'en écartent (comme on l'a vu dans la dernière guerre du Canada, où l'on se surprenait & se massacrait avec une férocité digne des Nations antropophages) doivent être des victimes dévouées à la vengeance du genre-humain. Je ne fixerai pas ici les bornes de ce droit sacré; je dirai seulement, que plus on l'étendrait, plus il serait avantageux aux Nations.

Le mot *Urbanité* (qui n'est pas français & ne saurait jamais l'être) derive dans la langue latine du mot *Urbs*, qui signifie une Ville : par-conséquent *urbanitas* y signifiait les mœurs de la ville : Or dans le sens favorable, qui est le seul dont il soit question ici, les mœurs de la ville ne sont autre chose qu'un goût pour la société, une bienveuillance reciproque, fondée sur un intérêt qu'on s'est rendu commun: l'*urbanité* est une *fraternité* étendue à des milliers d'hommes, habitans d'une même enceinte, soumis aux mêmes loix, ayant les mêmes intérêts généraux ; & le *patriotisme* est le zèle desintéressé pour cette même société.

[330]

Je reserve pour les Entretiens suivans, le Culte religieux, la Legiſlation, le Gouvernement, les Arts, &c ; je vais m'arrêter ici aux commodités & aux plaiſirs dont la ſociabilité tempère les misères de la vie.

L'homme, ſ'il eſt ſeul, ne peut jouir que de ce qu'il ſe procure à lui-même ; & ſouvent la peine ſurpaſſerait le plaiſir: auſſi l'homme ſolitaire demeure-t-il dans l'engourdiſſement, ſe conſume en deſirs vagues, & ne jouit jamais. L'homme ſocial aucontraire (& c'eſt ici une vérité frappante) jouit du travail & de l'induſtrie de tous les autres hommes, ſans preſque diminuer la portion d'aucun. Il ne faut qu'une comparaiſon pour vous faire ſaiſir mon idée. Repréſentez-vous un homme à l'Opéra de Paris ; c'eſt un ſpectacle enchanteur, où l'on voit en trois heures, le travail de plus d'une année, l'effet de la perfectibilité de pluſieurs ſiècles, l'art admirable d'un nombre d'hommes ; avec une dépenſe qu'un Monarque ne pourrait faire tous les jours: Cependant un Particulier jouit pour deux livres de tout ce ſpectacle-là, comme ſ'il était fait pour lui-ſeul: que dis-je pour lui ſeul ? il jouit enoutre du ſpectacle agréable, intéreſſant de ſes co-ſpectateurs. Je me borne à cette comparaiſon ; je ne pourraisen faire beaucoup d'autres, auſſi frappantes.

L'homme ſeul ne peut-être bon, ſur-tout ſ'il a toujours été ſeul: Il faut ſentir les rapports qui lient les hommes entr'eux, avoir eu beſoin de ſes ſemblables, pour être bon à leur égard. L'expérience confirme ce que je

[331]

vous dis-là ; plus une Nation est isolée & sauvage , plus elle est cruelle. Il y a un Peuple
dans le Bresil en Amérique , éloigné de tous
les établissemens Européens , & nommé les
Ouétacas ; ce peuple est antropophage ; il ne
croirait pas célébrer comme il convient une de
ses fêtes, s'il n'y servait pas son détestable mets:
lors donc qu'il lui arrive un Député de quelque Nation voisine, l'Ancien ou le Cacique
dit, *Frères, n'aurons-nous donc pas ce qu'il faut*
pour faire honneur à cet Envoyé de nos Amis?
Aussitôt il se detache quelques Jeunes-gens ,
qui vont se mettre à l'affut, pour surprendre
le premier Homme qu'il verront d'une peuplade ennemie. Ils le prennent vif , s'il est
possible , & le font égorger par des vieilles ,
femmes en présence de l'Envoyé qu'ils veulent
honorer ; on en fait ensuite un festin , après
l'avoir dépouillé de sa chevelure , qui devient
la parure de celui qui l'a pris. Ces usages furent
autrefois généraux , tout horribles qu'ils sont ;
les sacrifices humains de nos Pères les Celtes
en étaient une suite ; les hommes, en s'appri-
voisant un-peu, crurent que c'était trop de donner à des hommes une victime aussi précieuse
qu'un homme ; mais qu'elle convenait à la
Divinité : C'est l'esprit de sociabilité qui nous
a délivrés de ces coutumes inhumaines.

Il est à présumer que l'incomodité que les
hommes en reçurent, dut contribuer à la civilisation , dont je vais vous détailler les causes
& les progrès.

Depuis la découverte du nouveau-monde ,
nous n'en sommes plus réduits à des conjec-

tures, lorſqu'il ſ'agit de tracer la route qu'ont ſuivie les anciens Peuples dans leur civilisation; les faits dont nous ſommes témoins, unis au témoignage des anciens Auteurs, opèrent une certitude complète. Ainſi, toutes les ſociétés ont commencé par une famille unique, ennemie de chacune des autres, toujours prêtes à lui arracher ſa ſubſiſtance. Toutes les familles, en ſe ſoudivisant, devenaient enſuite ennemies; & trop ſemblables aux bêtes carnacières, dans ces premiers temps, elle ſe fesaient tout le mal poſſible, ſans compaſſion & ſans remords: l'effet de la guerre & la ſuite de la victoire, était de prendre à l'ennemi tout qu'il poſſédait, de le devorer lui-même avec ſa femme & ſes enfans. (Car il eſt à presumer que l'homme ſ'aſſociait dèſlors une compagne; les plus ſenſés d'entre les animaux ayant cet usage, cependant il ſe pourrait qu'il fût comme l'eſt encore Californien, qui n'eſt guère plus jaloux des droits de la paternité que nos animaux domeſtiques; quoi qu'il en ſoit, l'homme en ſera tours venu là fort longtemps avant la civilisation, puiſque cette union en eſt la première origine: & voila pourquoi tous les Peuples ont marqué tant de reſpect pour le mariage). Tant que l'homme devora ſon ennemi ſans compaſſion, la ſociabilité ne dut faire que peu ou point de progrès; & il le devora ſans compaſſion, tant que l'eſpace fut aſſés vaſte, pour que les hommes puſſent ſe fuir aisément. Mais dès qu'ils ſe furent multipliés au-point de ſe rencontrer tous les jours; au-point d'avoir ſouvent des combats, où l'avantage était égal,

[333]

& où les deux champions s'en retournaient chacun avec leurs bleſſures, ils commencèrent à réflechir un-peu.

Avant d'aler plus loin, je vais obſerver, que pour hâter la civilisation (qui à peine commencerait de nos jours, ſ'il avait falu que tout le globe ſe peuplât au-point que les hommes ne puſſent ſe fuir), les révolutions effrayantes, tels que les déluges & les tremblemens-de-terre, vinrent au ſecours du genre-humain. Les déluges ayant inondé, ſubmergé des contrées entières, à l'exception des ſommets de montagnes, qui formèrent des îles, les hommes, qui ſ'y étaient refugiés, ſe trouvèrent tout-d'un-coup réunis : mais ce n'était plus ces hommes fièrs & feroces, toujours prèts à ſ'attaquer ; c'étaient des hommes faibles, effrayés, languiſſans, & tels que des tygres ou des loups, qui ſe voyant pris dans un parc, deposent leur voracité ſanguinaire, & careſſent l'agneau qu'ils auraient déchiré. Ils ſe font d'abord regardés avec crainte, & tous craignant également, ils ſe feront mutuellement & machinelement raſſurés. Auſſi les anciens Auteurs nous disent-ils que la civilisation a commencé par les îles ; & rien de mieux vu. Mais nous ſommes pourtant encore loin de l'homme ſocial. Ces hommes qui ſe craignent, ne ſe lient pas. Chacun vit à-part, & ſe contente de ne pas ſe faire de mal. Dans cette diſposition, un effrayant phénomène vint achever de les épouvanter : tout-à-coup le ſommet de leur montagne ſ'embrâse ; il lance dans les airs la fumée, les flâmes, les cendres, les pierres, &

des torrens de metal liquide. Tous ces hommes brutes fuient ; étourdis, demi-morts, ils se
plaignent ; leurs semblables répondent à leurs
gémissemens ; la compassion naît : un sentiment
intérieur leur fait demander qu'on les aide ; ils
font aux autres ce qu'ils desirent pour eux-mêmes : Tel est le cœur de l'homme (& de presque tous les animaux) un bienfait les touche ,
& fait naître l'amitié (je ne dis pas la reconnaissance ; celle-ci est une vertu factice , née de la
société.) Le premier pas & le plus difficile est
fait : la compassion née , la société se forme
entre l'obligeant & l'obligé, fondée sur cette
maxime , dont le besoin fut la sanction : *Fais
à ton semblable , comme tu veux qu'il te fasse.*

Les hommes en restèrent longtemps à cette
société particulière ; ils s'unirent étroitement
avec quelques amis , sans en être moins féroces
envers les autres individus : mais, enfin, comme
je le disais tout-à-l'heure , ceux des îles lassés des
combats fréquens, firent, après bien des siècles,
ce qu'on nomme une peuplade , une habita-
tion , ennemie des autres habitations. Obser-
vez que je n'ai donné qu'une cause forcée de civilisation, mais qu'il peut encore y en avoir eu
d'autres , telles que la nécessité de se défendre
contre les bêtes féroces &c. Il est à presumer
que les volcans , ces phénomènes terribles, furent les indicateurs des arts , en fesant connaître les métaux (*) , en donnant l'idée de les
travailler par la fusion. Sans les métaux, point
d'arts : & comme je le disais l'autre jour , que

____

(*) Les torrens y contribuèrent aussi, en les découvrant,
mais ils n'indiquaient pas la fusion.

ferions-nous fans les arts ? Les premières peuplades qui trouvèrent les arts , fe rendirent
bientôt maitreffes des autres ; & quand toute
l'île fut foumise , on paffa dans le continent ,
où l'on traita les naturels , à-peu près comme
les Efpagols ont traité les Péruviens & les
Mexicains : on en tua les trois-quarts , & l'on
foumit le refte. Et comme l'efpèce humaine, dès
qu'elle eft dans l'abondance, multiplie fort vite,
les Infulaires, maîtres du vaincu, l'anéantirent
peu-à-peu , en le rendant misérable (*) , & le
remplacèrent. Je vais bien-vite ici ; mais il
fuffit d'un coup-d'œuil rapide, qui vous pei-
gne la marche du genre-humain ; car ce font
moins des conjectures que je vous donne ,
qu'un parallèle de ce qui fe paffe depuis deux-
cents-cinquante-ans en Amérique.

J'ai établi , dans un de nos premiers Entretiens , que l'homme était perfectible à un
degré fupérieur aux autres animaux. En-effet,
l'homme étant la perfection de l'animalité, f'il
y foit une efpèce auffi perfectible que nous,
elle ferait partie du genre-humain ; cette perfe-
ctiblité devant être l'effet de la-conformation
exérieure , autant que de l'intérieure. En-
conféquence de fa perfectibilité , l'homme eft
parvenu à fe donner ce qu'on nomme l'expérience , qui n'eft autre chose qu'un fouvenir

---

(*) Je ne dis rien ici des causes locales de cruauté ,
telles que l'air froid, l'âpreté du fol , &c. POLYBE , cité
par MONTESQUIEU, dit que les habitans de Cynéte en
Arcadie , étaient les plus cruels des Grecs , par cette raison, & que jamais on ne vit tant de crimes que dans
cette ville. La Musique , felon cet Auteur, eft un des
correctifs de la dureté du climat.

raisoné des actions & des circonstances passées, que l'on compare avac les présentes. Tant que l'expérience humaine ne fut que celle d'un individu, elle ne nous mit pas fort audessus des animaux: nous les supassames bientôt, dès que l'expérience du Père-de-famille se comuniqua aux enfans : Il n'y eut plus de comparaison entr'eux & nous, quand l'expérience de toute une société devint commune, que les Vieillards gouvernèrent &c. Mais dans cette position même, il y avait aussi loin des hommes qui n'eurent que cette expérience *contemporaine*, à ceux qui l'eurent ensuite & contemporaine, & *traditionnelle*, & de ces derniers, aux hommes d'aujourd'hui, qui l'ont & contemporaine, & traditionnelle, & écrite, qu'il y a de distance entre l'homme dans le premier de ces trois états, & la brute. Voila pourtant la marche; nous sommes à-présent si loin de ces faibles commencemens de la civilisation, & nous sommes devenus si *parfaits*, par notre expérience écrite, sur-tout depuis qu'on imprime les pensées de tout le monde, qu'il nous est presqu'impossible de remonter au point d'où nous sommes partis (*). Mais il n'est pas

---

(*) Rien de plus certain que les bons & les sots Ouvrages contribuent également aux progrès de l'esprit; les premiers éclairent, les seconds font juger ; ceux-la montrent la route qu'il faut suivre pour bien écrire & bien penser, ceux-ci rendent sensibles les écueils qu'il faut éviter : Eh! quel est d'ailleurs le mauvais Ouvrage où l'on ne trouve pas d'excélentes choses ! Je dis plus ; trop souvent les Ouvrages des Grands hommes éblouissent les esprits mediocres, aulieu de les éclairer ; un génie moins sublime en est mieux entendu, plus aisément suivi.

moins

moins vrai que nous avons d'abord été bornés à l'inftinct ; que notre figure même n'eut
pas d'abord l'élégance qu'elle a ; que nos fenf
intérieurs n'eurent pas toujours la fineffe qu'ils
ont acquise, & que nous devons & notre figure, & la fineffe de nos fenf intérieurs, favoir, ces deux choses à l'urbanité, à la civilisation, au genre de nourriture, à l'abondance
mère des arts; & la dernière, à l'expérience
écrite, au moyen de laquelle nous profitons
de toute la perfectibilité acquise depuis des
milliers d'années, & de toute celle qui f'acquiert fur les différentes parties du globe;
avantage inmenfe, dont furent néceffairement
privés les premiers hommes, comme le font
encore ceux d'entre les animaux qui ont le plûs
d'intelligence, tels que le pongos & l'éléphant;
ou qui font le plus répandus, comme les chiens,
qui ne fe communiquent que peu de chose, &
qui tous en font ordinairement réduits à leur
expérience perfonnelle.

Or l'homme n'a pu f'éclairer, fans fentir de-
plûs-en-plûs les avantages de la fociabilité;
fans que les fociétés ne f'affermíffent ; fans
que la fûreté qu'elles procurent ne diminuât
la férocité naturelle & le courage même ; fans
que l'habitude de fe voir n'établît une réciprocité de fervices, & ne fît naître la compaffion;
fans que cette réciprocité ne procurât des comodités, dont il aurait été dur de fe paffer;
enfin, fans que l'amour ne liât les deux
fexes, & ne rapprochât les familles & les
peuplades.

Mais tout cela n'eût encore produit que de

faibles effets , fi les hommes fuſſent demeurés ſous un climat dur , tel que les deux extrêmes, la Laponie & la Guinée : les hommes , les animaux , les plantes , les métaux , reſſemblent au ſel ; ce minéral eſt trop faible ſous la zône glaciale, & trop corroſif dans les pays chauds ; l'homme eſt trop lent & trop dur, ſous un climat rigoureux ; il eſt trop vif & pas aſſés profond , inconſtant & trop inſoucieux où la chaleur eſt extrême , pour ſ'y perfectionner : auſſi l'Aſie tempérée & la Baſſe-Egypte furent-elles les premiers pays du continent qui ſe policèrent : mais l'eſpèce me paraît n'avoir atteint le dernier degré de perfectibilité qu'en Europe , & la Grèce en eut jadis la gloire ; comme l'Italie , la France , l'Angleterre l'ont aujourd'hui. Dureſte , ſi l'on ceſſait un-moment d'entretenir cette perfectibilité , elle ſ'évanouirait : telles ces poires delicieuses , dont les pepins ne produiſent que des ſauvageons, la la civilisation ne ſe tranſmet pas non plûs par le ſang ; elle doit être entée par l'éducation.

[Cet Entretien était beaucoup plus long ; mais nous en ſuprimons la plus grande partie ; ainſi que les deux ſuivans en entier. Nous réſervons tous ces détails pour le grand Ouvrage que nous avons annoncé en commençant.]

SÉJOUR À LA VILLE.

EN quittant le village de S**, ma chère Desirée, je crus devoir vous montrer une ville de Province, avant que de passer à la capitale du Royaume. Nous alames à D** : quoique j'y eusse demeuré quelque temps ; j'y fus inconnu, les Hommes & les Femmes de la première volée n'avaient garde de me retrouver, ni de découvrir Helène dans une condition commune : La Comtesse de T*** elle-même, qui vint nous joindre, & qui nous amena le jeune Comte de T*** mon Fils ou Saturnin, suivant que je le nommais alors, avec Aglaé de Th**, ne fut pas d'abord remarquée. Nous avions avec nous Nicolas & Jannète, que nous avions mariés à S**, & Claudiche, qui ne l'était pas encore.

Le lendemain de notre arrivée, je réünis tout ce qui composait notre famille, pour leur tenir ce discours :

MES chèrs Enfans, vous voici dans un pays bien différent de celui que nous quittons ; aulieu d'une vie laborieuse, dont tous les momens sont utilement remplis ; aulieu de Jeunes - gens sérieus & prévoyans ; aulieu d'Hommes dont les moyens sont bornés ; de

Femmes exemplaires, retirées, foumises, vous
alez voir règner l'oisiveté, les jeux, les plaisirs; vous alez voir la futilité fotement grâve,
occuper péniblement à des riens des Hommes
faits; vous alez rencontrer à chaque pas de
ces Êtres nés pour le malheur de leurs Semblables, qui ont envahi la fortune de cent familles; à-tout moment vos yeux vont être
bleffés par la vue de Femmes impudentes,
coquètes, évaporées, fcandaleuses. Mes chèrs
Enfans, ne vous laiffez pas féduire par un faus
éclat, & avant d'aprouver ce que vous alez
voir, ou de concevoir du mépris pour ce que
vous avez vu, attendez que je vous aye découvert la calamité réelle cachée fous les trompeuses
aparences d'une fauffe fatiffaction. ——Nous
vous promettons, dit Roger, de ne voir que
par vos yeux. ——Vous me tirez d'une grande
peine, dit Nicolas; car j'étais déja émerveillé
de ce que je voyais, & je me croyais dans un
nouveau Paradis-terreftre, en remarquant tant
de Perfones heureuses, dont les occupations
font fi douces, autour defquelles abondent
toutes les comodités : Eft-ce qu'on f'y prend
mal chés nous, & fait-on mieux f'y prendre
ici? ou le terroir eft-il plus fertile, que la terre y
nourrit tant d'Habitans à ne rien faire, ou f'occupant de métiers qui ne produisent ni le pain,
ni le vin, ni les beftiaux ? ——Dans un mois
ou deux, lui répondis-je, vous ne m'auriez pas
fait cette queftion : Cependant je vais y répondre, & vous donner la théorie ou la connaiffance verbale, avant la pratique.

Si tout le fol du Royaume était en terres

labourables, il y aurait environ cinq-fois plus
de fubſiſtance qu'il n'en faut, année commune : il n'y a de cultivé qu'environ la moitié ;
ce qui fait qu'avec les manques , les accidens
&c , il y a encore à-peu-près le double de ce
qu'il faut pour la fubſiſtance , & c'eſt cette fur-
moitié qui fait toute la richeſſe de l'état ; c'eſt
avec cette moitié ſuperflue qu'on bâtit , qu'on
commerce, qu'on établit des manufactures,
qu'on entretient les armées , que l'on ſe procure
l'agréable & tous les objets de luxe. C'eſt encore ſur cette moitié qu'eſt établie la ſubſiſtance
de tous les Hommes qui habitent les Villes , &
qui y exercent les métiers , néceſſaires, agréables & futils ou de luxe. Si tout le terrein
était cultivé, il y aurait à-peu-près pour occuper doucement tous les Hommes : Mais que
feraient-ils du ſurplûs de ſubſiſtance ? D'ailleurs cette uniformité , cette égalité d'occupations ôterait le reſſort à la ſociété : car n'y
ayant point de vide, point d'objets de comodité
à ſe procurer , les Hommes reſteraient pauvres ,
pareſſeus , & redeviendraient bientôt ſauvages.
Aulieu que n'y ayant que la moitié du terrein
employée ; le reſte étant en prairies , en bois , en
objets d'agrémens &c , il y a des Hommes inutiles à l'agriculture , & qui exercent des arts.
—Ah ! j'entens , ſ'écria Nicolas tranſporté !
Oh ! que c'eſt admirable ! Voyez-vous , Roger ,
comme les Hommes ſ'étant partagés les occupations en frères , les uns .... Mais , je n'y
ſuis pas (dit-il ſ'intérompant lui-même) le
partage n'eſt pas bien fait ; car toute la peine
eſt chés nous , & tout le plaiſir eſt ici. —Il y
a bien des choſes à vous répondre à cela , re-

pris-je : d'abord , il n'eſt pas exact que toute la peine ſoit au Village , & tous les plaiſirs à la Ville : vous y êtes trop nouveau pour connaître combien le travail des baſſes-conditions de la Ville eſt pénible , quoiqu'elles ne ſoient pas expoſées aux injures du temps comme nos Vilageois : vous ignorez auſſi quel eſt la meſure du travail de cet Étudiant , de cet Homme-de-loi , de ce Magiſtrat , de ce Négociant , qui vous paraiſſent audehors ne ſonger qu'au divertiſſement , ainſi les deux lots ne ſeraient pas abſolument inégaus , ſ'il n'exiſtait pas d'autres cauſes de diſproportion , la différence de capacité , & l'extrême inégalité des fortunes. En ſecond lieu , ce qui fait qu'une partie du genre-humain eſt excédée de travail , c'eſt qu'il y en a une portion qui ne fait rien du tout , & qui conſume au décuple , au centuple de l'Homme occupé. Mais cette diſproportion eſt auſſi néceſſaire que le vide dans la culture des terres , & par les mêmes raisons. Ce n'eſt pas de l'inégalité dont vous alez voir ici les deux extrêmes , qu'il faut ſe plaindre , mais des abus de l'inégalité : Il faudrait que l'Adminiſtration en abandonnant à eux-mêmes les états du milieu , donnât une attention particulière à la première & à la dernière claſſe , pour enpêcher l'excès de voracité d'un côté , l'abſolu dénûment & le manque de ſubſiſtance de l'autre. Il faudrait encore que le Gouvernement eût ſoin de ſe procurer un dénombrement exact (ce qui eſt facile aux Intendans de Province) des Habitans des Villes & des Campagnes ; afin de connaître ſi la population des unes & des autres demeure dans

une

une proportion convenable : car, s'il est certain que la moitié de subsistance superflue est
le seul fonds réel & la seule vraie richesse d'un
État, il est clair que l'importation d'une subsistance étrangère, est une ruine pour cet État,
& que l'exportation aucontraire est une source
de richesses. Mais il est facile de sentir quelle
exactitude il faudrait en tout cela. Si le Peuple
des Villes abonde trop, l'exportation perdrait
l'État, & l'importation, quoique secours dangereus, pourrait produire un bien momentané.

Mais ce n'est pas de la politique je veux vous
occuper encore, quoique cette science vous soit
nécessaire. Je disais donc que le Gouvernement, par un dénombrement exact & comparé,
des Habitans des Campagnes & des Villes,
verra comme il doit se comporter pour l'exportation ou l'importation de la subsistance.
Mais ce denombrement général ne suffirait pas,
pour faire ce qu'on appelle le bonheur général;
il en faudrait un autre, des Gens occupés, &
des Rentiers, ainsi que des Gens d'industrie &
de luxe. Au moyen de ce second dénombrement
aussi facile que le premier, le Gouvernement
serait à-portée d'aprécier la somme de travail;
de voir qu'elle est la classe la plus chargée,
d'y porter une encouragement momentané,
en-même-temps qu'il gênerait (je ne dis pas
les Fainéans & les Vagabons par état, je supose
qu'il ne seront pas souferts) mais les professions
d'un luxe absolument inutile &c. Par ce moyen
la somme des travaux serait à-peu-près également repartie, & il n'y aurait pas des Individus accâblés, ou manquant d'ouvrage, tan-

dis que d'autres nageraient dans une abondance excessive. Le Prince est le Père de l'État, le Représantant & la réünion de tout le pouvoir de la Nation; il doit, sinon le bonheur, au-moins le soulagement aux derniers des Membres de l'État.

Je vous avouerai, mes Enfans, que toutes les choses dont je viens de vous parler, ont été, jusqu'à ce jour, qu'on commence à s'en occuper, abandonnées au hasard. Et de-là cet état de souffrance & de mal-aise où se trouve le commun de la société; état qui occasionne tous les vices & tous les crimes qui desolent le monde.

—Il me semble, dit Roger, qu'il serait bien plus facile de prévenir que de réparer? —Vous avez raison, mon Fils: mais je serais bien-aise de savoir sur quoi vous vous fondez? —Je vais, répondit-il, vous détailler mes motifs le mieux que je pourrai. Lorsqu'une fois on a attendu que les abus & la disproportion soient parvenus à un certain point, il est certain que le cours vicieux qu'ont pris les choses, ne peut-être rétabli, qu'aux dépens du bien-être actuel d'une foule d'Individus, que ce même cours des choses à placés dans l'état qu'ils ont embrassé. Par-exemple, vous venez de dire, mon chèr Papa, que dans certaines occasions, il falait gêner les professions du luxe: Il me semble qu'on doit le faire avec prudence & petit-à-petit. Vous vous rapelez le Livre de *Chinki*, que vous me fîtes lire il y a quelque temps; on y peignait d'une manière aussi agréable que frapante, le ridicule des maitrises dans les métiers, dans le commerce &c. Ces idées peuvent être bonnes ; mais il me semble qu'un Roi sage doit prendre garde de s'y laisser éblouir ; parce que s'il les exécutait tout-d'un-coup, il renverserait la fortune d'un million de Citoyens , & les mettrait mal à leur aise : c'est sur la foi publique qu'il ont pris leur état , qu'ils s'y sont dévoués dès l'enfance ; & quelque futile que soit une profession , il me semble que le Chef de l'État , Père commun de tous les Membres qui le composent, ne doit pas punir des Gens d'en avoir embrassé une autorisée par lui - même. Je crois donc que la politique , dans ses réformes , doit imiter la nature ; faire tout avec lenteur , ne causer aucune révolution subite , & laisser les Êtres se déplacer & se replacer de proche en proche, sans précipitation , sans confusion. ——Je suis charmé de la justesse & de la netteté de vos vues , lui répondis-je , & je veux les apuyer par des raisons solides. Si l'on fait attention aux causes qui ont fait établir les Maîtrises , on en trouvera de plusieurs sortes : les premières furent l'assurance & l'utilité du Public, d'une part ; la recompence de l'industrie , de l'autre : dans ce dernier cas, l'inventeur d'un Art, le *Perfectioneur* d'un Métier, eut seulement le privilège exclusif : Dans le premier, les Souverains considérant que des Charlatans vagabonds & de mauvais Ouvriers pouvaient duper les Acheteurs , jugèrent utile d'ériger en corps tous ceux qui exerceraient la même profession,& de l eur donner un caractère, une consistance,des Statuts, un Bureau d'assemblée où les Acheteurs lesés pussent se plaindre & se faire rendre justice :

Ils crurent qu'en partageant tous les Arts &
tous les Métiers en différentes parties, que chacune des ces parties ferait mieux éxécutée par
des Hommes qui f'y confacreraient exclusivement ; enfin ils penfèrent qu'en fesant de chaque Maitrise une forte de charge & de bien propre, il en résulterait que les Maîtres, fans
Concurrens deviendraient aisés, & feraient d'autant plus en état de bien fournir le Public :
& c'eft ce que l'expérience à prouvé. Il faudrait donc, avant d'anéantir les corps de Métiers & les Jurandes, dont je viens d'exposer
les avantages, voir comment ces avantages
feront fupléés. J'entrevois bien que le chef-
d'œuvre, qui par abus n'eft plus qu'une
vaine formalité dans les Jurandes actuelles,
pourrait devenir un titre légitime à la Maitrise ;
mais la capacité d'un Ouvrier qui excellera ne
fuffira pas pour compenfer l'avantage des Jurandes ; outre la main d'œuvre dans chaque
profeffion, il y a la matière ; & un Homme
fans titre, qui ne dépend pas d'un corps
chargé de veiller fur la qualité des étofes, peut
la donner mauvaise : à quî recourir ? Ce n'eft
pas tout ; il faut un frein à l'inconftance naturelle des Hommes ; combien en eft-il qui, fans
les entraves des profeffions. ne pourraient fe
fixer à aucune, voltigeraient de l'une à l'autre,
les manqueraient toutes, & fe ruineraient !
—Cependant, mon Papa, convenez que c'eft
une terrible atteinte au droit naturel, que cet
obftacle que l'on trouve à exercer un état dont
on ne peut acheter la maitrise ? —Vous avez
encore raison : mais obfervez que le Métier

eu l'art, dont l'exercice excite l'envie, ne l'exciterait pas, s'il n'y avait point de Maitrise; parce que l'aisance & l'établiſſement qu'il procurerait ſerait moindre. Néanmoins il eſt bien triſte pour le Miſérable de ſe trouver arrêté dès le premier pas,& ceci mérite la plus grande conſidération de la part du Souverain : combien ne voit-on pas de ces Êtres infortunés, environnés d'obſtacles de toute eſpèce, qui lutent toute leur vie contre la pauvreté qui les aſſaille, & finiſſent par en être dévorés ! Je crais donc, que ſi l'on pouvait trouver un biais qui laiſſât aux Profeſſions les avantages de la Maitriſe, & conſervât au Public la ſureté que l'on doit toujours lui procurer, ce ſerait un bien réel; mais juſqu'à ce que ce biais ſoit trouvé, il eſt utile de maintenir les Jurandes, & de les forcer à veiller ſur ce que le Public ſoit bien ſervi.

Ne ſoyez donc pas trop ſurpris des abus aparens que vous alez voir, & réſervez toute votre attention & toute votre défiance pour les dangers trop réels qui regardent les mœurs—.

C'eſt ainſi que je crus devoir commencer à vous prévenir, mes Enfans ; & ce fut avec raison : car je ne tardai pas à m'apercevoir que Nicolas, dont les ſenſations étaient neuves, quoique le mariage l'eût déja un peu formé, était émerveillé de tout ce qu'il voyait, & ne ceſſait de témoigner ſon admiration à Roger, qui quelquefois la partageait.

[*Nous ſuprimons tous les détails de ce qui ſe paſſa à D**, pour ſuivre le Comte & ſa famille à Paris*].

Le treizième mois de notre Journal, un Mercredi, nous arrivâmes tous dans la Capitale. Nous nous étions pressés de quitter D**, où quelqu'un avoit reconnu madame de T***. Nous n'avions fréquenté dans cette dernière Ville que les Artisans, qui sont partout à-peu-près les mêmes ; nous nous proposâmes de voir les Artistes à Paris. Mais avant de nous livrer à ce nouveau genre-de-vie, je voulus faire tout voir à Roger & à Nicolas. Quand je dis tout voir, il ne s'agit pas ici des curiosités & des édifices seulement ; ce que j'entens est beaucoup plus étendu, je veux dire tous les États, tous les endraits publics, tous les amusemens & tous les abus.

Comme la majesté extérieure de la Capitale avait d'abord saisi nos Jeunes-gens, je crus à-propos de les tenir quelques temps dans cette haute opinion qu'ils en avaient prise : Je les menai à une audience solennelle de la Grand'Chambre, un Mardi matin, qu'un célébre Avocat-général portait la parole dans une cause importante (*). Roger fut frapé de l'apareil auguste qui environnait les premiers Magistrats du Royaume ; l'éloquence de l'Orateur l'enlevait ; il ne perdait pas un mot. Quant à Nicolas, il était d'abord comme intimidé : mais bientôt entraîné par l'exposition des moyens, je le vis s'animer, rougir, pâlir : ——Cet Oncle, dit-il à Roger, est un monstre qui deshonore sa Sœur, & son Neveu pour un vil intérêt ; qu'il dise vrai ou faus, il a tort, & je suis transporté de fureur

––––––––––––––––––––

(*) Il s'agissait d'un Enfant, dont l'Oncle maternel attaquait la légitimeté.

contre lui—. Roger fourit, en lui répondant:
—Calmez-vous ; ces Juges refpectables feront
droit—. L'Enfant perdit fon état, parce qu'il
devait le perdre felon la Loi, dont le Magiftrat
n'eft que la langue & le bras; Nicolas en pleura
de rage & de pitié. Dès que nous fûmes fortis,
il me prit les mains, & fe mettant prefqu'à
mes genous. —Serait-ce un crime, me dit-il,
que d'exterminer cet animal venimeus ? —A
quoi penfez-vous donc, lui dit Roger ! j'ai cru
que vous aliez priez mon Père de prendre foin
de l'Infortuné ; & vous ne parlez que de punir !
—Ah ! f'écria Nicolas, je ne faurais voir
mourir un oifeau, mais je ferais avec un plaifir fans pair le bourreau de ce chien, à qui
les Loix viennent de donner raifon—. Je faifis
avec empreffement cette occafion d'expliquer
à ces deux Jeunes-gens l'efprit des Loix, l'u-
tilité de la forme, & toutes les chofes de cette
nature. —Par - exemple, dis - je à Nicolas,
cette Loi qui vous révolte, eft jufte, &
néceffaire : l'Enfant qui vient de perdre fon
état, eft le fruit du crime ; fon Père était marié,
lorfqu'il abufa de l'innocence d'une Fille ; à-
la-vérité fon Époufe étant morte quelques mois
avant la naiffance de l'Enfant, il fe hâta d'é-
poufer la Mère : mais voudriez-vous que la
Juftice, cette vierge févère, qui d'un coup-d'œil
épouvante le vice, voudriez-vous qu'elle ré-
compenfât l'adultère, en fermant les yeux fur
la fraude d'un crime qui f'eft hâté de le couvrir par un nœud légitime ? voudriez-vous
qu'un Arrêt folennel confacrât l'infamie, qu'il
encourageât des Imitateurs, &...... que fais-

je ? qu'il fournît un prétexte au Malheureus qui se trouverait dans le même cas, pour attenter aux jours d'une Compagne.... —Ah ! vous avez raison, s'écria Nicolas, & je n'avais pas considéré tout cela : mais l'Oncle.... —Il est vrai, repris-je, qu'il aurait dû cacher la honte de sa Sœur, mère de l'Infortuné, aulieu de la découvrir. Mais il n'est cependant pas sans excuse : sa Sœur laisse une succession assés considérable ; il a des Enfans ; le Fisc hérite des Bâtards, ou à leur exclusion, & le Fisc ne se serait pas endormi sur l'état de celui-ci ; lasuccession de la Mère aurait donc été perdue pour sa famille, & l'Oncle n'aurait pas même eu de quoi faire au Bâtard la pension honnête qu'il offre de lui donner. —Vous voyez, lui dit Roger, que vous jugez trop vite : soyez donc plus circonspect une autre fois—.

Le Samedi suivant, je les menai à la Tournelle ; on y plaidait une cause entre une jeune Demoiselle de dix-huit ans, & un Homme qu'on accusait de rapt de séduction, de corruption de mœurs, de supression de part, ou d'Enfant &c : L'Homme aucontraire, accusait la Demoiselle de débaûche, citait des Lettres infames qu'il avait reçues d'elle, & se justifiait de la supression de part, en disant, que l'Enfant était mort naturellement six jours après sa naissance : cet Homme était marié, & chargé de famille.

L'Avocat de la Demoiselle ne négligea rien pour intéresser en sa faveur. Il peignit une Fille de dixhuit ans, vive, sans expérience, séduite par un Homme de trente-six; qui avait sub-
juguée

jugué l'esprit avant que de corrompre le cœur.
L'Avocat de l'Homme déchira impitoyable-
ment la Jeune-persone, lut toutes les Lettres,
& chercha à la faire passer pour une Fille de
conduite scandaleuse. J'observais Nicolas : malgré la résolution qu'il avait prise la dernière
fois, & qu'il avait renouvelée le matin, il ne
pouvait se contenir. ——Morbleu ! dit-il enfin
assés haut, si j'avais reçu de pareilles Lettres
d'une Femme, je ne les divulguerais jamais,
cherchât-elle à me faire porter ma tête sur le bil-
lot : c'est s'infliger à soi-même une peine infa-
mante, que de diffamer celle avec qui l'on n'a
fait dans certains momens qu'un cœur & qu'une
âme—. L'Huissier le fit taire ; & comme je le
connaissais capable de brusquer , je m'emparai
de lui. Lorsque les Juges furent aux opinions, je
lui parlai pour l'adoucir. ——Demandez-vous
des mœurs & de la délicatesse, lui dis-je, à
un Homme qui a trahi ses devoirs à l'égard
d'une Épouse méritante & douce ? & voulez-
vous qu'il épargne une Fille avilie, lui qui,
lorsqu'elle était innocente & pure, n'a pas
hésité à lui ôter son trésor le plus précieux !
O Femmes ! (continuai-je) puissiez-vous toutes
être témoins de cet exemple ; puissiez-vous
toutes être pénétrées de cette vérité, que l'Infâme qui est capable de chercher à vous séduire, l'est par cela même de vous diffamer—! La Demoiselle perdit son procès, parce
que son Père, qui en était le moteur, avait
avancé des faussetés au sujet de l'Enfant, qui
était véritablement mort, & paraissait vouloir
tirer une espèce de lucre du deshoneur de sa Fille.

[352]

Le même jour, vers les six heures du soir,
je menai Roger & Nicolas dans une Académie de jeu. Le premier examina tout philo-
sophiquement : Le second se passionait, &
suait à grosses-goutes, lorsque celui des deux
Joueurs pour lequel il inclinait secrètement
était sur le point de perdre. Il poussa même
l'imprudence jusqu'à faire un éclat, dans une
occasion où son Joueur favori, quoiqu'inconnu, gâgna une partie desespérée. Le Per-
dant lui jeta les cartes au visage : ——Est-ce ma
faute, lui dit Nicolas, si, sans vous connaître
ni l'un ni l'autre, je panche pour lui contre
vous ? Aureste, quoique je sois patient, je vous
prie de ne pas recommencer—. Le Joueur brutal lui donna un soufflet. Sans dire un mot, Nicolas le prit ferme au colet, & lui passant une
main sous les reins, il l'enleva de terre, & le
tint ainsi suspendu, en lui disant : ——Tu res-
teras-là, chien enragé, jusqu'à ce que ta rage
soit calmée : mais si j'étais aussi enragé que
toi, je t'écrâserais contre le plancher—. Voyant
la tournure que prenait la chose, & que toute
l'assemblée marquait une égale admiration,
pour la force & la modération du jeune Paysan, je le laissai faire. Roger, malgré sa prudence, pétillait. Je m'en aperçus, & je dis à
Nicolas : ——Vous avez eu tort de rire, lorsque Monsieur a perdu. La réponse que vous
avez faite aux cartes par le néz, était trop
naïve, mais elle était modérée ; votre action
d'à-présent est juste, & vous pouvez tenir ainsi
l'Homme imprudent qui vous a donné un
soufflet, jusqu'à ce qu'il vous fasse excuse.

[353]

—Qu'ai-je besoin de ſes excuſes, dit Nicolas
en le mettant à terre ? Il m'a donné occaſion
de faire une choſe que vous aprouvez ; je ſuis
le plus content des Hommes—. Un aplaudiſ-
ſement univerſel ſe fit entendre, à cette réponſe.
Je repris la parole : —Il falait attendre les excuſes ; Monſieur n'a pas mérité le mépris que
vous faites des ſiennes ; car ſachez, mon Fils,
que l'excuſe reçue honore davantage celui qui
la fait, que celui qui la reçoit—. Nous ſor-
tîmes auſſitôt, pour deſcendre au Billard, qui
était audeſſous de l'Académie.

Je remarquai dans les yeux de Roger, une
ſurpriſe mêlée de dégoût, en voyant l'aſſemblage des Laquais-eſcrocs, & de Gueus qui
compoſaient la galerie du Billard. Quant à
Nicolas, il ſe tenait à la porte, ſes deux
mains ſur ſes poches, & feſait ſigne à Roger
de ne pas ſ'avancer. —Qu'eſt-ceci, me dit-
il ? l'École des Filous, une Aſſemblée de Vo-
leurs, ou la ſalle-de-conſeil des Gueus—? Je
lui mis la main ſur la bouche, en lui répondant : —C'eſt une ſalle ou l'on joue au *noble
jeu de Billard*. —Noble jeu! il n'y a que le travail de noble, ce me ſemble ; mais ſ'il eſt
noble, les Gens qui le jouent ne le ſont guères!
—Il eſt vrai, répondis-je tout-bas ; ces en-
droits-ci ſont pernicieus ; une foule d'Inutiles
viennent y diſſiper triſtement de l'argent mal-
acquis, ou eſcroqué aux Proſtituées ; tels que
des loups affamés, ils ſe jètent ſur la première
Dupe qui ſe préſente ; ſ'il ne ſe trouve pas de
nouveau Débarqué ignorant, les Billards reſſemblent à une Ville aſſiégée où les vivres man-
uent, les Citoyens ſ'arrachent ce qu'il ont,

ou se dévorent les uns les autres. Combien est-il de Malheureux, qui en sortant d'ici après avoir perdu jusqu'au dernier sou, n'ont rien à donner à un estomac qui aboie depuis le matin, & ne savent où aler coucher ! ——Mais comment dévalise-t-on le Nouveau-débarqué ? S'il n'est pas une brute, il verra bien qu'il faut savoir jouer pour gâgner ? ——Vous n'y êtes pas : dans cette grande Ville, tout se fait différemment qu'ailleurs : un mauvais Joueur, *une Masère*, comme ils disent, gâgne plus souvent qu'un grand Joueur, par les avantages qu'il se fait faire, c'est-à-dire les points qu'il se fait rendre. Quand c'est bon un Joueur qui a affaire à un Nouveau-venu, il a soin de cacher son jeu & de laisser gâgner les premières parties ; il emporte ensuite le tout & le double, en ayant l'attention de laisser aprocher l'Étourneau, de manière à n'avoir que deux ou trois points sur lui. Mais ce n'est pas-là le plus fin ; c'est au paris que l'on dupe les Imprudens & les Malavisés qui viennent s'exposer ici : l'Escroc à des Camarades qui ne jouent rien, ou qui se doivent rendre leur argent en sortant ; il parie gros pour l'un des deux, qui gâgne presque toujours, & les trois Fripons partagent ensuite le gain des paris &c. ——O Dieu ! & l'on souffre dans cette Ville.... ——Il le faut : le Gouvernement sacrifie quelques Individus qui ne se perdraient pas sans les Billards, pour préserver la Ville des Assacins, des Perturbateurs &c—.

Le lendemain je menai mes deux Élèves au Palais-Royal, & je les laissai aler devant moi : Nicolas s'arrêtait à chaque pas, de-sorte que

[355]

que Roger fe trouva feul. Une Nymphe élégante f'aprocha de lui en fouriant, & lui
donna un petit coup d'éventail fur les doigts.
——Madame , répondit poliment monfieur
de M***, je reffemble aparemment à quelqu'un de votre connaiffance?.... La Nymphe le
quitta en fesant un éclat-de-rire , & vint a Nicolas. Son abord familier furprit étrangement
celui-ci ; il la regardait de la tête aux piéds
fans lui répondre ; mais il était prodigieusement ému. Elle le tourmenta. ——Aler chés
vous , Mademoiselle ou Madame , répondit-il
enfin ; bien ferais-je , fi je l'ôsais: mais , dites-
moi , vous qui êtes fi bonne ; fi vous invitez
ainfi tout le monde , vos revenus ne doivent
pas fuffire , car on rencontre furieusement de
monde dans ce pays-ci-? La Nymphe crut
qu'il plaisantait, & le laiffa, en lui riant au néz
fort indécenment. ——Je ne comprens rien aux
politeffes d'ici, dit Nicolas en m'abordant;
on invite à fe rafraîchir ; vous refusez par fa-
çons, & l'on vous laiffe-là dès le premier mot ,
en fe moquant de vous. ——Fuyez ces Syrènes
dangereuses, lui dis-je : ce font des Infortunées
qui ont apoftasié la pudeur & leur fexe , pour
fe dégrader elles-mêmes, & fe mettre audeffous
de l'humanité : c'eft le trifte effet des richeffes,
du luxe , des plaisirs multipliés qu'occasionne
l'exceffive population des Villes ! Dans cette
foule inmenfe , le refpect-humain eft comme
nul , & fon frein falutaire ne fuffit plus. Ces
Femmes provoquent les Hommes au liberti-
nage; & loin d'en être accueillies , voyez comme tout le monde les fuit ; les Hommes font
à leur égard, ce que les jeunes-Filles font chés

vous à l'égard des Garſons. D'ailleurs, ces Malheureuſes n'en veulent qu'à la bourſe : mal-heur à l'Homme brutal qui voudrait ſuivre avec elles l'aveugle impreſſion des ſens ! de hon-teuſes maladies.... Vous vîtes hier cet homme, ulcéré.... —Ah-dieu ! a-t-il gâgné ce mal avec des Femmes.... —Ce n'eſt rien encore : ſi vous voyiez l'endroit où l'on traite ces Infortunées—!

Roger nous avait joint : ce que je venais de dire le mettait au-fait ; il ſe mit à examiner quelques autres de ces Hyènes , il écouta leurs converſations , & il ſortit du Jardin pénétré d'horreur pour ces Nymphes perfides, dont tant de Jeunes-gens ne ſont les victimes , que faute d'expérience.

Le jour ſuivant, qui était un Lundi , nous alâmes tous au Théâtre français : après avoir placé ma Mère, mon Épouse , Desirée, la jeune Aglaé de Th***, Jeanète & Claudiche, à l'am-phithéâtre , nous deſcendîmes au parterre, Ro-ger, mon Fils, Nicolas , & moi. L'obſcurité où on laiſſe les Spectateurs durant deux heures en-tières , effraya Nicolas , qui me dit : —Char-les , ſ'il y avait ici de ces Gens du Billard ? vous ſavez bien ?... ils auraient beau-jeu, ce me ſemble—? On nous éclaira : l'on donnait *les Horaces*, & les bons Acteurs devaient jouer : les Loges ſe garnirent d'une double rangée de Dames brillantes. —Cela égaye notre cachot, me dit Roger—. Quant à Nicolas, il était ra-vi , & ſes deux yeux paraiſſaient ne pas lui ſuffire : Il admirait , & ne diſait rien. Enfin la toile ſe leva , & deux Actrices parurent. A peine l'action fut-elle commencée , que je vis l'attention de Nicolas tendue, ſans que rien-pût le diſtraire : il ſuivait les mouvemens de l'Acteur, & ſon visage, comme une glaſſe fidelle, rendait exactement tous les mouvemens de différens perſonages. Je le vis ſ'animer avec *Sabine*, dans les imprécations, au point de craindre un éclat. Je le fesais obſerver à Roger, & à Saturnin de T***. Lorſque la pièce fût finie, & qu'on eut baiſſé la toile, je m'attendais à quelques queſtions : mais il ne m'en fit aucune, il paraiſſait concentré. —Il eſt sous le charme, dis-je à Roger. —Je crois, mon Père, répondit celui-ci, que la Ville serait très-dangereuse pour ce Jeune-homme, ſ'il y était abandonné à lui-même : avec une âme auſſi avide de ſenſations, & qui les ſavoure avec cette force, il ſe perdrait bientôr. —Vous penſez juſte, repris-je ; & je ſuis charmé d'avoir ce Garſon avec nous, pour vous éclairer ſur l'effet des paſſions, ſur le goût du plaisir, & ſur la ſenſibilité de nos organes : car vous n'avez encore rien vu de lui ; attendez que l'étonnement ſoit ceſſé ; ou je me trompe fort, ou la bouraſque la plus terrible l'attend : le calme où vous le voyez actuellement, eſt un calme de fermention intérieure ; le Volcan ſ'embrase, & l'éruption va paraître. Pour vous, qui êtes deſtiné à tenir un rang dans le monde, qui d'ailleurs ne voyez rien qui ne ſoit à votre portée dans ce qui vous environne ; dont les organes ſont moins irritables, & l'âme parconſéquent plus ferme, ſoyez attentif, & profitez : car, quoique vous n'ayiez pas le même tempérament que Nicolas, une paſſion exaltée peut vous mettre à ſon niveau—,

On commença la petite Pièce. C'était une bagatelle, intitulée le *Galant-Coureur*; elle affaiblit dans Nicolas ces idées mâles & sublimes dont la Pièce de Corneille l'avait rempli; je le vis sourire; mais il donna la même attention à ce nouveau Drame. Quand il fut fini, dans l'intervale de la petite Pièce & du Ballet, il me dit. —Je n'avais jamais connu l'Homme, comme cet Horace vient de me le faire connaître. Il me semblait, avant la Pièce, que ces belles Femmes que voila, étaient des Déesses que je n'étais pas digne de servir : mais à-présent, je sens que je suis fait pour les étonner par la grandeur de mon courage, & l'éclat de mes actions. Que l'Homme est un être grand & noble ! —Et la petite Pièce, lui dit Saturnin ? —Elle m'a quasi remis (répondit-il) dans la situation où j'étais avant la grande—. Le ballet acheva presque d'effacer la noble idée que Corneille avait fait prendre de l'Homme à Nicolas ; mais il tâcha d'oublier ces fadaises en chemin, & de ne s'occuper que de ses chèrs Horaces.

A notre retour à la maison , & pendant le le souper , je voulus savoir ce que Roger & Desirée pensaient du Spectacle qu'ils venaient de voir. Roger fit l'analise de la pièce de Corneille , & l'aprécia comme s'il eût été inicié dans les secret de l'art : Il ne laissa pas échaper le beau *qu'il mourût* du vieux Horace (mot qui avait fait *treffauter* Nicolas , comme il disait) : mais il trouva que l'imprécation de Sabine était trop longue ; & se tournant vers Nicolas : —A la place d'Horace à quel vers l'auriez - vous poignardée ? —Au cinq ou

fixième ; car fi j'avais eu le fens affés raffis
pour tout entendre , ma colère aurait été à-demi paffée—. Defirée fut très-contente des fentimens nobles & généreus de l'épouse d'Horace ;
elle loua Corneille par l'endroit le plus flateur,
celui des bonnes mœurs & de la vraie connaiffance des droits facrés du mariage. Elle avait
été contente de la petite pièce , quoique les dé-
guifemens lui paruffent peu naturels , & quasi
ridicules. —Mais il le falait bien, dit-elle, pour
mettre le Sepéctateur dans l'agréable fituation
où il entre dès que l'intrigue a commencé. J'en
veux cependant aux Comédiens , continua-t-
elle , du peu de foin qu'ils prennent pour conferver l'illusion. Dans un endroit de la Tra-
gédie, où je me croyais à Rome, j'ai aperçu
fous la porte les pieds d'une Actrice qui n'attendait que le mot pour entrer : cela a prefque
détruit ce que l'art de l'Auteur & de l'Acteur
avaient opéré d'illusion—.

Le lendemain , je menai les trois Garfons au
caffé de Procope. On y parlait nouvelles &
politique. Roger écoutait modeftement , &
mon fils donnait toute fon attention à un jeu
de Dames. Nicolas fe mêla parmi les Politiques , qui parlaient des *Infurgens* d'Angleterre. Il f'enflama, fuivant fa coutume, & a
la jufqu'à dire que le peuple de Londres aurait
dû mettre en pièces le Lord *North* , & le général *Gage*. Roger le tira par le bras , & lui
demanda f'il croyait qu'il y eût des circonftances où un Fils dût battre fa Mère? —Non
pas, répondit-il; eût-elle cent-fois tort. —J'aurais cru que vous le penfiez. —Moi ! me croyez-
vous donc un monftre !—Non ; mais vos dif-

cours m'induisaient en erreur—. Ces mots firent faire quelque réflexion à Nicolas ; il vint m'intéroger, & je remis à lui expliquer ce que Roger n'avait fait que lui indiquer , à un entretien en forme fur les Gouvernemens.

En montrant à mes Élèves les différentes choses dont je viens de parler, nous nous étions souvent trouvés avec des Hommes des Nations voisines. Je m'attachai fur-tout à leur faire connaître les Italiens, les Efpagnols, les Allemands & les Anglais. Les obfervations que je leur fesais faire, les portèrent à découvrir comme d'eux-mêmes, qu'il n'y avait que l'écorce qui différenciât ces Hommes les uns des autres ; parce qu'étant tous remués par les mêmes paffions , ils doivent aufond être les mêmes. Un-jour que je les inrogeais , voici comme il m'expliquèrent ce qu'ils avaient obfervé.

—L'Italien (dit Roger) eft fin , rusé , & par-conféquent petit dans la plupart de fes vues : fa pénétration & la manière dont il f'y prend pour f'infinuer, indifposent un Homme éclairé qui f'y attend ; il a un goût exquis , eft naturellement pantomime & grimacier , ce qui vient de la manière vive dont il fent ; il eft jalous par la même raison ; ou plutôt toutes fes paffions font au niveau de fa jalousie , mais celle-ci nous frape davantage , parce qu'elle contrafte davantage avec nos mœurs. L'Efpagnol que fon climat fait reffembler aux Italiens dans bien des choses, en diffère par une hauteur factice, qui lui vient de fes anciennes victoires & de la fiêrté qu'infpira à la Nation fon Roi Charles-V : Un Romain & un Efpagnol du peuple , font tous-deux vains , pareffeus , mal - propres ; un Grand de ces deux Nations , toujours faftueus ,

& se regardant comme formé d'un limon différent que le reste des Hommes ; les mêmes causes agissent à Rome & à Madrid, l'ancienne
élévation, la chaleur du climat, & les richesses factices. L'Allemand est naïf, & le
Flamand le serait encore davantage, si son
Pays n'avait pas été le théâtre de tant de guerres ; tout Homme naïf est le plus souvent gros-
sier ; mais les Esprits cultivés de ces Nations
doivent mettre dans leurs ouvrages des beautés
uniques, & d'un genre tout-à-fait oposé à celles
des Italiens & des Espagnols. L'Anglais a une
trempe d'esprit plus forte & plus nerveuse que
tous les autres peuples de l'Europe ; ce qui vient
je pense moins de son climat, que de la forme
de son Gouvernement (si pourtant le climat n'a
pas produit le Gouvernement) : mais sans le
voisinage de la France, ce serait aussi la plus
grossière des Nations Européènes : on le voit
par ce qui compose le bas-peuple & le tiers-état.
En France de nos jours, je m'aperçois que le
Bourgeois, le Marchand, enfin tout ce qui n'est
pas du dernier état, a cessé d'être peuple par
les sentimens & les manières : en Angleterre,
il n'y a guères que les Pairs, les Gens-de-cour,
& quelques Particuliers qui ont vu la France,
qui aient cette urbanité, cet atticisme qui est
le dernier degré de la civilisation. Voici donc
la différence frapante & générale, que mes
lectures & les Hommes que j'ai vus ici m'ont
fait apercevoir entre les Français & les Anglais ; les premiers sont presque tous d'aimables
gentilshommes, dont les manières sont nobles
& polies ; les seconds, presque tous de grossiers
campagnards, rudes, difficiles & bourrus.
Mais, & je crois que c'est la vérité, les An-

[362]

plais fans avoir la chatouilleuse fenfibilité des Italiens, ont une force de *fentir*, dont aucune autre Nation n'aproche : leur Milton, leur Shakefpear, & leur Richardfon n'ont rien qui puiffe leur être comparé, que cet Homme unique dont l'Europe a tant parlé, J. J. *Rouffeau*. —J'ai penfé à-peu-près tout cela, dit Nicolas : je n'aime pas les Italiens ; non parce qu'ils font jaloux ; car nous le fommes autant qu'eux, & fi nons ne faisons pas jouer le poignard, c'eft que nous avons des loix mieux obfervées, & des Magiftrats plus attentifs. —Ajoutez, & un-peu moins d'effervefcence, dit Roger. —Je le veux, reprit Nicolas : quand l'Italien vous fait une fimple politeffe, on dirait qu'il cherche ou à vous tromper ou à fe moquer de vous, tant fon regard eft fin & pénétrant. J'aime mieux l'Efpagnol ; quand on lui rend fierté pour fierté, on eft les meilleurs Amis du monde. L'Allemand fait un bon Ami de cabaret ; il a naturellement cette franchise que donne le vin. Pour vos Anglais, ils prennent avec tout ce qui n'eft pas de leur Nation, un certain air méprisant qui ne me revient pas du-tout : mais qu'ils f'y frotent ailleurs qu'en France ! fans la crainte que j'ai de paraître avoir leur défaut d'urbanité, j'en aurais déja rembarré comme il faut deux ou trois : mais j'ai penfé qu'il valait encore mieux être méprisé d'eux, que de leur reffembler dans leur défauts. Ces gens-là condannent tout ce qui n'eft pas comme chés eux : ce que je regarde moi comme une folie auffi grande que celle qu'aurait un oiseau de fe moquer du bœuf, & celui-ci de reprocher au poiffon qu'ils manquent de quatre forts apuis pour marcher. Un Français eft un Français, comme un Anglais eſt un Anglais. —C'eſt bien, mon Ami, lui dis-je; chaque Nation quoi qu'on en dise, eſt ce qu'elle doit être, & toutes ont une égale valeur, au fond, quoiqu'elles ſoient différentes par la forme. —Oui, intérompit Roger; c'eſt comme les Hommes, les uns ſont beaux, les autres laids; de-même, entre les Nations, les uns comme le Français & l'Italien ſont d'un abord plus agréable; les autres, comme l'Allemand, ont un air de bonté qui les fait rechercher &c: & comme entre les Hommes, il n'en eſt pas un qui ne trouve quelque Femme à qui plaire; de-même chaque Nation trouve des Partisans; & je crais, comme mon Père le dit, qu'au fond, tout eſt égal. Ne voyons-nous pas qu'à-préſent en Angleterre même la forme du Gouvernement Français a plûs de Partisans, que celle du Gouvernement Britannique? cela prouve que le nôtre eſt meilleur—.

Ce mot de Roger, me rapela que je m'étais proposé de parler des différentes ſortes de Gouvernens: Je traitai cette matière le ſoir à notre après-ſouper, lorſque nous fûmes tous raſſemblés.

—Pour revenir à ce que vous disiez tantôt, mon Fils (dis-je à Roger) de l'excélence du Gouvernement Français, cela eſt bien penſé, & d'un Jeune-homme qui ſera un jour un bon Citoyen: mais c'eſt plûs le ſentiment qui vous a fait parler, que des vues éclairées & réfléchies; il eſt de mon devoir de les faire naître en vous.

Nous connaiſſons trois ſortes de Gouvernemens, le Républicain, le Monarchic, & le despotic. Le premier se soudivise en Démocratie, & en Aristocratie. Le Gouvernement du Peuple, ou la démocratie, est séduisant au premier coup-d'œuil ; mais c'est un monstre en politique : il suffit d'une comparaison pour le faire sentir : suposez une famille, où rien ne se fasse que par voix délibérative, & à la pluralité des suffrages, depuis le Père, jusqu'à l'Enfant à la mamelle : croyez-vous qu'une pareille maison serait fort bien gouvernée? Le Gouvernement républicain est contraire à la nature ; il égale le Fils au Père, & confond tout, &c. L'Aristocratie ressemble à une famille où la décision des affaires serait dévolue au Père & aux Enfans aînés : L'expérience prouve que ce Gouvernement est le plus dur de tous ; puisqu'il serait un million de fois plus avantageus aux petits Enfans de n'avoir afaire qu'à leur Père, que de dépendre de plusieurs Frères, bien moins tendres pour eux que ne l'est le Père commun.

Le Despotisme (cette proposition va vous révolter) est le Gouvernement le plus conforme à la nature ; c'est le Gouvernement plein du Père-de-famille, tel que l'eurent les Patriarches de toutes les Nations, & les anciens Romains ; l'illustre Montesquieu a parlé contre ce Gouvernement ; mais ôserais je dire, que toutes les criminations de ce grand Homme contre le Despotisme, ne tombent pas sur lui, mais sur l'Aristocratisme, qui est en - effet le plus dur & le plus insuportable des Gouvernemens : Le Despotisme est le Gouvernement d'un seul ; il n'y a qu'un petit état qui puisse avoir un despote ; un Empire comme celui du Grand-Seigneur est régi par un Aristo-despotisme, &

non par un Despotisme pur : or c'est de cette Aristocratie, indispensable dans un Gouvernement étendu, que viennent tous les abus que l'illustre Président de Bordeaux a attribués au despotisme. Que le Despote d'un petit État soit bon, les Peuples sont d'heureus Enfans qui ont en lui un Père tendre, & comme un Dieu visible : c'est ce qu'on voit depuis long-temps en Danemarck : S'il est méchant, il ne le sera que pour les Premiers de l'État, & sera toujours un bon Prince pour les Peuples. Mais si c'est l'avantage des Peuples d'avoir un Des-pote, ce n'est pas celui du Prince de l'être, comme vous alez le voir, au sujet du Monar-chisme.

La Monarchie est l'autorité confiée à un seul, mais réglée par des loix ou constitutions. La Monarchie française est la plus belle de toutes; ensuite l'Espagnole. Le Monarque Français, quoiqu'absolu, ne règne que par les loix ; & ces loix sages sont un rempart entre son Peuple & lui : D'un côté elles défendent le Peuple des vexations d'un ministère injuste ; de l'autre elles préservent le Prince des ces orages dangereus, qui ont si souvent renversé les Sultans de leur trône. Le Monarque Français ou Espagnol, ressemble à un Père-de-famille, qui aurait fait un pacte avec ses propres Enfans, & qui leur aurait dit : Je vous donne cette loi ; mais elle me lie moi-même, & je ne pourrai l'outre-passer pas plûs que vous—. Ce Gouvernement restreint la nature ; mais il a presque tous les avantages du despotisme, sans en avoir les in-convéniens : la loi enchaîne le dangereux aristo-cratisme, que le Monarque, ainsi que leDes-

pote, eft obligé d'établir, lorfqu'il a un grand
État. Soyez donc bien perfuadés, quoi qu'en
dife Platon dans fa Républiqne, que dans toute
efpèce de Gouvernement, c'eft l'ariftocratifme
qui fait le mal. Mais le Gouvernement anglais
(dit Roger ?) ——Que les faits vous répondent,
mon Fils : une Monarchie comme la nôtre n'ef-
fuierait pas les divisions qui le déchirent aujourd'hui—.

Je n'ai raporté que la quinteffence de nos
entretiens : mais cela fuffit pour en conferver
l'idée. Je vais maintenant retracer ce que nous
fîmes en fréquentant les Artiftes. Celui des
beaux Arts auquel je résolus d'apliquer mes
Élèves, fut la Gravure ; parce qu'il tient à
prefque tous les autres par le deffin, qui en
eft la base. Nous nous adreffâmes à l'Artifte
le plus habile. . . . .

[*L'Editeur fuprime ici tous les détails tech-
niques ; la defcription de nos beaux Ouvrages
en gravure, peinture, fculpture & Architec-
ture; le récit de qui fe paffa tandis que le Comte
& fes Elèves furent chés le célèbre Architecte
S**, & plufieurs autres récits, pour en venir
tout-d'un-coup aux mariages qui doivent faire
le dénoûment.*]

Lorfque mes Élèves furent abfolument formés ; qu'ils connurent l'Homme dans tous les
États, & qu'ils furent devenus capables d'occuper honorablement, pour eux, & fructueufe-
ment, pour les autres, le premier rang dans
une Monarchie, celui de Seigneurs, je pris
jour, de-concert avec ma Mère & mon Épouse,
pour unir Desirée à Roger. Ils eft impoffible de
peindre comme ces chèrs Enfans f'aimaient :

leur félicité était ſi grande, qu'ils ne la pouvaient contenir ; elle ſe répandait ſur tout ce
qui les environnait ; & nous la ſentîmes auſſi
vivement qu'eux-mêmes.

O Desirée ! fille aimable & vertueuse, vous
êtes devenue Épouse accomplie ! puiſſiez-vous,
ma chère Fille, être toujours tendre, modeſte
& ſoumise ; chérir dans votre Mari le maître
affectueus, le Protecteur aſſuré que vous a donné la nature !...

Mais ce ſouhait eſt rempli : depuis deux années, vous ne vous êtes pas démentie, & je
careſſe dans vos bras le premier préſent que le
Ciel ait fait à votre Mari, un fils qui le fait revi-
vre, qui reünit & confond ſon ſang & le votre !

Je viens de marier auſſi le jeune Comte de T***
avec Aglaé de Th** : comme ces Enfans ſont
encore fort jeunes, nous les tenons ſéparés :
mais le Comte ſ'échape quelquefois : Voici des
Vers adreſſés à ſon aimable Compagne, dont
je lui ſurpris l'un de ces jours le brouillon : Il
ſ'y plaint de Madame de Th**, qui le ſurveille
rigoureuſement.

Vers d'un Mari de dixſept ans,
à ſa Femme âgée de douze, dont il eſt ſéparé.

A la Beaüté que j'ai choisie
Mon âme eſt pour jamais unie :
Mais, Pygmalïon nouveau,
Je n'ai dans cet Objet ſi beau
   Qu'une belle ſtatue.

   Animez la, grands Dieus!
   Enbraſez de vos feus
   L'âme neuve, ingénue
Qui n'attend que votre flambeau!
Je l'aime, qu'elle ſoit émue,
C'eſt le dernier coup de ciseau !
Mais de tous ces Dieus qu'on invoque

[368]

La haute majesté se moque
Des vœus d'un aveugle Mortel.
O ma Sophie ! à votre autel
Je vais porter tout mon homage ;
Ecoutez moi, c'est le langage
D'un Épous, d'un Amant fidel.

     J'aime !
Et par un malheur extrême,
C'est l'amour, c'est ce bien suprême,
Ce sentiment délicïeus
Qui fait le tourment de ma vie !

Est-ce ma faute, jeune Sophie ?
Ou bien cet air, ce ton férieus
Sont-ils une leçon sévère,
De votre prévoyante Mère,
Qui craint mes soupirs amoureus ?
Veut-elle qu'une morgue fière
Éteigne ce souris gracïeus
   Qui vous rend si jolie ;
   Et ce feu de vos yeus,
Dont l'étincelante saillie
   Ramène la Folie,
   Les Amours & les Jeus ?
   Non, Épouse chérie,
Non, je ne suis pas dangereus !
En vertu du nœud qui nous lie,
Voici bien tout ce que je veus :

Un seul mot me rendrait heureus ;
Prononcez-le ; c'est peu de chose !
Que de votre bouche de rose
Je l'entende ce mot charmant,
Dites, dites-moi tendrement :
   J'aime,
Pour toujours, j'aime mon Épous :
Et je préfère au diadème
Le sort que je tiendrai de vous.

On voit par ces vers, que nous avons mis les jeunes Épous au régime des Nouveaux-mariés de Lacédémone. Établir les Enfans de bonne-heure a les plus grands inconvéniens & les plus rares avantages. Les inconvéniens, font

l'incapacité , l'inftabilité : l'incapacité le manque de maturité bouleverfe les affaires , fait
naître le mépris même de la part des Domeftiques , &c. L'inftabilité , la légèreté , l'étourderie , le peu de folidité , font bientôt un tourment de l'heureuse chaîne du mariage , & le
bonheur eft perdu pour toujours. Rien n'eft
donc plus dangereus que de marier fes Enfans
trop jeunes , pour les abandonner enfuite à eux-
mêmes. D'un autre côté , rien de plus avantageus que de les fixer avant l'âge des paffions ;
rien de plus efficace pour prévenir les égaremens de l'imagination , & les desordres qui en
font la fuite , pourvu que l'on garde avec foi
les jeunes Épous , que l'on continue de les maintenir l'un à l'égard de l'autre dans l'état d'A-
mant & de Maitreffe ; pourvu , dis-je , qu'on
empêche la familiarité ; que leurs entrevues particulières foient rares & contraintes , &c. On
n'a point alors à eraindre ces criminels écarts ,
deftructeurs de la fanté comme des mœurs ;
l'imagination des Jeunes-gens n'eft plus vaga-
bonde ; elle a un Objet légitime pour fe fixer :
aulieu que dans le fiftème ordinaire, cette imagination fougueuse f'exerce à vide , comme les
mâchoires du facrilége *Erisychton* (1). Les plus
grands Légiflateurs du monde avaient prévu ce
cas ; & je dirais que l'efprit humain n'a jamais
rien produit de plus beau , & de plus fage (en
morale c'eft la même chose) que les loix de
Lycurgue pour Lacédémone , fans une autre
légiflation dont je vais parler : les loix Romaines , & nos loix actuelles font faites avec
une négligence pour le bonheur des Hommes
qui fe fait fentir à chaque mot. Mais que

____

(1) Voyez les Métamorphoses d'Ovide.

dire de nôs Livres ſacrés, où toute la morale eſt ſi *ponctuellement* exprimée, qu'il n'y a pas un trait qu'ils n'aient prévus ? J'ai lu dès mon enfance ce Livre reſpectable ; il feſait mes délices ; & chaque fois que je le relis, mon admiration augmente. Or on trouve dans la Bible, que du temps des Patriarches, après le mariage conclu, les Enfans mariés reſtaient chés le Père de la Fille, & qu'ils ne tenaient maison qu'après une longue épreuve de leur capacité. Cette épreuve fut de quatorze ans pour le patriarche Jacob : ſon Père Isaac, quoique marié, n'avait été chef de famille qu'après la mort d'Abraham ; les Fils de Jacob ne jouirent pleinement de ce même droit qu'après la mort de leur Père. Suivons l'exemple de ces ſages Mortels des premiers âges de la civilisation ; adoptons les loix ſages de Lycurgue, & marions nos Fils & nos Filles au ſortir de l'enfance. Mais ſi nous ne voulons pas les guider ; ſi ne voulant être à leur égard que des *Parâtres* indiférens, nous avons résolus de les abandonner à eux-mêmes, diférons au moins de les lier, juſqu'au temps où l'expérience d'autrui, & leurs propres fautes, les auront *coûteusement* éclairés.

Nota. *Il y avait ici un tableau de ce que le comte de S* a fait pour les Jeunes-gens mariés le même jour que lui : mais il reſſemble ſi fort à celui que nous nous proposons de tracer dans un ouvrage-comencé, intitulé l'*ANTHROPOGRAFE ***, que nous croyons devoir y renvoyer.*

---

* Ce ſera le Tome IV des *Idées d'un Honnête-homme*.

FIN.

TABLE

des Matières contenues dans les trois Volumes.

Fin de la Table.

Page 2, ligne dern. effacez vous, & le mettez pour réclame, sans laisser d'alinéa.